戊戌思潮论稿

修订本

文化中国书系

张锡勤 著

中国财富出版社

图书在版编目（CIP）数据

戊戌思潮论稿/张锡勤著．—修订本．—北京：中国财富出版社，2012.11

（文化中国书系）

ISBN 978-7-5047-4458-6

Ⅰ.①戊…　Ⅱ.①张…　Ⅲ.①戊戌变法-思想评论　Ⅳ.①K256.507

中国版本图书馆 CIP 数据核字（2012）第 215536 号

策划编辑　初景波　　**责任印制**　方朋远

责任编辑　宋　宇　　**责任校对**　孙会香　杨小静

出版发行　中国财富出版社（原中国物资出版社）

社　　址　北京市丰台区南四环西路 188 号 5 区 20 楼　**邮政编码**　100070

电　　话　010-52227568（发行部）　010-52227588 转 307（总编室）

010-68589540（读者服务部）　010-52227588 转 305（质检部）

网　　址　http：//www. clph. cn

经　　销　新华书店

印　　刷　三河市西华印务有限公司

书　　号　ISBN 978-7-5047-4458-6/K·0091

开　　本　710mm×1000mm　1/16　　**版　　次**　2012 年 11 月第 1 版

印　　张　22.5　　**印　　次**　2012 年 11 月第 1 次印刷

字　　数　301 千字　　**定　　价**　48.00 元

前　言

2013年是戊戌维新115周年。一百多年前的这场变法维新运动之所以值得我们纪念，并对它作更进一步的深入反思、研究，是因为它在中国近现代史上具有十分重要的地位。中国艰难曲折的近代化历程虽然不是起步于戊戌维新，但是，中国的社会变革和近代化的全面启动则始于戊戌维新。从此中国方才更明确地向民主化、工业化的方向、目标全面前进。

1922年，梁启超曾将近代中国人学习西方、进行变革的历程分为三个时期："第一期，先从器物上感觉不足"，因而首先从器物的层面学习西方，以图自强；"第二期，是从制度上感觉不足"，于是进一步要求从政治、经济制度上学习西方，进行全面的变革；"第三期，便是从文化根本上感觉不足"，于是要求对中国人的文化心理结构、观念意识进行深入的改造（《五十年中国进化概论》，《饮冰室合集·文集》三十九）。梁启超的这一看法，今天已为多数学者所赞同。按照梁氏的三阶段说，戊戌维新不仅对第一期作了总结清算，开始了第二期的进程，而且又提出了第三期的任务。显然，在中国近现代历史上，戊戌维新处于承上启下的重要位置。正是它扬弃了洋务派的纲领，直接间接地影响了辛亥革命，并成为"五四运动"的前驱、先导。

作为戊戌维新的领袖人物之一，梁启超曾多次谈到戊戌维新在中国近现代史上的地位和影响。1901 年，他在给康有为作传时即曾说：“戊戌维新虽时日极短，现效极少，而实二十世纪新中国史开宗明义第一章也……自今以往，中国革新之机，如转巨石于危崖，遏之不可遏，必达其目的地而后已，此事理之所必至也。”（《南海康先生传》第四章，《饮冰室合集·文集》之六）1927 年，在公祭康有为时他再次说，戊戌维新“虽骤起而卒蹶，后有作新中国史者，终不得不以戊戌为第一章”（《公祭康南海先生文》，《饮冰室合集·文集》四十四上）。与维新派交往颇密的英国传教士李提摩太在回国后所作的回忆录中也曾说：“维新的运动像是一条融化了的大冰河，或者是开了冻的黑龙江，把巨大障碍的冰块冲到海洋。”（《留华四十五年记》第十二章《中国的维新运动》，《戊戌变法》第三册，第 560 页）这些评价是基本符合实际的。这里，梁启超两次说到的“新中国”，显然是指开始向近代化迈进的中国。他把戊戌维新列为中国近代化史的第一章，是很有见地的。

戊戌维新既是一场呼吁救亡图存，要求变法维新，实现制度变革的政治运动，又是一场传播新思想、新文化，实现观念变革的思想文化运动。作为一场政治运动，它虽然被中途扼杀了，但作为一场思想文化运动，它初步实现了观念变革，造成了国人的思想解放，取得多方面的成效，所产生的影响是巨大而深远的，在中国历史上留下了不可磨灭的痕迹。1901 年，《清议报》的一篇文章曾对戊戌维新的成败作了这么一段分析、估计：“中国维新之机，西太后挫之于北京，张之洞戕之于汉口……而维新之气焰不少减，反有挟浪乘风披靡中原之势。是非所谓外形败而实胜耶?”（赵振：《说败》，见《辛亥革命前十年间时论选集》第一卷第 17 页）这一认识是很富有辩证色彩的。

在整个变法维新运动中，维新派在从事政治活动的同时又极重视理论准备和思想发动。为了给变法维新制造舆论，他们大力宣传新思想，输入新学说，传播新观念。随着维新运动逐步深入，他们又自觉认识到，社会变革乃是一项庞大而复杂的系统工程，它势必应该包括文化思想领域的革新。于是，文化思想革新更受他们重视。维新派的领袖与骨干，既是政治家又是启蒙思想家。经过他们的一番理论建设，特别是他们的宣传鼓动、呼吁呐喊，19世纪末20世纪初在中国出现了一股生气勃勃、锐不可当的崭新社会思潮，这便是戊戌思潮。

戊戌思潮的兴起，始于民族危机的刺激。但基于对历史潮流和客观形势的正确认识，作为中国新兴资产阶级政治代表的维新派思想家们比较正确地回答了时代提出的问题，并指出了时代前进的方向。他们坚定地认为，中国要救亡图存、谋求振兴，就必须学习西方，进行资本主义的变革，而欲实现变革，必先进行思想启蒙。救亡、变革、启蒙是戊戌思潮的主题。这三大主题充分显示了戊戌思潮的进步性，决定了它在中国近代史和中国思想史上的光辉地位。

维新派所倡导的变革，旨在谋求中国的振兴，使落后的中国赶上先进的西方，亦即实现中国的近代化。对于中国的近代化，维新派思想家作了比较全面的规划。他们在向往、追求民主化、工业化的同时，又对历史主体人的近代化给予了高度关注。戊戌维新是中国近代化史上的重要里程碑。

戊戌思潮的本质特征在于它的批判性。为了宣判旧的必须退出历史舞台，必须让位给新的；为了论证新的取代旧的的合理性、必然性，维新派思想家将自古以来视为天经地义、神圣永恒的天命、祖制、经训以及君权、父权、夫权……统统推上了理性的审判台，让它们接受理性的无情审判。恩格斯在评价近代法国的启蒙思想家时曾说："他们不承认任何外界的权威，不管这种权威是什么样的。宗教、自然观、社会、国家制度，一切都受到了最无情的批判；一切都必须在理性的法庭面前为自己的存在作辩护或者放弃存在的权利。”（《反杜林论》，《马克思恩格斯选集》第三卷，第56页）当时的中国正处于这样的批判时代，维新派思想家们所做的正是这样的工作。和他们的西方先辈们一样，他们当时也的确具有这样的气概、魄力和勇气。而且，由于他们的倡导，社会批判意识由此在中国生根，影响了几代中国先进分子。

在19世纪70年代，中国出现了资本主义经济，诞生了新兴的中国资产阶级。戊戌思潮是19世纪末中国社会经济、政治的新变化在思想文化领域的反映。而在它兴起之后，又对中国的资本主义变革、近代化的进程起了不容忽视的促进、推动作用。按照中国新兴资产阶级的意愿要求，维新派思想家对中国传统文化第一次作了全面的清理，第一次作了全面的再认识、再评价，对于其中阻碍中国近代化的糟粕作了有力的触动和清除。在与旧文化的交锋中，他们所倡导的新文化取得了可喜的初步胜利。对于西方的近代文化，他们作了更广泛的介绍、输入，从而给中国社会、中国文化输入了新的血液，带来新的生机、活力。通过思想启蒙，在戊戌时期初步实现了观念变革，掀起了中国近代第一次思想解放，在中国逐步形成一种新的思想、文化格局。这些都有力地推动了中国社会变革和近代化的进程。

1895年的“公车上书”是变法维新运动兴起的标志，这场变法维新到1898年的“百日维新”期间达到高潮。所以，这场变法维新运动通常称之为戊戌变法、戊戌维新。1898年9月21日，慈禧太后发动政变（通称“戊戌政变”），刚刚付诸实施的变法维新惨遭扼杀。但是，作为一股正在蓬勃兴起、反映时代需要的社会思潮，戊戌思潮并未因政变的发生而断流、消失，在此之后它仍然在继续发展，并进一步深化。

就戊戌思潮而言，1898年9月21日以后的四五年，是它发展史上更为重要的阶段。变法维新仅百余日即遭扼杀，这一严峻的事实迫使维新派以至一切忧国之士，势必要对救亡、变革的方略、途径作更深入的思考。东渡日本后，梁启超等人借助日文书籍，对西方近代的思想学说较前有了更多的了解。梁曾说："自居东以来，广搜日本书而读之，若行山阴道上，应接不暇，脑质为之改易，思想言论与前者若出两人。"(《夏威夷游记》，《饮冰室合集·专集》二十二）而且，由于身居异国，有了一个新的社会文化环境，在思想言论上较前更加自由，更少顾忌。因为现实的制度变革已被迫中断，这也迫使他们将主要精力用于理论思考和启蒙宣传。因此，在这一时期梁启超等人提供了较前更多的理论成果，思想进一步成熟、深化。这时，他们对中国近代化的问题作了更为全面深入的思考。他们所发动的文化批判与重建工作这时也全面展开。梁启超在日本先后创办的《清议报》和《新民丛报》的影响较之政变前的《时务报》更大。《新民丛报》出刊后，"国人竞喜读之，朝廷虽严禁，不能遏。每一册出，内地翻刻本辄十数。二十年来学子之思想颇受其影响。"（梁启超：《清代学术概论》二十五，《饮冰室合集·专集》三十四）后来，不少著名的政治家、思想家都承认，他们在青年时代曾受到《新民丛报》特别是梁启超文字的积极影响。

大致说来，从1895年的"公车上书"起，戊戌思潮成为中国社会的主要思潮，处于独领风骚的地位。但到1903年，它的主潮地位为革命思潮所取代。

早在"公车上书"前，孙中山即已成立兴中会，并开展革命活动，但势力与影响尚不大。"百日维新"被扼杀，"自立军"起义被镇压，《辛丑条约》的签订，沙俄强占东三省拒不撤兵……这一系列接踵而来的事变都在步步激发革命风潮的勃兴。到1903年，形势有明显变化。在这年年初（旧历元旦），日本东京的中国留学生集会，有人公开发表排满革命演说。不久，在日本的中国留学生先后成立“拒俄义勇队”和“军国民教育会”。接着，邹容、章太炎发表《革命军》和《驳康有为论革命书》，造成巨大震动。由此而引发的《苏报》案使革命情绪进一步高涨。在戊戌政变后，维新派的队伍便逐渐发生分化。一些人抛弃改良、投身革命，而梁启超则在改良与革命之间摇摆。面对1903年所发生的这一系列事件，梁启超结束了思想上的摇摆，公开反对革命。出于对革命的恐惧以及游历北美后所产生的民族自卑感，1903年秋梁从北美返回日本后思想大变。他公开发表了“告别共和”和“梦俄罗斯”的宣言，明确倾向开明专制。这时，梁启超等人关于中国如何实现近代化，如何进行社会变革的基本主张已落后于时代的步伐，失去其先进性。于是，越来越多的先进中国人告别改良，投向革命。从此，革命思潮取代维新思潮成为中国的主要社会思潮。本书所论述的范围，大致以1895—1903年为界。

目　录

第一章

爱国主义与忧患意识

虽然，早在明清之际，少数知识精英即已发出走出中世纪的微弱呼声，但是，中国蹒跚地走向近代化道路是在中国遭受西方列强侵略之后。与西方不同，中国的近代化过程从一开始便是救亡图存、抗拒殖民地化的过程。在中国，近代化的任务与民族振兴的任务始终是紧紧连在一起的。在其开始阶段，它与民族危机是同步深化的。空前严重并日益深化的民族危机乃是戊戌维新思潮的催化剂。正是由于中法战争失败、边疆普遍危机，引发了 1888 年康有为第一次向光绪皇帝上书；正是由于甲午战争惨败、《马关条约》的签订，引发了 1895 年春的“公车上书”，使维新运动开始走向高涨；正是由于德国强占胶州湾，列强掀起瓜分中国的狂潮，导致了维新运动全面高涨，出现了“百日维新”。正如梁启超所说：

吾国四千余年大梦之唤醒，实自甲午战败，割台湾，偿二百兆以后始也。我皇上赫然发愤，排群议，冒疑难，以实行变法自强之策，实自失胶州、旅顺、大连湾、威海卫以后始也。(《戊戌政变记》第一篇第一章，《饮冰室合集·专集》之一)

正是在空前严重的民族危机刺激下，一批志士仁人走上了变法维新的道路，而救亡图存、洗雪国耻则成为那时人人关注的大课题。面对这无比庄严神圣的课题，谈变成为时尚，连守旧派一时也不敢公开反对变法。变法维新运动所以在短期内造成巨大声势，与那时的客观环境是分不开的。

爱国主义是中国近代时代精神的主题，它更是戊戌维新运动的主题。戊戌维新运动首先是一场伟大的爱国主义运动，因此，戊戌思潮首先具有鲜明强烈的爱国主义性质。同时，经过戊戌维新，爱国主义也由古代的形态发展为近代的形态。中国知识分子自古以来的那种使命感、责任感也因时代的变化而蕴涵了新的内容。经过维新派的弘扬，中国近代的爱国主义更加浓烈、深刻、持久了。

一、祖国在危急中

戊戌思潮首先是通过敲起“祖国在危急中”的警钟使国人惊醒的。维新派正是从救亡图存来论证变法维新的必要性与紧迫性，他们首先举起的是爱国、救亡的旗帜。戊戌思潮自始至终带有浓郁的、斩不断的忧患意识。

19 世纪 70—90 年代，中国所面临的客观形势是西方列强加紧了对亚洲、对中国的侵略。对于中国所面临的严重局势和西方列强的图谋，维新派思想家作了比较准确的分析和揭露。在 1888—1898 年的十年间，每到危急关头，他们都及时向国人敲起警钟。1888 年，康有为第一次向光绪皇帝上书，便对中国所处的被包围的形势作了这样的描绘：

> 方今外夷交迫，自琉球灭、安南失、缅甸亡，羽翼尽翦，将及腹心。比者日谋高丽，而伺吉林于东；英启藏卫，而窥川滇于西；俄筑铁路于北，而迫盛京；法煽乱民于南，以取滇粤。(《上清帝第一书》)

总之，由于“外夷交迫”，当时“国势危蹙，在危急存亡之间”(同上)，形势是十分严峻的。康有为又特别提醒清廷注意日本的动向：“日本虽小，然其君臣自改纪后，日夜谋我，内治兵饷，外购铁舰，大小已三十艘，将翦朝鲜而窥我边。”（同上）事实正如康有为所料，仅六年之后，日本便发动了侵朝、侵华战争，造成了比康的预想更为严重的后果。

对于甲午战败、《马关条约》的签订，维新派认为这乃是“圣清二百余年未有之大辱”（康有为：《上清帝第三书》），其影响和危害超过此前诸条约。其一，此前的割地尚只是“边徼”，“今则割及内地，渐剪腹心”（同上）；其二，《马关条约》中关于允许日商在中国通商口岸设厂等规定，则将中国“利权”“制造之权”“一网而俱尽”，“直合四百兆人民之身家性命而亡之”（谭嗣同：“思纬壹壹台短书·报贝元徵》）；其三，更重要、更直接的是，由于原本小国的日本在华获得如此巨利，必将大大刺激、鼓舞西方列强的侵华野心，“诸夷以中国之易欺也，法人将问滇、桂，英人将问藏、粤，俄人将问新疆，德、奥、意、日①、葡、荷皆狡焉思启”，“岂肯迟迟以礼让为国哉”（康有为：《上清帝第二书》），瓜分之祸将在目前。

康有为关于西方列强必然“速以日本为师”“接踵而来”的估计是准确的。相隔仅两年多，1897 年 11 月，德国便强占胶州湾，一个月后俄国又强占旅大。以此为开端，列强迅速掀起瓜分中国的狂潮。对当时的形势，康有为作了这样的描绘：“日本议院日日会议，万国报馆议论沸腾，咸以分中国为言。若箭在弦，省括即发”“如蚁慕膻，闻风并至”“诸国咸来，并思一脔”。（《上清帝第五书》）

对于西方帝国主义的侵略扩张史以及当时的世界局势，维新派思想家是有比较清醒、正确的认识的。他们指出，通过“地理大发现”，西方列强首先占领南北美洲，既而是瓜分非洲，今“非洲剖讫”，于是

① “日”指日斯巴尼亚，西班牙的异译、旧译。

“三年来泰西专以分中国为说”（同上）。由于中国已成为列强争夺的焦点，它们的侵华步伐较前更为加快。康有为沉痛地指出：“安南之役，十年乃有东事，割台之后，两载遂有胶州。”“自尔之后，赴机愈急，蓄势益紧，事变之来，日迫一日。”（同上）在1898年开头的一个多月中（“元旦以来，春分以前”），竟然达到“失地失权乃至两日而一事”的惊人程度（康有为：《保国会序》）。他预言，这种局势今后不仅不会缓和，而且还将加剧。因此，他严厉告诫说，若不及时变法维新，“恐自尔之后，皇上与诸臣，虽欲苟且旦夕，歌舞湖山而不可得矣。且恐皇上与诸臣，求为长安布衣而不可得矣”。（《上清帝第五书》）

全面地说，维新派所关心的不只是“皇上与诸臣”的命运，而主要是国家、民族的前途命运。通过对帝国主义这个新怪物的初步认识，他们深深感到当时中国所面临的乃是亡国灭种的危险。经由日本译文，中国人知晓了“帝国主义”一词，并在20世纪初开始对帝国主义作初步的理论探讨。梁启超常常将当时的帝国主义称作“民族帝国主义”。对此，他曾作了这样的说明：

> 民族帝国主义者何？其国民之实力充于内而不得不溢于外，于是汲汲焉求扩张权力于他地，以为我尾闾。其下手也，或以兵力，或以商务，或以工业，或以教会，而一用政策以指挥调护之是也。（《新民说·论新民为今日中国第一急务》，《饮冰室合集·专集》之四）

以今天的标准看，这一定义显然不科学，但可贵的是他对帝国主义的外在表象却作了颇为扼要的概括。其一，帝国主义是极力向外扩张的；其二，帝国主义向外扩张采取了军事的、经济的、政治的、文化宗教的一切手段；其三，这一切手段又通过一定政策来贯彻。关于所谓

"其国民之实力充于内而不得不溢于外"，在另一处他作了这样的说明："自前世纪以来，学术日兴，机器日出，资本日加，工业日盛，而欧洲全境，遂有生产过度之患，其所产物不能不觅销售之地。"（《论近世国民竞争之大势及中国前途》，《饮冰室合集·文集》之四）原来，这里他是指的西方资本主义的所谓"生产过剩"。梁氏认为，为了解决"过剩"而造成的"膨胀"，西方必然要广求"殖民之域"（同上）。这些文字说明，梁启超等人当时已朦胧地看到这一基本事实，即西方资本主义不断扩大再生产决定了他们势必要在世界范围占有越来越多的商品市场、原料产地、投资场所，向外扩张乃是它的本性。

由此，梁启超等人进而指出了西方帝国主义与古代侵略者、征服者的区别。梁氏认为，同是向外扩张，古代的征服者如亚历山大、成吉思汗等乃是一种穷兵黩武行为，旨在军事征服、版图扩张，而今天的帝国主义主要是"觅销售之地"。今天帝国主义的侵略扩张"非属于君相之事，而属于民间之事；非属于政治之事，而属于经济之事"（同上）。就是说，帝国主义的对外侵略具有强烈的经济目的；它的发动者不只是"君相"个人，更主要的是本国的资产阶级，是为了本国资产阶级的利益。因此，帝国主义的全面侵略较之古代的军事征服，给被侵略者带来的影响、危害要更为严重。

此外，他们还亲眼看到了这样一个事实。古代"灭人之国"主要是毁其宗庙社稷，废其皇统，其性质是改朝换代；而帝国主义灭人之国所用的则是"灭国新法"。它们在侵略东方时，对于东方被侵略国的宗庙、社稷、皇统并不那么重视。比如，法国吞并越南后，依然保留了原先的阮氏王朝；日本在事实上控制了朝鲜之后，在一个时期内也依然保留了李氏王朝，甚至还让李王由称王而称帝。它们所图的并不是那里的皇统，而是土地、人民、财富。对人民来说，所面临的并非是皇室易姓、朝廷易主，而是空前的民族灾难，其严重性与改朝换代是不可同日而语的。帝国主义既欲以殖民地为其商品市场、原料产地、投资场所，就势必要“占尽小民生计，并小民之一衣一食皆当仰之以给”。谭嗣同愤慨地说：“自古取人之国，无此酷毒者!”（《兴算学议·上欧阳中鹄书》）

因此，当时中国所面临的是一场巨大而深重的民族灾难。一旦帝国主义得逞，中华民族将“胥为白人之奴役”，中国将面临亡国灭种的危险。湖南南学会成立，梁启超在《南学会序》中说：“数年以后，乡井不知谁氏之藩，眷属不知谁氏之奴，血肉不知谁氏之俎，魂魄不知谁氏之鬼。”（《饮冰室合集·文集》之二）所表达的正是对亡国灭种的忧惧。因此，维新派所大声疾呼的救亡图存具有新的含义，它不单是救某朝之亡，图某姓皇统之存，而是救中国之亡，图中华民族之存。保国会所列宗旨曰“保国、保种、保教”，正表明了这一点。谭嗣同曾说，自甲午战败后他常常“当馈而忘食，既寝而复兴，绕房彷徨，未知所出”（《思纬壹壹台短书·报贝元徵》）。其实，在当时，如此忧国忧民者断非谭氏一人，而是一批被惊醒的中国人。深重的民族灾难和民族危机使几代中国人陷入深深的忧患而无以摆脱。由于这种忧患是出自对国家、民族命运前途的忧虑，因此，它比古代的忧患意识更为深沉、浓烈、广泛、持久。

在戊戌时期，维新派思想家的国家观念已具有明显的近代色彩。首先，他们大胆否定了君主即国家的观念。同时，他们又指出了国家与朝廷的区别。梁启超说：“朝也者，一家之私产也；国也者，人民之公产也。”（《少年中国说》，《饮冰室合集·文集》之五）当时，洋务派以至守旧派也讲爱国，但他们心目中的爱国主要是：“尊朝廷，卫社稷”（张之洞：《劝学篇·同心》），而维新派则强调“保全国家之政权土地”，“保人民种类之自立”（《保国会章程》），其间的差别是明显的。显然，维新派所爱、所保的国已经超过了一朝一姓之江山、社稷、皇统的狭小范围。戊戌时期，维新派思想家较少讲“我大清”，较多讲“我中国”“我中华”，明确提出“保卫中国”的口号（《上海强学会章程》），一些报刊不用年号纪年而采孔子纪年，这些细微处是值得我们注意的。戊戌时顽固派攻击康有为等“保中国不保大清”，认为康等采用孔子纪年“非崇圣人也，实不乐书我大清国号、年号耳”（《申报》光绪二十四年九月初十日）。这固然是欲陷康等于死地，但确也反映出在维新派的心目中，中国已不简单等同于大清了。

二、“中国无可亡之理，而有必强之道”

在戊戌时期，维新派思想家一再揭示民族危机的深重，断言中国正面临亡国灭种的危险，绝不是要在人民中间散布悲观绝望的情绪。他们所以屡作危言，绝不是让人气馁，而是使人惊醒。他们是敲警钟而不是敲丧钟。他们虽清醒认识到客观形势的严峻，但并未对国家、民族的命运前途丧失信心而是充满信心。他们认为，救亡图存只是第一步，而更重要的是第二步即谋求民族的振兴和进步。“救亡图存，振兴中华”方才构成维新派爱国主义的完整纲领。

随着帝国主义对华的侵略一再得逞，中国的民族危机日益深重，一种“中国必亡论”开始在中国社会滋生。制造这种谬说、危言的自然是试图灭亡中国的帝国主义者（特别是其中的那些狂妄分子）。但是，由于中国在反侵略战争中屡屡失败，清朝政府的腐败无能充分暴露，这种“中国必亡论”也逐渐对部分中国人产生影响。他们把中国的危亡看做是“天心”“国运”，认为无法挽救，因而“坐待封割”“束手待亡”。显然，这种悲观的、无根据的“中国必亡论”涣散人心、瓦解斗志，极端有害。梁启超感叹说：“吾中国之亡，不亡于贫，不亡于弱，不亡于外患，不亡于内讧，而实亡于此辈士大夫之议论。”（《保国会演说词》，《饮冰室合集·文集》之二）它乃是思想之大敌。梁认为，这种论调乃是对国家民族的前途丧失信心的表现，因此，当务之急是树立民族自信，这是渡过民族难关不可缺少的重要精神支柱。但是，民族自信不应仅是感情的，更应是理性的。为此，他在戊戌时期写了多篇专文，系统论述了西方列强所以不能瓜分灭亡中国、中华民族所以终将振兴的原因。对此，其他维新派思想家也有论述，但以梁最系统，下面便着重介绍他的议论。

首先，梁启超从“人种之优劣”来论证“中国之将强”。他写道：

> 凡黑色、红色、棕色之种人，其血管中之微生物，与其脑之角度，皆视白人相去悬绝。惟黄之与白，殆不甚远。故白人所能为之事，黄人无不能者。日本之规肖西法，其明效也。日本之种，本出于我国，而谓彼之所长，必我之所短，无是道也。（《论中国之将强》，《饮冰室合集·文集》之二）

他举例说，中国赴美留学生在校“每试焉辄冠其曹，学中教师罔不鼓掌赞叹”，而且，“无论何国学堂，苟有支那人在弟子籍者，未有不翘然秀出于侪辈也”（同上）。这些都说明，中国人种并非“劣等”而是“优等”人种。在另一篇文章中，他又将世界人种区分为“历史人种”与“非历史人种”。他写道：

能自结者为历史的，不能自结者为非历史的。何以故？能自结者则排人，不能自结者则排于人。排人者则能扩张本种以侵蚀他种，骎骎焉垄断世界历史之舞台；排于人者则本种日以陵夷衰微，非徵不能扩张于外，而且澌灭于内，寻至失其历史上本有之地位，而舞台为他人所占。（《新史学》，《饮冰室合集·文集》之九）

他说，白种人与黄种人均属“历史的人种”，所以，中国人种不可能丧失已有的历史舞台，它虽有挫败、苦难，终将振兴。

进而他又认为，历史证明中国人种具有“自存”的性质与能力。这表现在：①“富于自治之力”；②“有冒险独立之性质”；③“长于学问，思想易发达”；④“民人众多，物产沃衍，善经商而工价廉，将握全世界商工之大权也”（《论中国人种之将来》，《饮冰室合集·文集》之三）。他说：“凡一国之存亡，必由其国民之自存自亡，而非他国能存之、能亡之也。苟其国民无自存之性质，虽无一毫之他力以亡之，犹将亡也。苟其国民有自存之性质，虽有万钧之他力以亡之，犹将存也。”（同上）既然中国人种在漫长的历史过程中造就了“自存”的“特质”、能力，因此任何外力也无法使她灭亡。相反，“于二十世纪，我中国人必为世界上最有势力之人种，有可豫断言者”（同上）。对于中华民族他日的振兴，他是充满信心的。

其次，通过回顾历史，梁启超又指出，中国不存在内部分裂的因素，因此，她不可能被列强瓜分。他说：“凡向来列国被瓜分之祸者，必其内部自分裂，然后人得而分裂之。”（《论支那独立之实力与日本东方政策》，《饮冰室合集·文集》之四）就是说，凡被瓜分者自有其内因。这些内因大致有以下三方面，即国内各民族相争，国内各地区相争以及国内各宗教相争。他认为，这些问题在中国虽也存在，但与他国相比并不严重、尖锐，不会酿成大的冲突。他的结论是："支那人种、地势、宗教皆可谓为一统，未尝有分裂于内者，授人以间隙之可乘也。"（同上）

最后，梁启超指出，当时的中国"自表面观，既已气息奄奄，危于风烛"，但其内部却蕴藏着"未可轻蔑"的"潜势力"，对此任何人都不可渺视。值得我们珍视的是，甲午战后，梁启超看到了蕴藏于中国广大民众中的爱国热忱。他说："自和议以后，虽朝贵大吏，晏安犹昔，而草茅之间，风气大开，其灼然有见于危亡之故，振臂苦口，思雪耻者所在皆有。"（《论中国之将强》，《饮冰室合集·文集》之二）应该说，这乃是梁氏所说的"潜势力"中的最大者。

正是基于上述分析，梁启超得出了"中国无可亡之理，而有必强之道"（同上）的正确结论。对于中国的强盛、中华的振兴，他是充满信心的。他说："二十世纪之中国，必雄飞于宇内，无可疑也。"（《南海康先生传》第一章，《饮冰室合集·文集》之六）他在其著名美文《少年中国说》中预言，正在孕育中的新中国将如"红日初生，其道大光；河出伏流，一泻汪洋；潜龙腾渊，鳞爪飞扬；乳虎啸谷，百兽震惶……前途似海，来日方长。"（《饮冰室合集·文集》之五）这种对国家命运、民族前途的自信，也是其他维新派所同具的。著名维新派思想家、杰出诗人黄遵宪曾作《出军歌》《军中歌》《旋军歌》各8首，每首最后一字联成"鼓勇同行，敢战必胜，死战向前，纵横莫抗，旋师定约，张我国权"6句战斗口号，充分表现了诗人对振兴中华的高度信心和战斗决心。其中两首是这样写的：

四千余岁古国古，是我完全土。二十世纪谁为主？是我神明胄。君

看黄龙万旗舞，鼓鼓鼓！（《出军歌》之一）

金瓯既缺完复完，全收掌握权。胭脂失色还复还①，一扫势力圈。海又东环天右旋，旋旋旋！（《旋军歌》之一）

这些对于振奋民族精神，树立民族自信心，让中国民众以冷静、理智的态度正确面对现实，瞻望未来，渡过民族难关，都曾产生了积极影响。

自然，梁启超的分析、论述，所存在的问题也是明显的。他用以激励民族自信的主要理论依据乃是西方殖民主义者长期来极力鼓吹的种族优劣论。这种谬论公然维护民族不平等，为帝国主义的侵略扩张、殖民统治作辩护，无疑不利于中国和东方的民族解放事业。在这里，梁启超等人显然是用错了武器。此外，在驳斥“中国必亡”、论证中国不可能被灭亡时，他对中华民族对外来侵略的反抗精神、反抗传统的强调也是不够的。因为要证明中国人与西方人同属“优等”民族，这里他所作的一些结论同他后来在《新民说》等论著中的某些结论存在明显的矛盾。

三、救亡与振兴“惟有自强”

面对空前严重的民族危机，中国要救亡图存并谋求振兴，其总方针应是什么？对此，维新派思想家们的认识和回答是明确而一致的，这便

① “胭脂”是指古匈奴的胭脂山（亦称燕支山），因产胭脂草而得名。匈奴失此山，曾作歌云：“失我胭脂山，使我妇女无颜色。”诗中此处意指国土失而复还。

是自强。他们清醒、理智地认识到，中国作为一个大国，要想挽救民族危机，只有靠自身的力量。

所谓自强，原来是指通过自己自觉地不懈努力，完善、充实自身的一种精神、品德。它是要人坚信，形象由自己塑造，境遇由自己改变，成败由自己决定，一切皆取决于己。《易·乾·象》云："天行健，君子以自强不息。"意思是说，天不借外力，全凭内因，强劲有力、永不止息地运行；君子也应效法天行，不借外力，自强而不息。这是中国一个历史悠久的古老观念，在历史上，它曾激发了中华民族自力更生、奋发图强、拼搏进取的精神。它是中华民族数千年来所以能历经磨难而始终巍然屹立的重要精神支柱。

鸦片战争后，面对空前的民族耻辱、民族灾难，中华民族迅速作出的反应便是激发自己自强。魏源提出"师夷长技以制夷"的口号，便是要通过"师夷"而自强，努力赶上西方。稍后的洋务派更鲜明地打出了自强的旗帜，将他们的一切新举措名之曰"自强新政"。洋务派的领袖人物恭亲王奕䜣说："查治国之道，在乎自强。"（同治三年四月二十八日奕䜣等折，《洋务运动》第三册，第466页）认为自强应是中国御侮图存的总方针。从19世纪60年代起，"自强"一词频频见之于皇帝的谕旨、大臣的奏折、私家的论著和报刊文章，成为从上到下的共同呼声与共同信念。张之洞任湖广总督时在武昌创办的新式学堂名曰"自强学堂"，后任两江总督时所编新式军队名曰"江南自强军"，这些都反映自强乃是洋务运动的一面旗帜。甲午战争惨败、《马关条约》签订后，自强的呼声更加高昂，以至当年殿试的制策题便为《与海内贤能力矢自强》（见康有为：《上清帝第三书》）。这种从上到下、笼罩全国的强烈气氛和一致的信念，就使维新派更加重视自强精神。

维新派的自强思想同中国古人的自强观念既有直接继承关系，同时又有它新的内容。

首先，维新派的自强思想并不完全建立在“天行健”一类的古说之上，而是明显受了刚从西方传入的社会达尔文主义的影响。社会达尔文主义认为，人类社会和自然界一样，也是一个优胜劣败、弱肉强食的世界。在残酷的生存竞争中，只有强者方能生存、发展。最早介绍这一学说的严复便说，这种“弱者常为强肉，愚者常为智役”的情形，不只“动植如此”，而且“民人亦然”，因为“民人者固动物之类也”（《原强修订稿》）。这一学说立即被维新派所接受，并作了发挥。梁启超说：

> 世界以竞争而进化，竞争之极，优者必胜，劣者必败，久而久之，其所谓优者遂尽占世界之利权，其所谓弱者遂不能自存于天壤，此天演之公例也。（《论商业会议所之益》，《饮冰室合集·文集》之四）

他认为，在这生存竞争中欲求自存当以“求强为第一义”（同上），首先应使自己成为强者。康有为后来虽批评社会达尔文主义，但在维新运动兴起的时候，他也是这种理论的鼓吹者。他先后说：“天道无知，惟佑强者。”（《上海强学会后序》）“《仲虺之诰》曰：‘兼弱攻昧，取乱侮亡。’吾既自居于弱昧，安能禁人之兼攻？吾既日即于乱亡，安能怨人之取侮?”（《上清帝第五书》）当时的中国既贫且弱，明显落后于西方，遭受它们的侵略乃是必然之势。要想图存振兴，“则惟有自强而已”（《上海强学会后序》）。谭嗣同解释说，自强便是自求于己，“反躬自责，发愤为雄”（《仁学》四十四）。他们所成立的政治团体所以名之曰“强学会”，上海强学会的机关刊物所以名之为《强学报》，其寓意都是企望通过自强而使中国成为强者。

社会达尔文主义原本是一种为帝国主义侵略辩护的理论，但是，以严复为代表的中国维新派思想家则是站在被压迫、被侵略民族的立场来理解社会达尔文主义的。他们所以大讲弱肉强食、优胜劣败并不是要证明中国的衰亡无可挽回；相反，是为了激励中国人“发愤为雄”，由弱变强，通过自强而图存振兴，这在当时是具有积极意义的。通过他们的宣传，人们更加认识到当时中国所面临的客观形势的严峻性，更增强了自强图存的紧迫感。

其次，同是讲自强，其主体则有所不同。古代的自强，主体是个人。它是要勉励个人充分发挥主观能动性，高度自觉，通过自己的不懈努力，不断完善自身，相信人们的善恶、荣辱、成败皆由自造自取。这种自强主要是个人的自强。到了近代，情形则有所不同。这时，人们讲自强，主体已从个人扩大为国家，所追求的则从一身之强扩大为一国之强。于是，自强遂由修身之道扩大为治国之道，它不仅是伦理道德观念，更主要是政治观念。需要指出的是，以维新派与洋务派相比，两者间尚存在差别。在洋务派心目中，国家实际上主要是指大清皇朝。他们谋求自强，目的主要是通过一番自我调节、更新，使清朝统治转危为安，得以“中兴”。维新派呼吁自强，主体虽然也包括大清皇朝，但更主要是指中国和中华民族。所以，他们讲自强从一开始便是同“保种”相联系的，这便是当时流行的一句口号——“自强保种”。既然自强是国家民族的自强，所以他们又大力提倡“合群”，认为只有通过合群才能形成巨大力量，实现民族的自强。也正由于维新派的自强主要是国家、民族的自强、振兴，因此，在自强的方法途径上，他们的一套主张与洋务派是大不相同的。

最后，某些维新派（如梁启超、谭嗣同）提倡自强，也是受了佛家“业报”说的影响。佛家将人们身、口、意三方面的活动称之为

"业"。人的所作所为叫身业，人所言和所写的文字叫口业，人心所思所想叫意业。佛家认为，业一旦发生便不会消除，势必因其性质而引发相应的"报"。人类历史，社会的治乱，国家的盛衰均是众生"业力"所造，都是自己造因、自己受果，自作自受。梁、谭等人认为，既然一切都是"自造之而自得之"，因此，从个体到群体的命运完全取决于众生自己，中国的衰微应由中国人自己挽回。中国要实现富强就只有靠国人发扬自强精神。由此可见，在戊戌时期，自强精神是同社会责任感紧紧联系在一起的。

维新派又认为，激发国人的知耻心乃是培养自强精神的下手处。孟子曾说："不耻不若人，何若人有?"（《孟子·尽心上》）依据这一古训，一些维新派思想家将知耻看做是自强的动力。有人甚至认为，英国的崛起，普鲁士的强大，法国由战败而复兴，日本由弱小而强大，都是国人因知耻而奋发的结果。因此，他们对知耻、明耻是十分重视的。康有为说，当时的中国"惟有激耻以振之"（《保国会序》）。所以，他在向皇帝的上书中建议朝廷"明耻以激士气"（《上清帝第五书》）。为此，宗室寿富在北京特为成立了"知耻学会"，梁启超并为之作序。他们认为，百余年来中国在一些主要方面已全面落后于西方，自鸦片战争以来，中国所蒙受的国耻多矣，可是国人自觉知耻者并不多，这是很可悲的。中国欲图自强、振兴，就应痛感自己的落后，并以此为耻。只有国人自觉知耻，才能由自愧而自反，由自反而自奋、自强，才能有强烈的赶超意识。为此，国人就必须抛弃、改变长期以来小视外邦、妄自尊大的积习、恶习，老老实实承认自己落后。而其第一步，首先要对地球的现状、中外的形势有一正确了解，弄清中国与西方的明显差距。出于这一认识，康有为在"百日维新"期间，曾编写了一个《列国政要比较表》进呈光绪皇帝。该表通过十多项重要指数，说明了中国的落后。他所得出的结论是：在全世界，“民数以吾为冠，而贫以吾为殿”“中国土地、财赋、商货、学校、生徒、兵卒、船舰、铁路、电线，事事远逊于人”①。他指出，之所以作这样的比较，揭示中国的落后，是为了激发国人的“耻心”“惧心”和“竞心”，这样中国人才能有“求进之心”、自强之志。

总之，在戊戌时期，维新派思想家始终将中华民族的生存与振兴寄托于自强，激励国人通过自己的努力挽救民族危机，渡过民族难关，而自立于世界民族之林。这无疑是一种正确、清醒、理智的选择。后来，以毛泽东为首的中国共产党人所提倡的自力更生精神，正是对从古代到近代一以贯之的自强精神的继承和发扬。可以这样说，一部中国近代化、现代化史乃是中华民族的自强史。

四、“天下兴亡匹夫有责”与“合群保种”

国家的自强是建立在民众强烈的爱国心之上的。民众的爱国心乃是最可宝贵的因素。梁启超曾深刻地指出，帝国主义侵略者虽正在疯狂地瓜分中国，但是，中国人的爱国心却是它们所无法瓜分、攫取的。他说：

> 惟腹心则不可得而瓜分者也。腹心者何？我四万万同胞爱国之心、团结之力是也。有之则生，无之则死，生死之间，系兹一发。（《瓜分危言》，《饮冰室合集·文集》之四）

① 《列国政要比较表》的《各国比较商务表》及该书序。转见孔祥吉：《康有为变法奏议研究》（辽宁教育出版社，1988年版）第363页。

他认为，民众的爱国心乃是濒于危亡的中国赖以存在、最终不至于灭亡的可靠保证。只要人人激发爱国之心，各尽所能地与侵略者抗争，谋求国家的独立、振兴，中国断不会灭亡。他又说：

夫天下事可为不可为，亦岂有定哉！人人知其不可而不为，斯真不可为矣。人人知其不可而为之，斯可为矣。使吾四万万人者，咸知吾国处必亡之势，而必欲厝之于不亡之域，各尽其聪明才力之所能及者，以行其分内所得行之事，人人如是，而国之亡犹不能救者，吾未之闻也。（《保国会演说词》，《饮冰室合集·文集》之三）

就是说，中国能否生存并振兴，全凭四万万中国民众能否为国家、为民族奉献出自己的全部力量。因此他呼吁，在此危急存亡之秋，上自君相，下至“吾侪小民”，人人都应“忍大辱，安大苦，发大愿，合大群，革大弊，兴大利，雪大耻，报大仇，定大难，造大业，成大同”（《论中国之将强》，《饮冰室合集·文集》之二），一心一德，共谋国家民族的振兴。基于上述认识，维新派思想家们将爱国看做是最高道德。正如梁启超所说：“天下之盛德大业，孰有过于爱国者乎！”（《意大利建国三杰传》，《饮冰室合集·专集》十一）他们大力提倡新民德，其核心便在培养、增进国人的爱国主义。提倡爱国主义，这是戊戌思潮引人注目的重要内容。

自甲午战败、马关签约后，具有近代色彩的爱国主义在中国油然兴起，日益高涨，这无疑是主流。但是，在当时的中国社会，从上到下又存在着一些与爱国主义不协调、相背离的消极思想与风气。首先是国人对国事相互推诿。梁启超写道：

其在上者，必曰下无人才，无所可用也；其在下者，必曰上不变法，无一可言也。以故，疆臣则归罪政府，政府亦归罪疆臣，州县则归罪督抚，督抚亦归罪州县，士民则归罪有司，有司亦归罪士民。（《保国会演说词》）

结果是，从上到下人人皆责望他人，而自己则“相率不发一论、不办一事”（同上）。而在当时的中国社会，更多的人则自居于旁观者的位置，取消极的冷眼旁观态度。梁启超将当时中国社会众多的旁观者分为六派，即：“浑沌派”“为我派”“呜呼派”“笑骂派”“暴弃派”“待时派”。所谓浑沌派是指那些对国家民族的命运前途漠不关心、麻木不仁的人，他们既无权利观念也无义务观念，只知饥食渴饮而已。此派多为民众。所谓为我派是指那些只顾个人私利而全然不顾国家民族利益的人。此派主要是那些“据要津、握重权者”，他们的危害最大。所谓呜呼派是指那些对国家民族前途悲观失望的士大夫、知识分子。他们虽也有“忧国之容，哀时之语”，但却以为中国之危亡无可挽救，因而“束手待毙”，无所作为。所谓笑骂派是指那些只知责人、不知责己的另一类士大夫。他们“常自立于无可指摘之地”而一味指责、笑骂他人，自己并无任何救国的方术与行动。他们的笑骂，其客观效果实际上是使他人也不办一事，成为旁观者。因此，此派的危害也很大。所谓暴弃派是指那些“望人不望己”的人，以为“济人利物非吾事，自有周公孔圣人”。而待时派则是那些坐等时机成熟的等待者。概言之，第一派为不知责任之人，以下五派则为不行责任之人。为斥责、唤醒各类旁观者，梁启超写了一篇名曰《呵旁观者》的名文。他写道：“天下最可厌、可憎、可鄙之人，莫过于旁观者。”“旁观者，人类之蟊贼，世界之仇敌也。”其极度憎恶之情溢于言表，不能自已。他又说：

大抵家国之盛衰兴亡，恒以其家中、国中旁观者之有无多少为差。国人无一旁观者，国虽小而必兴；国人尽为旁观者，国虽大而必亡。

应该说，上述议论虽然质朴但无疑是深刻的，直到今天我们读起来仍觉得它有很强的针对性与现实意义。

梁启超之所以痛斥旁观者，是为了在中国民众中树立社会责任感、义务感。在这篇名文中他又说：

人生于天地之间，各有责任。知责任者大丈夫之始也，行责任者大丈夫之终也。自放弃其责任，则是自放弃其所以为人之具也。

人也者，对于一家而有一家之责任，对于一国而有一国之责任，对于世界而有世界之责任。（以上引文均见《呵旁观者文》，《饮冰室合集·文集》之五）

提倡个人对社会的责任感是维新派的共同主张。康有为也曾说：“生于一家，受人之鞠育而后有其生，则有家人之荷担。若逃之而出其家，其自为则巧矣，其负恩则何忍矣。”“生于一国，受一国之文明而后有其知，则有国民之责任。如逃之而弃其国，其国亡种灭而文明随之隳坏，其负责亦太甚矣。”（《大同书·甲部·绪言》）中国知识分子自古以来便有一种强烈的责任感、使命感。从《大学》的“治国平天下”到范仲淹的“先天下之忧而忧”，再到吕坤的“四大责任”说①，所表

① 《呻吟语·应务》：“世道、人心、民生、国计，此是士君子四大责任。”

现的都是这种精神。维新派的社会责任说既是对中国古代这一优秀传统的继承，同时又具有新的内容。它是从人的社会性出发的，建立在西方近代权利、义务观基础上的，同时还含有人民是国家主人的主权在民观念。

维新派的社会责任说主要是强调个人对国家的责任。其一，他们要求人们正确弄清“国之强弱与己之荣辱”的关系，概言之，“国之兴也，我辈实躬享其荣；国之亡也，我辈实亲尝其惨，欲避无可避，欲逃无可逃”（《呵旁观者文》）。他们认为，人们一旦认清了个人利益与国家利益在根本方面的一致性，自能自觉爱国。其二，更重要的是，他们大力宣传了西方近代的主权在民说，指出“一国之人”即是“一国之主人”，因此，人民爱国实际上是“各尽其主人之职而已”（同上）。无疑，这一观念更能增强爱国主义的自觉性。

关于个人对国家的这种责任，康有为的弟子、维新派宣传家麦孟华作了这样的概括：“天下兴亡，匹夫有责”（《论中国之存亡决定于今日》，《清议报》第三十八册）。关于这句中国人家喻户晓的名言的提出者，过去人们都说是顾炎武，其实，顾的原话是：“保天下者，匹夫之贱与有责焉耳矣。”（《日知录》卷十三，《正始》）它只是这句名言的原始雏形，而在1900年那个民族灾难空前深重的年代，麦孟华对它作了符合时代需要、且更为简洁、精当的新表述。后经梁启超等人使用遂广为流行（所以也有人以为这句名言的提出者是梁启超）。概言之，“天下兴亡，匹夫有责”一语，言简意赅地道出了人民对国家、民族的义务和责任，在民族灾难深重的中国近现代，对于激发中国人民的爱国主义精神，认清自己的责任，曾起了巨大的积极作用。

维新派思想家进而指出，为了救亡与振兴，每个个体的能动性、积极性又必须结成群体的合力。于是，他们又先后提出“合群保种”“合群御侮”“合群进化”等口号，大声疾呼要求中国人民“合群”。他们认为，当时中国的民族危机“惟有合群以救之”（康有为：《保国会序》），因此他们一再向人们宣传，“以合群之力，挽将倒之澜”（《桂林圣学会续闻》，《戊戌变法》第四册，第380页）。可以这样说，戊戌时期以至整个中国近代的爱国主义又是同“合群”观念紧紧相连的。

群与合群的观念中国古已有之。早在先秦，荀子即曾深刻指出：人“力不若牛，走不若马，而牛马为用，何也？曰：人能群，彼不能群也。”（《荀子·王制》）他认为，人类所以“最为天下贵”，就是因为人是社会群体动物，因而能形成巨大的合力，从而战胜外界，成为主宰（“一则多力，多力则强，强则胜物”，同上）。维新派的合群思想诚然与荀子等人的思想有继承关系，但更主要是受了达尔文进化论的影响。如果说荀子重合群主要是从战胜外界（“胜物”）的需要出发，那么，后者则主要从种族间“生存竞争”的需要立论。最早系统介绍这一学说的严复认为：“天演之事，将使能群者存，不群者灭；善群者存，不善群者灭。”（《天演论》导言十三按语）稍后，梁启超也认为：“群者，天下之公理也，处竞争之世，惟群之大且固者，则优胜而独适于生存。”（《论独立》，《饮冰室合集·文集》十四）“合群者，战胜之左券也。”（《论商业会议所之益》，《饮冰室合集·文集》之四）

所谓“合群”即是增强群体内部的“联结”即“团结之力”，做到“合众人之识见以为识见”“合众人之力量以为力量”，从而形成一股强大的合力，收到“合千万缕以成巨绠，无有能断之者”的效果（梁启超：《商会议》，《饮冰室合集·文集》之四）。为此，中国人必须改变一盘散沙的局面，努力做到“万其手、万其足，一其心、一其力、一其事”（梁启超：《南学会序》，《饮冰室合集·文集》之二），达到国家民族内部的高度团结与统一。

国家、民族乃是“最上之团体”、最高最大的群体。因此，维新派在呼吁合群的同时又大力提倡国家主义、民族主义。在中国惨遭帝国主义侵略，面临亡国灭种危险的戊戌时代，国家主义、民族主义的兴起乃是必然之势。梁启超给民族主义下了这样的定义：“民族主义者”，“不使他族侵我之自由，我亦毋侵他族之自由。其在于本国也，人之独立；其在于世界也，国之独立。”（《国家思想变迁异同论》，《饮冰室合集·文集》之六）可见，他们提倡民族主义，其宗旨在于捍卫国家的独立、民族的自由，是一种反侵略、反压制的自卫型民族主义，与西方的“民族帝国主义”是截然对立的。鉴于当时国内存在满汉民族矛盾的事实，梁启超提出了“小民族主义”与“大民族主义”说。“小民族主义者何？汉民族对于国内他民族是也。大民族主义者何？合国内本部属部之诸族以对于国外之诸族是也。”（《政治学大家伯伦知理之学说》，《饮冰室合集·文集》十三）他认为，“吾中国言民族主义者，当于小民族主义之外，更提倡大民族主义”（同上）。他所重视、所强调的乃是“大民族主义”。他主张，“合汉、合满、合蒙、合回、合苗、合藏，组成一大民族”（同上），以抗击、抵御“吾群之公敌”——帝国主义侵略者。梁氏的这一主张也是多数维新派思想家的共同认识和主张。后来，主张反清“排满”的革命派也逐渐接受了这一正确主张。于是，“中华民族”和“四万万同胞”的观念在中国流行，为全体中国人所认同，其积极影响是巨大的。

对于合群，维新派不仅从事广泛宣传，而且又付诸实践。据梁启超回忆，早在1891年，康有为在广州长兴里讲学，即设“群学”一科，并称他的思想理论体系“以群为体”。后来，维新派在各地纷纷建立各种学会，正是为了把维新势力、新式知识分子团结、组织起来。他们提倡普遍建立商会，开办新式公司，也是为了使经济领域的新势力联合起来，而他们的最终理想则是为了实现中华民族的大联合、大团结。

戊戌时期维新派的合群说旨在加强中华民族的团结，它不仅增强了中国人近代的群体意识，也使爱国主义和救亡事业进一步落到实处。而在推行过程中，他们又开始注意中国人政治结合能力、社团组织能力的培养训练，这对后来近代社团、政党的形成，以至中国社会组织走向近代化，都起了重要作用。

五、对帝国主义的模糊认识和矛盾态度

如前所说，是空前严重的民族危机将维新派推上了政治历史舞台。维新派始终以捍卫国家、民族的独立，谋求国家、民族的振兴为自己的奋斗目标。他们所以发动变法维新，进行资本主义变革，正是要同试图灭亡瓜分中国的帝国主义作抗争。他们是真诚、伟大的爱国主义者。通过鸦片战争以来的列强侵华史，特别是从甲午战争到瓜分狂潮的空前巨变，他们对帝国主义的侵略图谋作了深刻、准确的揭露。这对中国民众来说，起了惊醒作用。对于灌输具有近代色彩的爱国主义来说，维新派作了巨大贡献，更是功不可没。

但是，维新派所代表的中国民族资产阶级乃是一个刚刚降生的幼稚、软弱、不成熟的阶级。而且，作为东方半殖民地国家的资产阶级，它又难以摆脱对西方的依附与依赖。这就决定了维新派思想家在当时无法对帝国主义的本质作出全面、清醒、正确的认识。加之当时英、美、日本等国的某些外交官、传教士又曾对他们表示同情与好感，这就越发模糊了他们的视线。因此，维新派思想家对于帝国主义又存在不少错误

认识，由此又曾对它产生过一些有害幻想。总之，对于帝国主义，维新派的认识存在明显的矛盾。

因受社会达尔文主义的影响，许多维新派思想家首先将帝国主义对中国、对东方的侵略看做是一场种族间的“生存竞争”，从而模糊了它的非正义性。为证明列强侵略有理，社会达尔文主义宣称，在种族间的生存竞争中，弱肉强食是天经地义的。这实际上是说，强者有权侵凌、吞噬弱者。维新派在接受进化论的同时也接受了这种理论，如前所说，康有为曾引《尚书·仲虺之诰》“兼弱攻昧，取乱侮亡”的话，认为当时中国既处于“弱昧”“乱亡”，那么就不能怨恨他人的“兼攻”“取侮”。而谭嗣同则说：

> 名之曰自强，则其责在己不在人，故慎毋为复仇雪耻之说，以自乱其本图也。任彼之轻贱我、欺凌我，我当视为“兼弱攻昧，取乱侮亡”，彼分内可应为，我不变法即不应不受。(《仁学》四十四)

其一，维新派思想家之所以说这些话，目的是为了激励中国人变弱为强的自强精神，敦促清朝政府及时变法，但是，其中“安能怨人”“不应不受”等说势必要削弱国人对帝国主义侵略者的仇恨。而“彼分内可应为”说则等于承认帝国主义侵略的合理。“生存竞争”说的要害在抹杀正义性与非正义性的界限，掩饰帝国主义侵略的非正义性。在这一问题上，维新派显然是中了社会达尔文主义的毒。

其二，一些维新派思想家又将帝国主义对中国、对东方的侵略看做是资本主义与封建主义的斗争，这就在认识上、理论上出现了更大的失误。资本主义制度无疑优于、高于封建主义制度，但一些维新派思想家竟由此引发出对帝国主义侵略者无端的赞美。这类言论是不少的，比如，康有为便称赞英国“真救人之国也”，认为“泰西各国专务商业，咸愿平和”；谭嗣同称西方的“万国公法”“为西人仁至义尽之书”，甚至将甲午战争中的日本侵略军称作“仁义之师”……更显荒谬的是，有人竟认为，帝国主义所以对中国进行种种侵略，完全是为了中国好。谭嗣同曾说：

西人……顾哀中国之亡于静，辄曰：此不痛不痒顽钝而无耻者也。为危词以怵之，为巽语以诱之，为大声疾呼以惊之，为通商以招之，为传教以聒之，为报馆、为译书以诲之，为学堂、为医院以拯之，至不得已而为兵戈、枪炮、水雷、铁舰以大创之……（《仁学》十九）

在他看来，帝国主义之所以采取包括侵略战争在内的种种手段侵入中国，目的是为了把中国从“静”的封建主义拉向“动”的资本主义。“老师”所以大动干戈，是为了加速“顽钝”的“学生”的进步过程。他甚至认为，帝国主义仅采取这些手段还不够，他竟要求它们直接插手，公开干预东方国家的内政，“强革其弊政”。他说，在地球上，东方诸君主专制国乃是“病夫”，“其病将传染于无病之人”，因此，西方应“明日张胆代其革政，废其所谓君主，而择其国之贤明者为之民主”（《仁学》四十四）。他还幻想中国人“藉洋人以伸自主之权”（《秋雨年华之馆丛脞书》卷一，《报唐才常书》）。固然，这些议论反映了谭嗣同对封建专制制度的强烈憎恶和对清朝政权的极端失望情绪，以及急于在中国实现民主、民权的强烈愿望，但这显然是引狼入室、认敌为友的错误主张。他不懂得，帝国主义所以侵略中国、侵略东方，主观上并不是要在中国和东方建立发展像它们那样的资本主义，并不是要把封建专制、野蛮落后的东方改造为民主自由、文明进步的东方，而是要把东方变为自己的商品市场、原料产地和投资场所，变为自己的殖民地。[①] 一部帝国主义侵略史、殖民史完全证明了这一点。诚然，抱谭嗣同这样想法的人是极少数，但对西方列强心存幻想者则不在少数。在许多维新派人士看来，中国搞变法维新是学习西方、以西方为师，那么一定会得到西方的同情、支持。事实证明，指望西方帮助东方搞资本主义，共存共荣，这乃是幻想。

其三，还有一些人从地理、人种的角度把这场斗争看做是东方与西方、黄种与白种的斗争，因此，他们反而对刚刚疯狂侵略中国的日本帝国主义抱有好感。谭嗣同竟相信日本参谋本部派到中国的神尾光臣等三人的鬼话："中日唇齿相依，中国若不能存，彼亦亡之，故其悔从前之交战，愿与中国联络，救中国亦以自救也。"（《南学会讲义·论中国情形危急》）他的挚友唐才常也同样深信这三个日本人的谎言，竟认为"日人热心保支（支那、中国）""有异于英美各国用心"。他进而幻想"将来二国合邦"，以"杜欧势东渐"（《日人实心保华论》）。梁启超也说，"日本唇齿之邦，以扶植中国为心者也"（《爱国论》，《饮冰室合集·文集》之三），"日本知东方之危，故与中国提携之心甚盛，朝野上下，多持此论"。因此，他也主张与日本"联络"，"以保东方大局也"。（《论商业会议所之益》，《饮冰室合集·文集》之三）显然，这几位都是上了日本侵略者的当。其实，日本的所谓"杜欧势东渐""保东亚大局"，所包藏的乃是日本独占中国和东亚的狼子野心，后来的历史事实完全证明了这一点。

---

① 西方的商品输出、经济侵略，客观上势必要破坏中国和东方封建的自然经济，刺激中国和东方商品经济的发展，从而给那里资本主义生产的发展造成某些客观的条件和可能。但这只是一种客观效果。就总体而言，帝国主义殖民者乃是东方民族资本主义发展的严重障碍。对此学界多有论述，兹不赘。

既然不少人以为西方国家会以老师的身份支持中国变法维新，而一些人又因所谓“同文同种”而对日本更具好感，于是，在戊戌时期，中、日、英联盟、“合邦”之说颇为盛行，而最值得提起的是“中日合邦”和“中日英美合邦”说。关于中日“合邦”，不只唐才常有此议论，而且在百日维新前夕，康有为曾与日本驻华公使矢野文雄进行了商谈。据康说，他们“约两国合邦大会议，定稿极详，请矢野君行知总署答允”，后来因“俄人知之”，矢野未提（《康南海自编年谱》光绪二十四年四月）。而中日英美四国“合邦”说的炮制者则是英国传教士李提摩太，他建议：“联合中国、日本、美国及英国为合邦，共选通达时务、晓畅各国掌故者百人，专理四国兵权税则，及一切外交等事，别练兵若干营，以资御侮。凡有外事，四国共之。”（见宋伯鲁：《事变日亟请简重臣结连与国以安社稷而救危亡折》，《戊戌变法档案史料》第170页。此内容又见《国闻报》光绪二十四年八月七日《远人忠告》，《戊戌变法》第三册第412页）李提摩太究竟意欲何为？这里我们不去管他，可叹的是维新派竟向清廷提出了这一建议。这两种“合邦”说表明，维新派在政治上的幼稚有时是惊人的。

对于帝国主义，维新派除幻想的一面外尚有恐惧的一面。谭嗣同曾说：“彼不过发数万炮，而我四百兆之黄种可以无噍类。”（《兴算学议·上欧阳中鹄书》）这说明，在他心目中，帝国主义的侵略是无法抗御的。这种民族自卑感又使他一度曾想由英俄保护中国十年。他解释说：“保护之说，本不可恃，而此所谓保护，止求其出一保护之空言，且须有十年之限制，吾暂假以为虎皮吓他国，使不吾扰耳。”（《思纬壹壹台短书·报贝元徵》）这些言论不仅再次暴露了维新派的幼稚，也进一步暴露了他们的软弱。

此外，康有为、谭嗣同又曾几次提出向英俄两国出卖西藏、新疆、青海、内外蒙古以至满洲土地，以换取变法经费，并结二国“欢心”的荒谬主张。这些固属病急乱投医，不宜深责，但确也反映了中国民族资产阶级在反帝问题上的两重性。

后来的事实证明，英美与日本并没有真心支持中国的变法维新。它们虽曾与慈禧集团有过矛盾，但经过反复权衡，最终还是确认慈禧集团是它们在中国最合适的工具和代理人。这无疑是给维新派浇了一盆凉水。对于中国的近代化、现代化事业，帝国主义究竟是阻力还是助力？中国人的认识经历了一段曲折反复、逐渐深化的过程。这中间，一些人确曾将它们看做是老师和朋友，以为它们会帮助自己。但是，最终还是帝国主义自己的所作所为教育了中国人，使中国人逐渐认清了它们的真面目。于是，在20世纪初产生了陈天华、章太炎等人的比较清醒、自觉的反帝思想。

第二章

论"法必变"与"变法当知本原"

维新派讲自强，其途径是变法维新。所以，当时流行的口号是“变法自强”“变法图强”。他们坚信并大声疾呼让国人相信，濒于危亡的中国只有通过变法维新才能由弱转强，渡过难关，得以振兴。主变、尚变是戊戌思潮的核心，也是它总体价值之所在。

中国当变的观念在鸦片战争后，即在中国开始暴露自己的落后之后，便在部分有识之士中萌生，并逐渐为更多的人所接受。而在戊戌时期，这一观念大大深化，并为人们所广泛接受。所以如此，首先是客观形势的逼迫。从甲午战争开始，中国民族危机空前加剧，国家民族的处境更加险恶，这就使人们越发认识到变革势在必行，刻不容缓，不容再有迟疑。此外，新传入的进化论又为中国的变革提供了远比传统的“穷变通久”说更为有力的理论武器。它的“物竞天择，适者生存”说论证了及时变法、救亡图存的紧迫性、必要性；它的“世道必进，后胜于今”说沉重打击了“天不变道亦不变”的传统教条，有力地论证了变法维新的必然性、合理性。借助这一理论，维新派思想家建立了一套系统的变易哲学、进化史观，并广为宣传。从此，变革的观念在中国深入人心，“非变革不足以救中国”成为一切有识之士的共识。维新派对变革必要性、合理性、紧迫性的论述，实际上是对中国必须近代化、现代化的理论论证，因此，他们的变易哲学、进化史观为中国的近代化、现代化进程扫除了一重重大障碍。更值得我们重视的是他们对于“变法本原”问题的探讨。这一极有意义的探讨使中国的变革和近代化进一步走向深入。

一、“四千年未有之变局”

维新派所提倡的变革，其目标是使封建的中国变为资本主义的中国，达到当时西方发达国家的水平，这就是今人说的近代化。中国近代化的历程，就其开端而言，是由于客观形势的逼迫，它是被动的。维新派主变即要求实现中国的近代化，是建立在对当时客观形势清醒认识的基础上的。

与封建主义的农业文明、自然经济不一样，资本主义的工业文明、商品经济是世界性的。资本主义经济的发展势必要求从生产到销售都是世界性的，这就驱使西方资本主义势必将其触角伸向世界每一个角落。它打破了一切“过去那种地方的和民族的自给自足和闭关自守状态”，“把一切民族甚至最野蛮的民族都卷到文明中来了”，“它迫使一切民族——如果他们不想灭亡的话——采用资产阶级的生产方式”（马克思、恩格斯：《共产党宣言》，《马克思恩格斯选集》第一卷，第255页）。西方资本主义的兴起改变了世界的格局、历史的进程。自从它的触角伸向亚洲、伸向中国之后，亚洲和中国便逐渐被卷入世界资本主义的旋涡而不能自拔，要想再回到昔日闭关自守的状态，再恢复昔日那种田园牧歌式的宁静已成梦想。

世界新格局的形成是在鸦片战争之前。但是，在鸦片战争前，中国人对此变化几乎一无所知。长期以来，绝大多数中国人的地理观念是：九州之外为四海，四海之外为八荒。而对所谓八方荒远之地，中国人所知甚少。这就使中国人长期沉湎于天朝一统的迷梦之中，坚信就“夷夏”关系而言，只能是以夏变夷。鸦片战争的炮火使少数有识之士惊醒，林则徐主持编译了《四洲志》，在此基础上魏源又撰写了《海国图志》。于是，中国人方才知道，在中国及其周边国家之外，尚有一片极其广大的天地，那里的社会情景与中国迥异。再经过第二次鸦片战争以及与西方有更多的接触后，到19世纪六七十年代，洋务派对这种世界新格局和中国所面临的前所未有的新形势和危局，开始有所了解。19世纪的70年代，李鸿章曾说：

欧洲诸国，百十年来，由印度而南洋，由南洋而东北，闯入中国边界腹地。凡前史之所未载、亘古之所未通，无不款关而求互市……合地球东西南朔九万里之遥，胥聚于中国，此三千余年一大变局也。（同治十一年五月十五日李鸿章折，《洋务运动》第五册，第119页）

这说明李鸿章已经看到：西方资本主义国家早就跑遍全球，寻找开辟商品市场和原料产地，中国已被卷入世界资本主义的旋涡，正面临前所未有的变局。在另一处他又这样描绘当时中国所面临的严峻形势：

今则东南海疆万余里，各国通商传教，来往自如，麕集京师及各省腹地，阳托和好之名，阴怀吞噬之计。一国生事，诸国构煽，实为数千年来未有之变局。轮船电报之速，瞬息千里，军器机事之精，工力百倍。炮弹所到，无坚不摧，水陆关隘，不足限制。又为数千年来未有之强敌。（《李文忠公全集·奏稿》卷二十四，《筹议海防折》）

其他洋务派人士也有相同的认识和分析。他们认为，面对这“千古未有之变局”和“千古未有之强敌”，中国继续按老样子、旧章法维持下去是根本不可能的，只有作适当“变通”，才能适应新形势。因此，李鸿章提出了“法贵变通”的思想”[①]。可见，洋务派所以主张对旧法“稍作变通”，也是建立在对客观形势比较清醒的认识上的。

二三十年后，维新派对形势作了与洋务派大体相同的描述。比如，康有为曾说：“方今当数十国之觊觎，值四千年之变局。”（《上清帝第二书》）严复也说：“观今日之世变，盖自秦以来，未有若斯之亟也。”（《论世变之亟》）文字虽大体相同，但后起维新派的认识要深刻得多。洋务派的描述主要是对客观现状的直观感受，而维新派由于掌握了历史进化论的武器，他们已开始透过现象对“世变”的本质有了比较深入的理解。

维新派认识的深化，首先是由于这二三十年来客观形势又发生了更严重、深刻的变化，其趋向更加明白无误。概言之，这期间西方列强向外侵略、建立资本主义世界市场的进程更加加快，中国已更深地陷入世界资本主义的旋涡，半殖民地化程度进一步加深。中国落后于西方已成为不争的事实，中国人对西方也有了进一步的了解。这时，中国的大门已更大、更广、更深地被打开，被迫开放的口岸已达30多处[②]。日益增多的各色“洋货”已开始涌向穷乡僻壤，其质价之优廉越来越显示其优势。中国诸大城市、口岸大都有了外国“租界”，外国的教堂、学校、医院已遍及东西南北各地。中国周边邻国、过去的“藩属”如琉球、缅甸、越南等已先后被帝国主义吞并灭亡。中国边疆普遍呈现危机。最后，甲午战争失败，《马关条约》签订，帝国主义又掀起了瓜分

---

① 可参阅拙著《中国近代思想史》（黑龙江人民出版社，1988年版）第130～132页。

② 这些口岸是：广州、厦门、福州、宁波、上海（《南京条约》开放）、营口、烟台、台南、淡水、汕头、琼州、汉口、九江、南京、镇江（《天津条约》开放）、天津（《北京条约》开放）、宜昌、芜湖、温州、北海（《烟台条约》开放）、沙市、重庆、苏州、杭州（《马关条约》开放）等。

中国的狂潮。这一切更明白地显示了中国正面临“四千年未有之变局”。而中国的屡次战败又使国人渐渐感到，这种败已不是“胜败乃兵家之常事”的那种败，它是由中国已全面落后于西方国家所决定的，它进一步证明当时中国所面对的的确是“数千年未有之强敌”。这更增强了中国人的民族危机感。此外，随着西学东渐，中国知识分子对西学、西政、西史、西情有了较前更多的了解。于是，对西方、对世界的形势有了更进一步的认识。更为直接的是，由于达尔文进化论的传入，就使维新派掌握了一种新的认识世界、观察历史、了解中国前途的理论武器。

依据进化论，维新派思想家确信，人类社会是不断向前发展进化的。这一进化是一个有规律的过程，“如地质学各层之石，其位次不能凌乱也”（梁启超：《论君政民政相嬗之理》，《饮冰室合集·文集》之二）。康有为以中国今文经学的“公羊三世”说附会进化论，认为“据乱世”“升平世”（小康）“太平世”（大同）是人类社会发展进化的三大阶段。这一中西杂糅的历史观在戊戌时期曾为许多维新派人士所接受，产生过巨大影响。梁启超又以西学知识丰富师说，指出人类社会的进化，就生产工具的发展言，曾经历了石器、铜器、铁器等阶段；就经济而言，则是由渔猎而畜牧，而耕桑，而工商；就政治体制来说，则有“三世六别”。“三世”即“多君为政之世”“一君为政之世”和“民为政之世”。每一世中又有两个阶段，其中，多君之世分为“酋长之世”与“封建及世卿之世”；一君之世分为“君主之世”与“君民共主之世”；民为政之世分为“有总统之世”与“无总统之世”（同上）。

上述关于社会发展规律和发展阶段的理论为人们认识世界的新格局、中国所面临的“变局”提供了一种新的认识工具。它告诉人们，中西的强弱兴衰是由中西社会制度的高下所决定的。中国之所以屡屡败于西方列强，根本原因是由于中国比西方落后了一个历史阶段。中国只有通过经济、政治制度的根本变革，才能由弱转强，免遭侵凌。所谓“变局”实则是世界新格局，这种新格局的形成正是社会历史进化的表现，它不以人们的意志为转移，是不可逆转的。中国自不能置身于世界潮流之外，孤立不变。处于“变局”中的中国，正确决策应是在变局中寻求转机，使变局成为转机。

二、“变者，古今之公理也”

到戊戌时期，“中国当变”的观念虽已被更多的知识精英所接受，但它尚非多数国人的共识。在当时，反对变革的社会势力是相当强大的，康有为等人常讲“守旧盈廷”并非夸张之辞。这巨大的阻力，从本质上说反映了封建主义对资本主义、旧对新的本能抵制。这当中，既有实际利益问题，又有思想观念问题（如“祖宗之法不可变”“不可轻易旧章”“不可用夷变夏”），还有广大民众长期养成的安于旧秩序、旧生活的守旧习性。特别需要指出的是，迫于空前严重的民族危机，维新派是在中国旧的社会经济结构尚未充分解体，新的经济、政治力量才刚刚诞生的历史条件下提倡资本主义变革的。因此，在当时的中国，广大民众尚缺乏自觉的变革意识、缺乏推倒旧制度的强烈愿望。为了打击反对变法的顽固守旧势力，使变法维新得到更多人的同情、理解、支持，这就需要从理论上深入论证并广泛宣传变革的必要与合理，使“中国当变”成为多数国人的共识。为此，维新派思想家将刚从西方传入的进化论与中国传统的变易思想相结合，提出了一套颇为系统的进化史观，比较出色地完成了这一任务。

从不同的角度谈“变”，是维新派登上政治舞台后理论宣传的重点。在“百日维新”之前，这类文字在他们的论著中占有相当高的比重，几乎触目可见。他们一再告诉人们，宇宙万物无时无刻不在变易之中，变是宇宙间的普遍规律，世界乃是一个不断变易的世界。正如谭嗣同所说：“吾身所附丽之地球，本变动不居，而凡泥不变之说者为逆天矣。”（《南学会讲义·论今日西学与中国古学》）康有为以通俗语言说，天有昼夜寒暑之变，地有沧海桑田之变，人有童幼壮老之变，万事万物“无一不变，无刻不变”，可见变乃是“天道”。梁启超写道：

凡在天地之间者，莫不变。昼夜变而成日，寒暑变而成岁。大地肇起，流质炎炎，热熔冰迁，累变而成地球。海草螺蛤，大木大鸟，袋兽脊兽，彼生此灭，更代迭变，而成世界。紫血红血，流注体内，呼炭吸养，刻刻相续，一日千变，而成生人。藉曰不变，则天地人类，并时而息矣。故夫变者，古今之公理也。（《变法通议·自叙》）《饮冰室合集·文集》之一）

变易观念在中国是一个历史悠久的古老观念。但是，中国传统的变易观念是有框子的，它一方面大讲变易，同时又坚持“道不变”。直到魏源依然如此，他一方面讲“气化无一息不变者”，而紧接着又申明：“其不变者道而已。”（《默觚下·治篇五》）由于掌握了进化论，同时也是出于全面变革的政治需要，维新派思想家突破了这一框子。他们不仅讲器变，同时又讲道变。谭嗣同指出，道既依于器，那么，“器既变，道安得独不变？”（《思纬壹壸台短书·报贝元徵》）对此，严复作了更为明确的理论说明。他写道，“建言有之：天不变，地不变，道亦不变。

此观化不审似是实非之言也。”无数事实证明，从古到今，天在变，地在变，人间的“治道、人道”也在变。他说，“若夫君臣之相治；刑礼之为防，政俗之所成，文字之所教，吾儒所号为治道、人道，尊天柱而立地维者，皆譬诸夏葛冬裘；因时为制，目为不变，去道远矣！”（《救亡决论》）[①] 这就对自董仲舒以来的“天不变道亦不变”说作了明确否定，其理论意义是巨大的。在戊戌时期，维新派一再宣称，君主专制、纲常名教并非永恒，都要变，均是对“道不变”论的否定。正是这一理论上的重大突破，方才呼唤起了中国社会变革的风潮，否则它是难以推动并深化的。

维新派思想家们又坚信，变易的过程乃是一个不断向前发展进化的过程。早在19世纪80年代，康有为即说：“后来居上，乃物理之必然。”（《民功篇·尧舜》）梁启超高度概括说：“大地之事事物物，皆由简而进于繁，由质而进于文，由恶而进于善。”（《论君政民政相嬗之理》，《饮冰室合集·文集》之二）不论是自然还是社会都是“递嬗递进”的，都是由简单到复杂、由粗陋到美善、由低级到高级的，都是“今胜于古，后胜于今”的（《论支那宗教改革》，《饮冰室合集·文集》之三）。康、梁、谭、严、唐才常等都曾依据他们所掌握的西学知识，粗略描绘了地球生成、进化的过程。谭嗣同写道：

天地万物之始。一泡焉耳。泡分万泡，如熔金汁，因风旋转，卒成圆体。日又再分，遂成此土。遇冷而缩，由缩而干。缩不齐度，凸凹其状，枣暴果暵，或乃有纹，纹亦有理，如山如河。缩疾干迟，溢为泽

---

① 这段文字见之于《救亡决论》后半部，《直报》原有，而在《严复集》之前，他本均遗漏，所以，先前的论著均未引，特作说明。

水。干更加缩，水始归墟。沮洳郁蒸，草蕃虫蜎，璧他利亚①，微植微生，螺蛤蛇龟，渐具禽形。禽至猩猿，得人七八。人之聪秀，后亦胜前。（《仁学》二十五）

唐才常在一篇文章中，也曾依据"西国格致家之言"，描绘了地球生成、进化的过程。他介绍说"极古之时，先有太阳，盘旋空中，继而抛展，热气一团"，遂有地球。"地球初生之始，其时不过气水连合"，后来"热气渐缩"，"硬壳既成，则全球皆水"，中经"积世累年"的变迁，遂成今之地球。地球生成后，初有"小虫"为"生物之原"，继而为"大草大木世界"，进而为"鸟兽世界"，"人在万物中，其生最后，而其性又最灵"。人类最初"不过野蛮土番世界"，后经不断进化，乃"由蛮野而文明"（均见《通种说》）。这些论述虽极粗略，但在一百年前的中国无疑令人耳目一新。至于人类社会的发展进化，当时多数维新派哲学家（如梁启超、谭嗣同、唐才常等）接受康有为的理论，都是用"三世"来表述的。这种进化史观表明，当时维新派的目光是向前看的，他们对国家以至人类的前途满怀信心。

在维新派看来，进化即是由旧向新，进化不止便是"日新不已"。天地万物只有不断地变化日新、新陈代谢才有生命力，才能赖以存在并发展，否则必将僵化灭亡。因此，他们对"新"与"日新"作了热情讴歌、赞美。他们先后说：

夫物新则壮，旧则老；新则鲜，旧则腐；新则活，旧则板；新则通，旧则滞；物之理也。（康有为：《上清帝第六书》）

① bacteria 的音译，即细菌。

《易》曰："日新之谓盛德。"《书》曰："人惟求旧，器惟求新。"又曰："作新民。"《中庸》曰："温故而知新。"新旧者固古今盛衰兴灭之大原哉！故衣服不新则垢，器械不新则窳，车服不新则敝，饮食不新则馁败伤生，血气不新则槁暴立死。天之斡旋也，地之运转也，人之呼吸也，皆取其新而弃其旧也。（梁启超：《经世文新编序》，《饮冰室合集·文集》之二）

夫善至于日新而止矣，夫恶亦至于不日新而止矣。天不新，何以生？地不新，何以运行？日月不新，何以光明？四时不新，何以寒燠发敛之迭更？（谭嗣同：《仁学》十八）

上述对"新"的讴歌赞美，实则是以哲学语言表述了他们对旧制度、旧秩序、旧世界的极度憎恶，以及他们弃旧图新的决心。他们对日新的讴歌即是对维新事业的赞美，这就进一步从理论上论证了革新的正义与伟大。

既然开新与守旧乃是"盛衰兴灭之大原"，因此，他们在歌颂开新的同时严厉痛斥了复古与守旧。出于对复古守旧的极度憎恶，谭嗣同甚至这样说：

于文从古，皆非佳义。从艹则苦，从木则枯，从艹木则楛，从网则罟，从辛则辜……从水□则涸……（同上）

这似乎是在玩弄文字游戏，但目的显然是为了证明复古守旧的危害。所以，紧接着他又写道："欧美二洲，以好新而兴""亚非澳三洲，以好古而亡""中国动辄援古制"，衰败是必然的（同上）。梁启超也说："开新者兴，守旧者灭；开新者强，守旧者弱"；不只"天道然也"，"人道"亦然（《经世文新编序》）。维新派对古、旧的坚决否定与憎恶，所表达的实际上是一种要求迅速走出中世纪旧世界的强烈愿望。

对于那种"荣古尊旧"的复古主义，维新派思想家又作了深入剖析，揭示了它的荒谬。唐才常指出，历史事实证明绝不是古胜于今而是今胜于古。他举例说："当中国周匡王时，有埃及王法老尼古者，曾驱十二万人沟红海，不成而死。而近来法人勒塞柏斯，自咸丰十年至同治八年，卒沟通之。此其远胜古人之一端，其它百年来揭地掀天之举动，尤指不胜偻。"（《辨惑上》）他嘲讽那些"荣古尊旧"、坚守"祖宗之法"的顽固派如同一个无甚造就的人，见到子孙超过自己反而狂怒，实在是愚蠢的。严复也指出，顽固派守旧不变，实际上是安于落后，以落伍为荣。顽固派的心态是："彼乘骐骥，我独骑驴；彼驾飞舟，我偏结筏"（《救亡决论》），实在是病态心理。对坚持守旧不变的顽固派，谭嗣同作了更为严厉无情的揭露、谴责。他痛斥他们的所作所为实则是"窒天之生""扼地之运行""蔽日月之光明""乱四时之迭更"，完全是逆天而行（《仁学》十八）。他指出，这些"守旧之鄙生"企图阻止变化日新是办不到的，而他们自己终将成为"极旧极敝一残朽不灵之废物"（同上）。他反问那些标榜"好古"的人："古而可好，又何必为今之人哉?"你既自称好古，"奚不自杀以从古人?"（同上）谭氏的这番快论有力地打击了封建顽固派的气焰。

维新派的进化史观是戊戌思潮的理论基础和精华，它为当时的中国人提供了一件观察历史、认识现状、展望未来的新工具。维新派大力宣传这种历史观，其宗旨在于推动中国近代社会新陈代谢的进程，使中国赶上世界历史潮流。他们对旧的厌弃和对新的渴求充分显现了当时中国新兴社会势力的蓬勃生气，也充分显示了戊戌维新运动的进步性。这种历史观不仅对打开戊戌维新运动的局面，而且对整个中国近代化、现代化进程的展拓和深化，都作了历史性的贡献。

三、“非变革不足以救中国”

在戊戌时期，维新派思想家破嗓裂喉大力宣传进化史观，主要是为了打击坚持守旧不变的封建顽固派。由当时中国的社会性质所决定，封建顽固势力是强大的。虽然，经过洋务派的斗争，二三十年来它们的势力逐渐有所削弱，但其影响仍然很大。甲午战败后，一时间“中国当变”曾成为呼声颇高的舆论。即便如此，一些顽固派依然公开坚持原来的主张。1898 年春，军机大臣刚毅在奏折上说：

> 我欲自强，当先办我易举之事，当先就我自有之长，人得适从，事半功倍。即如饬吏治以固民心，重农桑以足衣食，储仓谷以备荒歉，联保甲以弭盗贼……是我之所易者也。中国地大物博，人知忠义，民心固结，是我之所长也。果有贤良之督抚以作藩篱，忠勇之提镇以励将士，循能之牧令以安百姓，何患于强敌外侮?①

概言之，在刚毅看来，只要重农桑，封建自然经济仍有很大潜能，毋需发展资本主义工商业；只要严加整顿，纲常礼教仍可固结民心，抵御外侮；只要任用贤良官吏、忠勇将领，中国的政治与国防仍大有希

① 刚毅：《为时事多艰直陈愚悃折》，中国第一档案馆藏。转见孔祥吉：《康有为变法奏议研究》（辽宁教育出版社，1988 年版）第 222 页。

望；因此毋需学习西方，变法维新。而山东巡抚李秉衡更明确认为："自强全在得人，法制未可轻变。"他竟宣称："天下之患，不在夷狄而在奸民，不在贫弱而在乱臣贼子。"① 他们虽也讲"自强"，但却认为通过完善、整顿、强化旧制度、旧秩序即可自强。他们是以"守祖宗之成法"为自强之道。甲午战败宣告了洋务运动的破产，这竟成了一些顽固派反对学习西方、坚守旧法的借口。

为了打击封建顽固势力，维新派在宣传进化史观时着重阐述了"法必变"的思想。他们反复强调，不只自然界，人类社会的"法"也是不断变易、不断革新的。康有为说："法既积久，弊必丛生，故天下无百年不变之法。"（《上清帝第六书》）梁启超借取魏源的论述，具体说明了中国历史上各种法制的变更，以证明"天下五百年不变之法"。他说：

> 贡助之法变为租庸调，租庸调变为两税，两税变为一条鞭。井乘之法变为府兵，府兵变为彍骑，彍骑变为禁军。学校升造之法变为荐辟，荐辟变为九品中正，九品变为科目。上下千岁，无时不变，无事不变，公理有固然，非夫人之为也。（《变法通议·自序》）②

社会的法与制所以不断变革、更新，是因为任何法与制都是一定时代的产物，都是适应一定时代的需要而产生的。而社会是不断发展进化的，时代的需要是不断在变的，随着时代的变迁，法与制势必要出现相应的变革。对此，康有为作了这样的概括："世运既变，治道斯移，则

① 李秉衡：《自强全在得人，法制未可轻变，敬陈管见折》，中国第一档案馆藏。转见孔祥吉：《康有为变法奏议研究》（辽宁教育出版社，1988 年版）第 104 页。

② 此实引自魏源：《默觚下·治篇五》，文字有不同。由此可见龚魏对维新派的影响。

始于粗粝，终于精微。”（《孔子改制考序》）就是说，“治道”并非万古不变，而是随着“世运”的变化而变革，而且它将日趋美备。

儒家经典《礼记》中有这样的话：“礼，时为大。”（《礼器》）意思是说，礼的制定以时代需要为根本依据，所以“五帝不袭礼，三王不沿乐。”对此，维新派作了进一步的发挥。康有为第一次向光绪皇帝上书即指出：“夫治国之有法，犹治病之有方也，病变则方亦变。若病既变而仍用旧方，可以增疾；时既变而仍用旧法，可以危国。”（《上清帝第一书》）他常讲，治国若治病，如病变方亦变，时变则法亦当变。所以，“圣人之为治法也，随时而立义，时移而法亦移矣。”（《日本书目志序》）这也就是他最爱讲的“夏葛冬裘”。他多次说：

> 衣重裘而行烈日，披葛縠而履重冰，其有不死者乎？（《答朱蓉生书》）
>
> 絺绤宜于夏日，雨雪忽至，不能不易重裘；车马宜于陆行，大河前横，不能不觅舟楫……故大《易》贵乎时义。（《上清帝第四书》）

康有为等人好讲“夏葛冬裘”、因时制宜，目的在于说明，既然时代变了，客观形势变了，那么，变法维新乃是顺理成章的必然之势。因为法变的原因在于“时变”，所以维新派思想家对于当时时代与形势的变化、特点作了较多的说明。对此，本章第一题已略涉及，这里再作较详的介绍。维新派指出，当时的时代已不是古代那种“一统垂裳之世”，而是前所未有的“列国并列之世”，中国已再不能自成一统、闭关独治了。这实际上是说，中国已从与世隔绝的状态被强行推入世界资本主义的旋涡。面对这一大历史变化，中国不可能不作变革。更严重的是，在这“列国并列”的时代，中国已远远落后于西方；在激烈的生存竞争中，中国明显是弱者。这更决定了中国必须及时变法，转弱为强，否则不堪设想。早在甲午战败后不久，严复即指出，假使有法使西方“跨海之汽舟不来，缩地之飞车不至”，中国仍可“老死不与异族相往来”，那么守旧不变未尝不可，无奈这是不可能的（《论世变之亟》）。稍后，梁启超更明确指出：“使能闭关画界，永绝外敌，终古为独立国，则墨守斯法”，“未尝不足以治天下”。可是，无奈“忽与泰西诸国相遇也”，那么，中国“稍不自振，则灭亡随之矣”（《变法通议·论不变法之害》，《饮冰室合集·文集》之一）。可见，在19世纪末的新形势下，不变革是不行的。维新派思想家又进一步指出，资本主义在世界的崛起、发展乃是历史趋势、世界潮流，西方已进行的资本主义变革终将波及、出现于中国和东方。面对这一历史潮流，正确态度应是顺应潮流，因势利导，主动变革。早在1895年，严复即对此作了说明，他将这种潮流、趋势称之为“运会”，指出：

运会既成，虽圣人无所为力，盖圣人亦运会中之一物。既为其中之一物，谓能取运会而转移之，无是理也。彼圣人者，特知运会之所由趋而逆睹其流极。惟知其所由趋，故后天而奉天时；惟逆睹其流极，故先天而天不违。于是裁成辅相，而置天下于至安。（《论世变之亟》）

他认为，资本主义在世界的发展既已成为虽圣人也无法“转移”的潮流、趋势，人们就只能在顺应的同时预测其发展变化（“知其所由趋”“睹其流极”），采取积极有效的措施（“裁成辅相”），置国家于安宁。对此，梁启超又作了进一步发挥，他先后说：

地球既入文明之运，则蒸蒸相逼，不得不变。不特中国民权之说即

当大行，即各地土番野瑶亦当丕变。（《与严幼陵先生书》，《饮冰室合集·文集》之一）

世界之风潮，由西而东，愈接愈厉。十八、九世纪所演于欧美之壮剧，势必趋而集于亚东。天之所动，谁能静之……虽周公、管仲复起，其无奈此风潮何也！利而导之，则功成焉，名立焉，国家安焉；逆而拂之，则身败焉，名裂焉，国家危焉。（《敬告当道者》，《饮冰室合集·文集》十一）

基于“时势者可顺而不可逆”的观念，梁启超认为，资本主义变革既是历史趋势，那么，统治者即使不主动变革，这种变革也终将出现。因此，在“百日维新”前，他以无比急切的心情这样写道：

法者，天下之公器也；变者，天下之公理也。大地既通，万国蒸蒸，日趋于上，大势相迫，非可阏制，变亦变，不变亦变。变而变者，变之权操诸己，可以保国，可以保种，可以保教。不变而变者，变之权让诸人，束缚之、驰骤之，呜呼！则非吾之所敢言矣。（《变法通议·论不变法之害》）

他认为，变革乃是不可阻挡的历史趋势，问题是自己主动变，还是他人强制变，两者的后果是大不相同的。维新派所以大声疾呼、唇干舌燥地鼓吹变法，正是恳切地期望清朝政府能主动变革。

康有为指出，东方的印度、土耳其、缅甸、安南、暹罗、高丽、琉球、波斯、阿富汗、俾路芝[1]以及非洲和太平洋诸岛，所以“或削或

① 巴基斯坦西部一带，今为该国一省。

亡”“无一瓦全者”，就在于它们“守旧不变”（《京师强学会序》）。而俄国、日本之所以由弱转强，得以振兴，则在于及时主动变革。由此可见，“大地诸国，皆以变法而强，守旧而亡”（《上清帝第六书》），“以土（耳其）之大，不更化则削弱如此，以日（本）之小，能更化则骤强如彼，岂非明效大验哉”（《上清帝第四书》）。中国应以印、土为殷鉴，而效法俄、日及时变法，以图振兴。否则，“吾为突厥、黑人不远矣”（《京师强学会序》），其他维新派思想家也都作过类似的对比和分析。他们的共同结论是：“非变革不足以救中国”（梁启超：《释革》，《饮冰室合集·文集》之九），“虽周孔复起，必不能以今法治今之天下，断断然矣”（谭嗣同：《兴算学议·上欧阳中鹄书》）。谭嗣同甚至认为，如不变法“即偏安割据亦万万无望”（同上）。他们的结论是十分明确的。他们之所以以百折不挠的毅力发动变法维新，不惜冒杀身灭族之险坚持变法维新，正是出于这一坚定信念。自然，他们所以强烈要求及时变法，又含有避免爆发革命的意图，所以，对于中国的社会变革，他们始终坚持非暴力的改良主义路线。

在戊戌时期，推行变法尚有两个具体的障碍，一曰不可用夷变夏，二曰不可变乱“祖制”。对此，维新派思想家也作了很好的分析和有力的批驳。维新派指出，西方侵略者使中国“一蹶再蹶，输币割地”，几乎无以自存，“故不攘夷，则无中国”（《湖南时务学堂缘起》，《戊戌变法》第四册，第491页），这是显而易见的道理。但是，他们又指出，今日的所谓“夷”，并非古代“匈奴回鹘之族”，“其政治具有条理，其学问具有本末，其富强者皆其外见之遗迹”，其文明与富强均在我之上。因此，今日欲“攘夷”首先当“幡然改图”“悉师西法”（同上），这才是唯一正确可行的办法。所以，康有为主张：“凡强敌之长技，必通晓而摹仿之；凡万国之美法，必采择而变行之。”（《上清帝第七书》）

这些都是对魏源“师夷之长技以制夷”思想的新发展。

由于“夷”高于、优于“夏”已难于否认，因此，在当时顽固派叫得最凶的口号已不是前者而是后者，这就是所谓“祖宗之法不可变”。对此，维新派思想家作了更多的分析、驳斥。依据法随时变的观念，维新派首先指出，祖宗之法乃是祖宗根据他们那个时代的需要制定的，它在历史上是合理的，但今天的新形势、新问题“皆祖宗所未遇”，因此“必不能执旧方以医变症也”（康有为：《上清帝第七书》）。今天的实际情况是，以祖宗之法已不能守祖宗之地，那么，究竟是祖宗之法重要还是祖宗之地重要呢？康有为指出：“法者，所以守地者也，今祖宗之地既不守，何有于祖宗之法乎？”“不变法而割祖宗之疆土，驯至于亡，与变法而光宗庙之威灵，可以大强，孰轻孰重，孰得孰失，必能辨之者。”（《上清帝第二书》）康有为、严复、梁启超又先后指出，即使是祖宗也并未拘泥古法，而是不断更张的，主变原本是祖宗的好传统。清朝所以一度强盛，出现了长达百余年的康乾盛世，正是不断变更成法的结果。梁启超说，清朝建立后曾“变服色”“变文字”“变历法”“变赋法”“变役法”“变刑法”，从各方面变“前代之法”，并收到良好效果。后来，它又不断“因时变制”，屡次“变本朝之法”。在中国历史上，“惟本朝为善变”（《变法通议·论不变法之害》）。既然祖宗以善变著称，那么，今天讲“法祖”就应该“法祖宗之意”，及时变法。他谴责顽固派乃是“泥祖宗之法而戾祖宗之意”（同上），其实是祖宗的不肖子孙。在此之前，严复也曾指责顽固派“不追祖宗之活精神，而守祖宗之死法制”，实际上是对祖宗的背叛，他深刻指出：“不法祖宗正所以深法祖宗。”（《救亡决论》）这些议论有力地驳斥了顽固派反对变法的借口。

四、“变法当知本原”

维新派思想家们在回答了中国要不要变革的问题后，还必须进一步回答中国应怎样变，朝什么方向、目标变，变到什么程度等问题。对当时的中国来说，后者更为重要。所以，梁启超在其著名的《变法通议》中，第一篇“论不变法之害”，接着第二篇“论变法不知本原之害”，前者的矛头是指向顽固派，后者的矛头则是指向洋务派。

早在第一次鸦片战争后，“中国当变”的观念即已开始萌生，而到19世纪六七十年代，洋务派将它付诸实践。鉴于当时中国正处于“数千年未有之变局”，面对“数千年未有之强敌”，洋务派主张应“稍变成法”，并与坚持守旧不变的顽固派进行了颇为激烈的斗争。作为中国近代第一次学习西方的近代化运动，洋务运动对古老落后的中国走向近代化道路起了积极作用，功不可没。

洋务运动的两面旗帜是“求强”“求富”，旨在富国强兵。为此，他们开办了一批近代军事工业，创建了近代海军，并按西法编练军队。稍后，又兴办了一些近代民用工业和交通运输业，并翻译西书，建立新式学堂，派遣留学生。他们也曾留意“海防”“塞防”，采取了不少防御外侮的措施。这些便是所谓“同光新政”。可是，洋务运动搞了30年，并未能达到富国强兵的目的。所谓“同治中兴”，只是使清朝统治粗安而已，“中兴”显系夸张、粉饰之词。总的说来，在这期间，中国的半殖民地化不仅未能得到遏制，反而日益加深。正像康有为所说，同光之际朝廷虽“圣意勤勤，而未足振弱”（《上清帝第一书》）。洋务运动为什么未能达到自己的目标？早在甲午战前，某些早期维新派思想家便已对此作了一些初步分析。王韬曾说：

（当时中国）机器固有局矣，方言固有馆矣，遣发子弟固往美洲攻西学矣，行阵用兵固熟练洋枪矣，而何以委靡不振者仍如故也……呜呼，是非西法之不善，效之者未至也，所谓变之之道未得焉。（《弢园文录外编·变法自强下》）

他认为，洋务“新政”之所以未能使中国富强，是由于洋务派不明“变之之道”，基本方针有问题。他们的变，只是“小变而非大变，貌变而非真变”（同上书，《答强弱论》），所以不可能取得多大效果。

中国在甲午战争中的惨败，无情地宣告了洋务运动的破产。战后国人对这场战争的反思，经常是同对洋务运动的历史反思联系在一起的。洋务派的新政进一步受到人们的怀疑。甲午战后正式登上政治舞台的维新派，从一开始便是以洋务运动批评者的身份出现的。他们不仅一再表明他们所发动的变革与洋务运动的区别，而且他们经常是通过洋务运动的失败来论证变法维新的必要①。维新派认为，搞了30年的洋务运动之所以成效甚微，未使中国富强，原因在于洋务派学习西方、进行变革未能抓住根本。针对某些人把甲午之败归结为学习西方的失败，谭嗣同指出，30年来，一些人以为在中国兴办轮船、火车、电线、枪炮水雷以

① 《马关条约》签订后，维新派与张之洞等人一度接触颇多。张之洞曾支持、赞助强学会，后来还曾官销《时务报》。从维新派来说，是想借助张之洞等人的力量（因为在主“变”这一点上，两者毕竟有某些共同点）；而从张之洞等人来说，不仅想扩大自己的势力影响，而且试图将正在兴起的维新运动纳入洋务派的轨道。康梁与张之洞等虽有交往联系，但并未放弃对洋务运动的批评，他们从一开始便注意与业已失败的洋务运动划清界限，后来矛盾日益公开化、激化。

及“织布、炼铁诸机器”就算是学习西方了，其实，这些只是西方的“枝叶”，“非其根本”。指望学这些枝叶而收到“根本之成效”是不可能的（《思纬壹壶台短书·报贝元徵》）。严复尖锐指出，洋务派的新政其实是“盗西法之虚声，而沿中土之实弊”（《救亡决论》）。他们所学于西方的只是表层皮毛，而在根本方面依然沿袭中国的旧制度。康有为进而指出，洋务运动的种种措施，只是“补苴罅漏，弥缝缺失”，对旧制度修修补补而已。可是，中国的旧制度已经“千疮百孔”，腐朽不堪，因此，他们的“补苴”工作势必“顾此失彼，连类并败，必至无功”（《上清帝第四书》）。他形象地将洋务运动比作“饰粪墙，雕朽木”，是经不住“雷电风雨”袭击的，其失败是必然之势。他又指出，洋务运动不从根本解决问题，结果使“枝叶”也不能收到实效。他说：

近者设立海军、使馆、招商局、同文馆、制造局、水师堂、洋操、船厂，而根本不净，百事皆非。故有海军而不知驾驶，有使馆而未储使才，有水师堂、洋操而兵无精卒，有制造局、船厂而器无新制……徒糜巨款，无救危亡。（同上）

稍后，康有为又指出，洋务派的变革“是变事耳，非变法也”（《康南海自编年谱》光绪二十四年四月）。对于何为“变事”、何为“变法”，康作了这样的说明：“购船置械，可谓之变器，不可谓之变事；设邮便、开矿务，可谓之变事矣，未可谓之变政；改官制、变选举，可谓之变政矣，未可谓之变法；日本改定国宪，变法之全体也。”（《日本变政考》卷七）在他看来，洋务派的种种举措只是“变器”“变事”而已，所变的只是具体的手段、措施，而不是根本制度。可是，“观万国之势，能变则全，不变则亡，全变则强，小变仍亡”（《上清帝第六书》)。因此，中国欲图振兴，就必须“尽变旧法，与之维新”，仅仅“变器”“变事”是不解决问题的。他打了这样的比喻：

譬如一殿，材既坏败，势将倾复，若小小弥缝补漏，风雨既至，终至倾压。必须拆而更筑，乃可庇托。(《康南海自编年谱》光绪二十四年四月)

维新派一再宣称，他们同洋务派的分歧仍是抓根本与抓枝叶、变法与变事、全变与小变、“拆而更筑”与“弥缝补漏”的分歧。他们对洋务运动的局限作了比较深刻的揭示，也对自己的变革方向和目标作了概括性的说明。在《变法通议》这组论文中，梁启超对洋务派的偏差、失误作了更为集中、系统的分析、揭露。因为它陆续刊登于风行一时的《时务报》，因而影响更大。梁启超指出，洋务派的根本失误在于他们虽主张变革，但却不知“变法之本原”，因为不明本原、不抓本原，结果“百举而无一效”。他断言，中国如果继续按洋务派的方针走下去，即使再过50年，顶多“亦不过多得此学堂、洋操数个而已”，“一旦有事”，还会像甲午之战那样惨遭失败。他坚定认为，讲变革而不明、不抓“变法之本原”，最终结果与不变无异。这一结论虽然有些偏激，但就强调明本原、抓本原的重要性来说，无疑是正确的、深刻的。他进而指出，洋务派的具体主张虽与顽固派不同，但它同样无助于救亡图存，其贻误国事与顽固派是一样的。他形象地描绘了当时中国四种人的四种态度，对洋务派的局限作了更深刻的揭露：

今有巨厦，更历千岁，瓦墁毁坏，榱栋崩折，非不枵然大也，风雨猝集，则倾圮必矣。而室中之人，犹然酣嬉鼾卧，漠然无所闻见。或则睹其危险，惟知痛哭，束手待毙，不思拯救。又其上者，补苴罅漏，弥缝蚁穴，苟安时日，以觊有功。此三人者，用心不同，漂摇一至，同归死亡。善居室者，去其废坏，廓清而更张之，鸠工庀材，以新厥构。图始虽艰，及其成也，轮焉奂焉，高枕无忧也。惟国亦然，由前之说罔不亡，由后之说罔不强。（《变法通议·论不变法之害》，《饮冰室合集·文集》之一）

稍后，在《戊戌政变记》一书中，他又重复了这段文字，并明确表明："夫酣嬉鼾卧者，则满洲党人是也。补苴弥缝者，则李鸿章、张之洞之流是也。"（该书第三篇第三章）至于文中的"善居室者"自然是维新派自己。维新派始终认为，他们的变法维新纲领是一个"别构新厦"的全变纲领，他们所从事的乃是对中国这座"千岁巨厦"进行全面改造的巨大工程，只有进行这番根本改造，中国方能"高枕无忧"。虽然，在后来的实践中他们并未做到，但他们始初的雄心确实如此。

在中国近代的变革史也就是近代化史上，从传统的"天不变道亦不变"到"中国当变"；从"变器""变事"到"变法"；从笼统讲变法到"变法当知本原"，中国变革者的认识是步步深化的。维新派一再强调"变法当知本原"，这是认识上的一次飞跃。在这一认识的指导下，中国近代的变革遂由变器不变道走向道器俱变，这是巨大的进步。

五、"变法之本原"是什么

其实，当时中国各个政治派别无不重本。维新派批评洋务派"变法不知本原”，而洋务派同样也指责维新派“不知本”。可见，当时双方所争论的实质是何者为本。1898 年暮春，为了遏制蓬勃兴起的维新思潮和维新运动，张之洞发表了颇有影响的《劝学篇》。在该书一开头，他便对顽固派与维新派分别作了批评：

旧者不知通，新者不知本。不知通则无应敌制变之术，不知本则有菲薄名教之心。（《劝学篇·序》）

所谓不知本，即不知纲常名教为中国的立国之本。在张之洞看来，其危害更大于“旧者”。所以，他在《劝学篇》中一再强调中国的立国之本不可变。他说：

法者，所以适变也，不必尽同。道者，所以立本也，不可不一。（《劝学篇·变法》）

夫不可变者伦纪也，非法制也；圣道也，非器械也；心术也，非工艺也。（同上）

亲亲也，尊尊也，长长也，男女有别，此其不可得与民变革者也。（《劝学篇·明纲》）①

张之洞反复强调，封建的纲常、伦纪、圣道、价值观念乃是中国的立国之本，它神圣不可侵犯。中国固然要变革、要学习西方，但这种变与学不仅不能触动这一立国之本，而且正是为了更有效地捍卫、强化它。

---

① 此段文字系引《礼记·大传》。

可见，同是谈本或本原，洋务派所说的是封建中国传统的立国之本，而维新派则讲的是西方资本主义的立国之本、西方所以富强之原。这似乎是各说各话，但都是为了说明中国变革的方向、目标和程度。维新派抨击洋务派“变法不知本原”，是为了揭露他们避开西方的立国之本谈学、谈变，根本不可能取得西方已取得的成效。维新派是要说明，既然西方的文明富强已有明验，不容置疑，那么，今天中国就应从本原处（立国之本）入手，全面学习西方。中国变法维新的任务，应是对中国传统的政治经济制度、伦理道德体系、价值观念等进行全面变革。这样，中国才能赶上西方，实现文明富强。这表明他们所发动的变革具有鲜明的资本主义性质。而洋务派反击维新派不知本，则是警告他们变革不可越出界限，不可危及中国传统的立国之本。洋务派是要把正在兴起的变法维新运动限制在封建纲常伦纪、政治制度许可的范围。可以这样说，洋务派也好，维新派也好，他们都清楚何者为封建中国传统的立国之本的问题，何者为西方资本主义的立国之本。他们间的争论，所要解决的乃是应以何者为当时和今后中国的立国之本的问题。这一争论，归根结底是对中国传统的旧制度、旧秩序和价值观念的态度问题，是中国向何处去、走什么道路的根本问题。

对维新派来说，在本原问题也就是变革的方向、目标问题解决之后，尚有一个变革应从何处入手的问题。多数维新党人深知，变法维新实非易事。严复和梁启超都曾说，一旦变法展开，“一行变甲，当先变乙，及思变乙，又宜变丙”（严复：《拟上皇帝书》、梁启超：《与严幼陵先生书》），其间千条万绪，错综复杂。他们都认识到，社会变革是一项庞大复杂的系统工程，断不可枝枝节节为之，必须弄清社会诸问题的内在联系、交叉关系，抓住主要矛盾，次第施行。不过，究竟从何处入手、先抓什么，何者更为关键？维新派内部认识并不十分统一，大致说来，主要有以下两种主张、倾向。

康有为更重视从制度层面入手。何为变法？他曾下了这样的定义：“所谓变法者，须自制度法律先为改定，乃谓之变法。”（《康南海自编年谱》光绪二十四年四月）基于这一理解和认识，他虽也注意启蒙和思想发动，但更重视政治活动。因此，在“百日维新”前，他在建立理论体系、制造舆论的同时，更注意奔走上层，联合帝党，通过频频上书，取得皇帝的支持。那时，他所作的努力全在于及早通过皇帝的力量，全面推行他们的政治、经济、文化教育纲领，将它及早付诸实施。在“百日维新”期间，他认为头等大事是“开制度局以议制度”（详见下章），即通过设立制度局，对中国的政治、经济、军事、文教制度进行全面审定与改革。他认为，“制度局之设，尤为变法之原也”（《上清帝第六书》），只要通过制度局对制度全面变革，维新事业也就大功告成。

严复等人则主张从提高中国民众的基本素质下手，因而更重视思想层面的工作。受斯宾塞社会有机体学说的影响，严复认为如同生物有机体的性能取决于细胞的性能，社会群体的强弱盛衰则取决于社会成员的基本素质。因此，当时中国的当务之急是提高全民的基本素质。为此，他提出了“鼓民力，开民智，新民德”的纲领，认为这三者乃是中国实现富强的必不可少的基础建设，中国的变法维新应从此入手。此外，严复还认为，西政源于西学，因此，学习借鉴西政首先当了解、掌握西学，在变法维新之前应有一个学习、传播西学的过程。早在1895年他就曾说：

驱夷之论既为天之所废而不可行，则不容不通知外国事；欲通知外国事，自不容不以西学为要图。此理不明，丧心而已。救亡之道在此，

自强之谋亦在此。早一日变计，早一日转机，若尚因循，行将无及。(《救亡决论》)

他认为，接受、传播西学才是当务之急。后来他又更尖锐地指出：

不佞非曰吾法不当变，特变之而无其学识，姑耳食而盲随焉，其后害且烈于不变。沮吾国之进步者，必此耳食而盲随者矣。(《法意》二十九卷十三章按语)

总之，他对提高国民素质和思想启蒙工作是高度重视的。

严复的这些认识、主张，特别是他所介绍的社会有机体学说对当时的维新派有很大影响。其中，受影响最大因而宣传最力的是梁启超。梁是民权说的拥护、倡导者。但依据上述理论，他又提出了一个民权生于民智、与民智成正比的理论（详见第四章）。由此，他又把开民智作为中国自强的起点。他认为："变法之本在育人才，人才之兴在开学校，学校之立在变科举。"（《变法通议·论变法不知本原之害》）"一日朝廷大变科举，一日州县遍设学堂，斯二者行，顷刻全变。"（《论湖南应办之事》，《饮冰室合集·文集》之三）在他看来，变革科举与兴办学堂乃是变法维新的下手处和关键，由此入手便能收到"顷刻全变"的效果。谭嗣同等人也有类似认识。谭也曾说："夫变科举诚为旋乾斡坤、转移风会之大权，而根本之尤要者也。"（《思纬壹壹台短书·报贝元徵》）科举一变，"而后可变一切之法"（《兴算学议·上欧阳中鹄书》）。汪康年也说："今日振兴之策，首在育人才；育人才则必新学术，新学术则必改科举、设学堂。"（《论中国求富强宜筹易行之法》）在戊戌时期，维新派所以特别重视变科举，原因正在于此。不过，他们显然是将变科举将会带来的影响估计过高了。基于上述认识，在戊戌时期，梁启超等人对于面向社会的启蒙教育、启蒙宣传更为重视。

“百日维新”失败后，康、严、梁等人依然按照他们不同的理解、认识来进行工作。1902—1903 年，康有为撰成《官制议》14 篇，进一步探讨、阐述了中国的政治体制改革。1902 年完稿的《大同书》又进而描绘了未来人类社会的政治经济制度蓝图。而梁启超逃亡日本后更加重视启蒙宣传，在《新民说》一书中系统论述了人的重塑问题，对人的近代化给予了更大的关注。在此期间，他又鼓吹道德革命、诗界革命、小说界革命、史界革命……发动了文化革新运动。而严复则埋头译书，更广泛地介绍传播西学，他的译著多数是在这一时期完成的。

以上两种主张虽都带有片面性，但他们的不同认识对于今人又都有不同的启发。

第三章

论“兴民权”

维新派的所谓“全变”，就是以西方社会制度为蓝本，对中国进行全面改造。他们的政治理想是“兴民权”，实现西方的资产阶级民主。他们认为，这是使中国走向文明富强的关键。

为此，他们首先在中国发动了一场深刻的观念变革。他们从西方资产阶级手中接过了自由、平等、博爱的旗帜，将它作为自己的政治原则和理想。他们大力宣传西方的主权在民说，以及有关自由、平等的种种社会政治学说，对君主专制、等级不平等以及维护它的封建纲常和种种传统观念展开了猛烈抨击。这些发聋振聩的宣传鼓动在当时的思想领域引起了前所未有的巨大震动，使传统观念严重动摇，从而揭开了中国思想史新的一页，奠定了戊戌思潮在中国思想史上的重要地位。“兴民权”是 19、20 世纪之交中国的时代最强音。

西方资产阶级的议会制度受到维新派的一致称赞。他们中有的人认为美国政治制度最佳，但多数人心目中理想的政治制度是君主立宪制。在中国逐步实现君主立宪制，使新兴的中国资产阶级得以参加政权，是他们的政治愿望。由于戊戌维新直接触及政治制度层面和思想观念层面的变革，这就使中国近代化的进程向前跨了一大步。

在中国近代，民权、民主思想是从西方传入的。最早公开介绍这些思想的是一些西方传教士。他们在传播基督教、近代科学技术的同时也介绍了一些西方资产阶级的社会政治学说，基督教会在上海办的《万国公报》便曾刊登了一些这方面的文章。早在 1875 年，《万国公报》的一篇文章便作过这样的介绍：

泰西各国所行诸大端，其中最关紧要而为不拔之基者，其治国之权属之于民，仍必出之于民，而究为民间所设也。推原其故，缘均是人也……或为君或为臣，耳目手足无所加焉；降而至于小民，耳目手足无所损焉。因恍然于治国之法，亦当出之于民，非一人所得自主矣。①

这篇文章不仅介绍了民权、平等说，还介绍了三权分立制度（它们被译为“行政”“掌律”“议法”）以及西方的议会与宪法（被译为“公议堂”与“章程”）。此外，《万国公报》的一些文章还公开批评中国“君权最重”“一人私其权”“未合乎道”②。这些文字自然要引起当时中国先进知识分子的注意，引起他们的震动和共鸣。1895 年夏，康有为在北京筹组强学会之前先行办报，报名初即为《万国公报》。可见，上海基督教会的《万国公报》对他们的影响是不小的。我们在考察维新派民权、民主思想渊源时，不可忽视《万国公报》的影响。

一、只有“兴民权”才能救中国

自从鸦片战争后，忧国之士无不苦苦思索、探讨西方所以强盛、中国所以衰微的原因。对此，维新派作了更为全面、深入的说明。他们认为，西方所以强盛，就政治原因而言，是因为那里建立了议会民主制，民众享有民权，人民的积极性得以发挥，因而国力强盛。中国之所以衰微，是因为长期来民众处于无权的奴隶地位，人民的活力长期被压抑，结果使国力严重削弱。就是说，人民在国家中所处的地位直接关系到国

① 《译民主国与各国章程及公议堂解》，《万国公报》第 340 卷。转见袁伟时：《晚清大变局中的思潮与人物》（海天出版社，1992 年版）第 171 ~ 172 页。

② 〔德〕花之安：《明正道权》，《万国公报》第693卷。转见袁伟时：《晚清大变局中的思潮与人物》（海天出版社，1992 年版）第 172 页。

力的强弱。中国之败，是封建专制制度造成的。

在维新派中，对此最早作比较分析的是严复，他所作的结论对其他维新党人有很大影响。严复认为，西方所以"胜我"，"苟求其故，则彼以自由为体，以民主为用"（《原强修订稿》）。就是说，西方强盛的原因在于它们以自由为立国之本，并按自由的精神在政治上建立了一套民主制度。所以，在那里做到了"捐忌讳，去烦苛，决壅蔽，人人得其意，申其言，上下之势不相悬隔，君不甚尊，民不甚贱，而联若一体"（同上）。这种政治制度使西方人"皆若有深私至爱于其国若主"，有自觉的爱国心。他们"出赋以庀工，无异自营其田宅；趋死以杀敌，无异自卫其室家"（同上），于是国势日强。梁启超也认为，西方"其所以能进者，非有他善巧，不过以一国之人办一国之事，不以国为君相之私产，而以为国民之公器，如斯而已"（《爱国论》，《饮冰室合集·文集》之三）。他又说，西方所以治平，就在于那里"人人有自主之权"，人人"各有其所当为之事，各得其所应有之利"。而中国情形正相反，历代封建统治者"收人人自主之权而归诸一人"，"使治人者有权，而受治者无权"（《论中国积弱由于防弊》，《饮冰室合集·文集》之一）。中国民众既处于无权的地位，自然不会自觉地热爱君主、国家，这是中国所以衰微的根本原因。对此，他们先后得出了大致相同的结论：

三代以后，君权日益尊，民权日益衰，为中国致弱之根源。（梁启超：《西学书目表后序》，《饮冰室合集·文集》之一）

中国所以不可为者，由上权太重，民权尽失。（谭嗣同：《秋雨年华之馆丛脞书》卷一，《报唐才常书》）

尝考中国败弱之由，百弊丛生，皆由体制尊隔之故。（康有为：《上清帝第七书》）

虽然，维新派思想家尚不能认清西方民权、民主的阶级局限，明显美化了西方的政治制度和社会秩序，他们所作的断语、结论也显得简单化。但是，他们明确认定封建专制制度是中国不可不去的病根，这就为当时中国的政治变革进一步指明了方向。他们公开将矛头直接指向它，这在当时是具有启蒙意义的，充分反映了新兴的中国资产阶级代言人的理论勇气。

维新派思想家更多分析了中国的情形。严复沉痛地指出：

（中国）自秦以降，为治虽有宽苛之异，而大抵皆以奴虏待吾民。虽有原省，原省此奴虏而已矣；虽有噢咻，噢咻此奴虏而已矣。夫上既以奴虏待民，则民亦以奴虏自待。（《原强修订稿》）

人民既处于无权的奴隶地位，自然难以有国家观念、政治热情、责任感和义务感。于是，不少人“于国家之盛衰兴败，如秦人视越人之肥瘠，漠然不少动于心”（梁启超：《论中国国民之品格》，《饮冰室合集·文集》之五）。他们平日对“政事举措漠不相闻，一旦变故起，相率委而去之”（汪康年：《论中国参用民权之利益》）。更有甚者，君主既视国家为私产、国事为家事，并与民众处于对立地位，他们又严禁人民议政，这就进一步扼杀、摧残了人民关心国事、关心政治的积极性。严复指出：“中国自秦政以降，大抵以议法为奸民”，“为不安本分之小人，吏虽中之以危法可也”。于是，人民只得“箝口结舌”，“以自营为唯一之义务”（《原富》部戊篇一按语、《法意》十九卷二十章按语）。梁启超也说：中国“后世之治国者，其君及其君之一二私人，密勿而议之，专断而行之，民不得与闻。有议论朝政者，则指为莠民；有忧国者，则目为越职；否则笑其愚也。”（《爱国论》）所以如此，是不奇怪的，“譬之奴隶而干预主人之家事，则主人必怒之，而旁观人必笑之也”。在这种情形下，人民对于国家“虽欲爱之而有所不敢、有所不能焉。既不敢爱、不能爱，则惟有漠然视之，袖手而观之”（同上）。

维新派指出，一个人民无权，既不知爱国，也不敢、不能爱国的国家，是难以抵御外侮的。湖南维新志士毕永年说，好比一个“富家巨室”的主人，因害怕子弟、“仆御”不利于己，“而挚其手足”，自以为这样家产便可万无一失。“然而有盗突至，则戕其主人，迁其重器，而子弟仆御徒咨嗟涕泣于其侧而莫之拯”（《存华篇》）。他所指的，正是愚蠢的中国封建统治者。严复又对不同政治制度国家军队的战斗力作了这样的比较：

> 大抵民主之兵，最苦战而不易败，得能者为将，则当者皆靡……君臣上下，日见相亲，抚循教训，截然如一家者次之。而将贵君尊，势分相绝，招之以利、用之以威者最下。（《拟上皇帝书》）

他分析说，“真实民主之国，其兵所以最强者，盖其事虽曰公战，实同私争，所保者公共之产业国土，所伐者通国之蟊贼仇雠，胜则皆乐而荣，败则皆忧而辱”，所以具有顽强的战斗力。而“将贵君尊”的专制国军队，“于其上非所爱也，于其敌非所仇也”，“其心固漠然无所向”（同上），这样自然不会有多少战斗力。严复所以作这番对比，显然是为了揭示中国对外战争所以失败的原因。对此，汪康年作了更为直接明确的说明：“夫天下之权势，出于一则弱，出于亿兆人则强，此理之断断然者。”“盖以君权与外人相敌，力单则易为所挟。以民权与外人相持，力厚则易于措辞。”（《论中国参用民权之利益》）在他看来，此前中国几次对外战争，实质是“以君权与外人相敌”，失败是必然的，反之，若以“民权”即以“亿兆人”之力“与外人相持”，结果显然会大不相同。

一些维新派思想家还论述了民权与国权的关系。梁启超说：“国者何？积民而成也”，因此，“民权兴则国权立，民权灭则国权亡”（《爱国论》）。严复也说：“吾未见其民之不自由者，其国可以自由也；其民之无权者，其国之可以有权也。”（《原富》部戊篇二按语）他们都认为，民权乃是国权的基础，只有人民有权，国家才能强盛。

正是基于上述种种分析，维新派思想家将“兴民权”看做是救亡图存、振兴中华的关键。他们先后说：

能兴民权者，断无可亡之理。（梁启超：《湖南时务学堂课艺批》，《戊戌变法》第二册，第548页）

今日能贵民、重民、公权于民，而后国可保、君可有也。（毕永年：《存华篇》）

显然，在戊戌时期，维新派思想家主要是从救亡图存，保国保种的需要引发出兴民权要求的。他们试图通过改变人民在国家中的地位，从激发个体的活力来激发国家群体的活力，从深层次来增强国力。他们将民主变革看做是反帝反侵略斗争赖以胜利的前提，这无疑是一种深刻的认识，这就把反帝的任务与反封建的任务直接地联系起来。

二、民权观

民权思想是戊戌思潮的重要内容之一。维新派的民权观经历了一个丰富、发展、演变的过程。

梁启超在为康有为作传时曾说："中国倡民权者，以先生为首。"（《南海康先生传》第八章，《饮冰室合集·文集》之六）这是符合实际的。在大约撰写于1886年的《民功篇》中，康有为便对君主专制有所指责。他写道："至申不害……媚其时主"，"倡为尊君抑臣之论，而秦乃得大变先王之制，以自尊大，于是君臣隔绝矣"。秦汉以降，"臣下见上，战栗畏谨，不敢一言，有对而无论，有唯而无议"。于是，"下情大有壅隔之患"。（《民功篇·尧舜》）对于这种"有对无论""有唯无议"，臣下"不敢一言"的君臣关系明确表示不满。约两年后，在《实理公法全书》中，他又大胆指出："君主威权无限"，"大背几何公理"；而"立一议院以行政"，做到"权归于众"则"最有益于人道"（《实理公法全书·君臣门》）。他又认为，君乃民所立，"民之立君者，以为己之保卫者也"。他还说，由于"人各分原质以为人"，而且人人"各具一魂"，所以，"人有自主之权"；此理也"最有益于人道"（《实理公法全书·总论人类门》）。以上这些，正是中国前所未有的民权思想。不过由于那时康有为还刚刚涉猎西学，对西方资产阶级的政治学说所知有限，因此对于民权他只是提出了一些命题，尚未展开论证，而且由于时机尚未成熟，那时他也未曾大力鼓吹。

自严复介绍、传播西学后，维新派思想家遂形成较为鲜明的民权观念。鉴于甲午战后的严峻形势，他们又公开鼓吹民权思想。1895 年，在《辟韩》一文中，严复用西方的社会契约论解释了君主和国家的产生，提出了民为主、君为仆的思想。他说，在远古时代，人民终日从事生产劳动，无暇也无力“锄强梗”“防患害”，“自卫其性命财产”，于是便依据“通功易事”的原则，“择其公且贤者立而为之君”，以管理众人之事，由他承担“卫民”的任务。因为君主一人势单，“于是为之臣，使之行其令、事其事”。这样便产生了君主、国家。由此，严复得出以下结论：第一，君臣、兵刑等都是出于卫民的需要而产生的，“君臣之伦盖出于不得已也”，并非是什么神圣的“道之原”；第二，“斯民也，固斯天下之真主也”，“王侯将相者，通国之公仆隶也”，“民贵君轻”乃“古今之通义”；第三，君和臣的任务既然是为民“锄强梗”“防患害”，那么，“君不能为民锄其强梗、防其患害则废，臣不能行其锄强梗、防患害之令则诛”。（均见《辟韩》）

严复的这篇论文深受维新派思想家的重视，1897 年春，上海的《时务报》特予转载。谭嗣同通过《时务报》读到这篇论文，连称“好极、好极”（《书简·致汪康年》六），这显然是受了《辟韩》的影响，谭嗣同在《仁学》中也认为：

> 生民之初，本无所谓君臣，则皆民也。民不能相治，亦不暇治，于是共举一民为君。夫曰共举之，则非君择民，而民择君也……夫曰共举之，则因有民而后有君，君末也，民本也……夫曰共举之，则且必可共废之。君也者，为民办事者也；臣也者，助办民事者也……事不办而易其人，亦天下之通义也。（《仁学》三十一）

严、谭的这种君主、国家起源论并不符合历史事实，在理论上属于唯心史观。但它否定了君权神授的迷信，瓦解了君为臣纲的理论基础，沉重打击了专制君主的权威，具有巨大的启蒙意义。它明确肯定人民是国家的主人，人民有权选择并废除君主，这就为民权思想奠定了基础。从此，主权在民说开始在中国流行。

不过，自严复等人提出人民是国家主人的命题后，到1898年9月政变发生，这中间维新派并未着力宣传人民主权说，在理论上也未能进一步发展、深化。所以如此，固然是由于那时他们中多数人对西方资产阶级的民权学说尚缺乏深入了解，但除此之外还有以下一些原因。其一，这一思想提出后不久，维新派在认识上便遇到民权取决于民智理论的困扰。于是，他们又转而探讨民权与民智的关系，而将“开民智”作为关注的重点。其二，这一思想刚一公开提出便遇到巨大阻力。在当时，不只顽固派，洋务派也同样将它视为危害极大的异端邪说。张之洞惊呼，“使民权之说一倡，愚民必喜，乱民必作，纪纲不行，大乱四起”。他一再宣称，民权说乃是“召乱之言”，“无一益而有百害”，必须坚决取缔（《劝学篇·正权》）。这强大的政治压力不能不使维新派有所顾忌，不得不稍稍收敛自己的理论锋芒。其三，随着1898年维新运动进入实质性变革，维新派思考和宣传的重点势必是如何推行自己的政治、经济、文教变革的纲领。同时，为了减少变法的阻力，出于策略的考虑，他们的领袖人物也不得不在公开场合淡化民权。在这过程中，有人（如谭嗣同、梁启超）还曾提出过先兴“绅权”的主张，这反映了他们更关心、看重少数社会上层的权利。

在流亡日本后，由于经受了“百日维新”失败的挫折，又由于对西方资产阶级的社会政治学说有了更多的了解，这时梁启超等人的民权观逐步成熟、完善。在《卢梭学案》中，梁启超介绍了卢梭“主权者，惟国民独掌之”的思想（《饮冰室合集·文集》之六），这说明当时他对西方的主权在民说有了更正确的理解。值得注意的是他这时常常使用的“国民”这一概念。国民一词虽然在中国古籍中早已有之，但其含义与今语大不相同”①，今语国民实则是源于西方的政治概念。鉴于中国人长期以来只知当臣民而“不知有国民”，1899 年梁启超首次对国民作了如下界说：

> 国民者，以国为人民公产之称也……以一国之民治一国之事，定一国之法，谋一国之利，捍一国之患，其民不可得而侮，其国不可得而亡，是之谓国民。（《论近世国民竞争之大势及中国前途》，《饮冰室合集·文集》之四）

梁启超作此界说是要让人们弄清国民与臣民的区别。概言之，臣民是奴隶，国民是主人。他是期望中国人从臣民变为国民、由奴隶变为主人。经过他的提倡，在 20 世纪初，“变奴隶为国民”“去奴隶为主人”成为新学家的共同呼声。

为使国人树立主权在民的观念和国民意识，梁启超在 20 世纪初的几年中，大力宣传了权利与义务观念，特别是权利思想。他说，“人之所以贵于万物者，则以其不徒有‘形而下’之生存，而更有‘形而上’之生存。形而上之生存，其条件不一端，而权利其最要也”，人若没有权利观念则“丧其所以为人之资格”（《新民说·论权利思想》，《饮冰室合集·专集》之四）。然而，由于中国民众长期处于无权的地位，人们的权利观念是极其淡薄的：“有权利而不识有之之为尊荣，失权利而不知失之之为苦痛。一言蔽之曰：无权利思想而已。”他认为，在世界

① 在中国古籍中，国民系指诸侯国或藩封所辖之民。

各民族中，“除印度、非洲、南洋之黑蛮外，其权利思想之薄弱，未有吾国人若者也”（同上）。因此，培养国人的权利思想是当务之急。他期望：“为政治家者，以勿摧压权利思想为第一义；为教育家者，以养成权利思想为第一义；为一私人者，无论士焉农焉工焉商焉男焉女焉，各以自坚持权利思想为第一义。”（同上）对此，他是高度重视的。在他的影响下，民权观念日益普及。

更值得重视的是，20 世纪初梁启超又大力宣传了以斗争得权利、实现民权的思想。1902 年，在著名的《新民说》中，他引用了德国学者伊耶陵的一段话：“权利之目的在平和，而达此目的之方法则不离战斗。”“质而言之，则权利之生涯，竞争而已。”他认为：“权利者，常受外界之侵害而无已时者也，故亦必常出内力之抵抗而无已时，然后权利始成立。”权利如不经过艰苦斗争而得，则“如飞鸿之遗雏，猛鹳狡狐或得而攫之”，是不可靠的，只有“熏浴于血风肉雨而来”的权利才是可靠的。不以斗争而得，“则权利亦空言而卒归于无效”（同上）。他指出，西方的民权正是通过长期斗争得来的。他写道：

> 夫欧洲各国今日之民权，岂生而已然哉？亦岂皆其君相晏然辟㫋而授之哉？其始由一二大儒，著书立说而倡之，集会结社而讲之，浸假而其真理灌输于国民之脑中，其利害明揭于国民之目中，人人识其可贵，知其不可以已，则赴汤蹈火以求之，断胫绝脰以易之。西儒之言曰：“文明者，购之以血者也。”……故未有民不求自伸其权，而能成就民权之政者。（《爱国论》，《饮冰室合集·文集》之三）

基于此，梁启超批判了那种指望圣君明主发善心、行仁政的思想。他指出，指望君主行仁政，恩赐权利，乃是奴隶性的表现，“人民之望仁政以得一支半节之权利者，实含有亡国民之根性”（《新民说·论权利思想》）。应该说，上述思想在梁启超的改良主义思想体系中显得很可贵，它对20世纪初革命思潮的兴起客观上曾起了推波助澜的积极作用。

概言之，民权思想是西方资产阶级民主政治的理论基石，维新派的民权思想对推动中国近代的民主变革曾起了重要作用。

三、平等观

维新派认识到，民主政治是以人人有自主之权为前提的，而只有实现政治平等，“而后有自主之权”。所以，他们对平等给予了高度关注，将它看做是实现民权、民主的先决条件。

在维新派思想家中，最早提倡、宣传平等的是康有为。早在1886年，他便写下了这段文字：“至于今日，臣下跪服畏威而不敢言，妇人卑抑不学而无所识，臣妇之道，抑之极矣，此恐非义理之至也，亦风气使然耳。物理抑之甚者必伸，吾谓百年之后必变三者：君不专、臣不卑，男女轻重同，良贱齐一。”（《康子内外篇·人我篇》）他大胆地认为，君尊臣卑、男尊女卑均不合理，终将变革。两年后，在《实理公法全书》中，他进一步宣称，中国长期以来“男为女纲，妇受制于其夫”，子女“无自主之权，身为父母所有”，弟子“身为其师所有，不能自立”，“长尊于幼”等观念与制度，或是“与几何公理不合”，或是“大背公理”，均“无益人道”，必须否定、抛弃（见该书《夫妇门》《父母子女门》《师弟门》《长幼门》）。他的结论是：“天地生人，本来平等”（该书《朋友门》），“人类平等是几何公理”（该书《总论人类门》）。

康有为认为，人类之所以应该平等，是因为“人各分天地之原质以为人”（同上），有共同的生理构造，共同的本原、本质。后来，在其他著作中，他又曾重申这一观点：

> 孔子曰：“性相近也。”夫相近，则平等之谓。（《长兴学记》）
>
> 人人有是四端，故人人可平等自立。（《孟子微》卷一）
>
> 夫人类之生，皆本于天，同为兄弟，实为平等。（《大同书》丙部）

简言之即是，人皆同类所以平等①。这一朴素理论也是其他维新派思想家平等观的基础。

康有为庄严宣告：“人人独立，人人平等，人人自立，人人不相侵犯，人人交相亲爱，此为人类之公理。”（《孟子微》卷一）这一断语充分肯定了追求、实现平等的正义性、合理性，同时也揭示了封建专制、等级制度和维护它的封建纲纪的非正义性。在此之前，谭嗣同也作了相同的论断。他宣称：“天地间亦仁而已矣”（《仁学》五），仁应是人际关系唯一的、最高的准则。他又说：“仁以通为第一义”，而“通之象为平等”（《仁学界说》），故平等乃是人际关系的根本准则。他要求以朋友之道的精神改造其他四伦，原因就在于朋友之道体现了平等、自由、自主的精神（《仁学》三十八）。可见，他所要建立的新道德，是

① 在《孟子微》中康有为又曾说，“天之生人”“质类不齐”，有“智愚强弱之殊”，人生来并不是平等的。但又说：“然不平者天造之，平均者圣人调之，故凡百制度礼义，皆以趋于平而后止。”（卷一）就是说，不平等是天生的，而平等是人为的。这一观点与上述观点不同，录此备考。

以平等、自由、自主为基本原则的。

康有为和谭嗣同先后以“人人如一”（康：《礼运注》）和“致一”（谭：《仁学界说》）来理解、解释“平等”，因此，他们所提倡的平等范围是很广泛的。康有为要求“无贵贱之分，无贫富之等，无人种之殊，无男女之异”（《礼运注》）。谭嗣同则主张“四通”，即“中外通”“上下通”“男女内外通”“人我通”，也就是四者的平等。可见，他们所向往、提倡的平等，除政治地位平等外，还包括了经济平等、男女平等、国际平等、民族平等等内容。其中，“无贫富之等”所反映的是一种可贵的经济平等的美好愿望，它乃是“大同”理想的重要内容；“中外通”反映了维新派试图建立平等的国际关系，实现各国间自由、平等交往的愿望；而“无人种之殊”则反映了民族平等的要求，宋恕曾斥责统治者长期以来歧视、压迫少数民族，将他们“视若兽类”“任意淫虐”的罪行，要求对少数民族应“一律视同汉民”（《六字课斋卑议［印本］·同仁章》），这些思想很值得珍视。而要求男女平等、妇女解放更是始终受到维新派的高度重视，这类言论则更多。对于推动中国近代的妇女解放来说，戊戌思潮的功劳是巨大的。概言之，维新派呼吁实现广泛、全面的平等，反映了新兴的中国资产阶级试图消解社会中的矛盾对立，建立合理、美好的人际关系和社会秩序，实现人的解放，提高自身社会地位的愿望，充分体现了戊戌思潮鲜明的民主主义色彩。

康有为又对人类不平等的起源作了一番简要的考察和说明：他说，人类社会中的“阶级”大致是通过以下几种途径产生的：其一，在太古时代部落间的斗争中，“甲部落虏乙部落而奴役之”，于是遂“有平民、奴隶之分焉”；其二，在原始部落中，酋长权势逐渐增大，他们“以武力而魁服其众”，且“自私其子，世传其位”，于是便出现了“王族”，而部落中那些“以材武力智佐酋长有功者，亦世传其爵位以握政柄”，于是便又出现了“贵族”；其三，随着人类“文明日启”，“制作日新”，分工日细，于是有人“创教”而为“神族”，有人“世为士人以服于贵族藩侯之下”而成为“士族”，有人“或执业卑猥，凡民不肯与齿焉，是谓贱族”，这些都是人类社会进入“据乱世”之后逐渐形成的，“皆据乱世以强凌弱，以众暴寡，以智欺愚，以富轹贫……累积事势而致之也”（以上引文均见《大同书》甲部第五章）。在这里，康有为将等级不平等说成是据乱世的产物和特征，这就进一步否认了封建等级制的神圣性、永恒性、天然合理性。对于据乱世（实即封建社会）的不平等，康有为表示了极大的义愤。他写道：

> 不幸生一贱族，不许仕宦，不许学业，不通婚姻，不列宴游，甚且不通语言，长跪服事，或且卑身执役，呵叱生杀惟贵族命，虽圣贤豪英不能免焉。而贵族乳臭之子，据尊势，行无道，以役使诛戮，一切被其蹂抑，无所控诉。阶级压制之苦，岂可言哉！（同上）

康有为指出，社会的种种罪恶、苦难都是等级不平等造成的。在《大同书》中，康将人类社会一切苦的根源归之于“九界”。其实，九界中不仅“级界”是指等级不平等，而且“种界”“形界”“家界”“业界”等实际内容也多指人际种种不平等。由此，他得出了这样的结论：“人道所以极苦，人治所以难成，皆阶级之为之也。”“阶级之制不尽涤荡”，“人道终无由至极乐也”（同上）。在这里，他实际上是认为，封建社会（据乱世）的根本弊端在于等级不平等，因此，实现平等乃是资产阶级政治变革以至整个社会变革的关键。

康有为等人又将实现平等同救亡图存、振兴中华的目标直接联系起来。他认为，不平等不只“反于天之公理”，而且“有害于人之发达”

(《大同书》丙部),它既非正义,势必带来巨大危害。基于这一认识,他又认为,一个国家文明强盛的程度完全取决于该国内部平等实现的程度。他说:

凡多为阶级而人类不平等者,人必愚而苦,国必弱而亡,印度是矣。凡扫尽阶级而人类平等者,人必智而乐,国必盛而治,如美国是也。其他人民、国势之愚智、强弱、盛衰,皆视其人民平等、不平等之多少分数为之。(同上)

梁启超也提出了一个与之相似的观点,认为国权的平等取决于人权的平等。他说:

欲使吾国之国权与他国之国权平等,必先使吾国中人人固有之权皆平等,必先使吾国民在我国所享之权利与他国民在彼国所享之权利相平等,若是者国庶有瘳。(《新民说·论权利思想》,《饮冰室合集·专集》之四)

这些实际上都是说,当时的中国之所以衰微不振、愚昧落后,之所以不能与西方列强平等,原因均在于中国国内存在严重的不平等,因而人民缺乏应有的活力。他们所要得出的结论是,中国欲求文明富强,改变所处的屈辱地位,当从变革封建制度、实现平等、民权入手。所以,兴民权是振兴中华的关键。康、梁的上述议论同时也说明了他们所以提倡民权、平等,都是为了通过增进个体的活力来激发国家民族的活力,从根本上来增强国力。

四、自由观

自由是西方民主政治的核心。因此，维新派思想家在提倡民权的过程中势必要对自由给予极大的关注。

对中国人来说，近代的自由观是从西方输入的。早在1888年之前，初步受到西学影响的康有为便认为，“人有自主之权”为“几何公理”，“最有益于人道”（《实理公法全书·总论人类门》）。这里他所提倡的正是自由观念。但在中国近代，最早公开介绍、传播西方近代自由观的则是严复，严复是通过剖析西方资本主义的本质发现自由的价值的。如前所说，自鸦片战争后，先进的中国人一直在苦苦探索西方富强的根源。对此，受过西方教育和西方文明熏陶的严复提出了一些较之他人更为深刻的见解。他认为，西洋“命脉之所在”，“扼要而谈，不外于学术则黜伪而崇真，于刑政则屈私以为公而已”，而这两者又归之于自由（《论世变之亟》）。这里被严复视为西洋命脉的两条，就是后人所说的科学与民主。他认为，这两者均源于自由。正是因为有了思想、学术自由，才有了科学和科学精神；因为有了政治自由，才有了政治民主。自由是科学和民主的基石。在另一篇文章中他又说，西方所以“胜我”，“苟求其故，则彼以自由为体，以民主为用”（《原强修订稿》）。在他看来，自由才是西方的立国之本（“体”），而民主则是自由的外在表现，是实现、维护自由的方式和手段（“用”）。被当时中国人所歆羡的民主制度正是按自由的精神建立起来的，西方所表现出的生机、活力也是自由带来的。他又指出：“夫自由一言，真中国历古圣贤之所深畏，而从未尝立以为教者也①。”（《论世变之亟》）是否自由是中西方的根本差异，由此不仅导致了中弱西强，而且引发了中西方文化的种种差异。他说：“自由既异，于是群异丛然以生”（同上），由此导致了中西在伦理观、政治观、经济观和哲学上的差异。

和同时代的其他思想家相比，严复对西方的民主政治和中国的封建专制制度作了更为深入的剖析，因而有更深刻的理解。他将自由视为西方的立国之本，因此，他一登上政治舞台，在最初发表的几篇政论中便大力提倡自由。受严复的影响，梁启超也热心于对自由的宣传、提倡。

严复认为，只有享有自由才是真正的、完全意义的人。因此，对人来说，自由是最可宝贵的（“身贵自由”）。从天赋人权论出发，他认为，“民之自由，天之所界也”（《辟韩》），人人不得侵犯。“侵人自由者”乃是“逆天理，贼人道”的行为（《论世变之亟》）。在他的心目中，自由是无比神圣的。严复指出，这种神圣的自由就是“不为外物拘牵”，“自主而无挂碍”，它与“奴隶”“臣服”“约束”等字为“对义”（《群己权界论·译凡例》）。简言之，“夫自由云者，作事由我之谓也。”（《政治讲义》第七会）自由即是摆脱一切束缚、钳制与依附，做到独立自主。

梁启超认为，提倡自由首先当树立自由精神，即对自由的自觉。只有养成自由精神，自由才不可能是“他人所能予夺，乃我自得之而自享之者也”（《十种德性相反相成义》，《饮冰室合集·文集》之五）。因此，他一再严厉批判奴隶性，并更重视思想自由。他说：“若夫思想自由，为

① 严复认为，中国古代不仅没有自由观念，也没有平等、民主、人权等观念。他说：“夫自由、平等、民主、人权、立宪、革命诸义，为吾国六经历史之不言固也，然即以其不言，见古人论治之所短。”（《主客评议》）这与康有为等人认为这些观念均为孔孟原始儒学所有的说法是大不相同的。这说明，严复对中国的封建制度、对儒家思想，以及对中西社会制度的差异，较之康有为等人有更深刻的认识。

凡百自由之母者”（同上），因此摆脱精神束缚与依附至关重要。他说：

人之奴隶我不足畏也，而莫痛于自奴隶于人；自奴隶于人犹不足畏也，而莫惨于我奴隶于我……辱莫大于心奴……若有欲求真自由者乎，其必自除心中之奴隶始。（《新民说·论自由》）

从上面的介绍中可以看出，严复、梁启超等人大力提倡自由是为了实现解放，也就是谭嗣同所呼吁的“冲决网罗”。严复说，思想言论自由的原则是：“一不为古人所欺，二不为权势所屈而已”（《群己权界论·译凡例》）；梁启超概括自由之义曰：“不受三纲之压制而已，不受古人之束缚而已”（光绪二十六年四月一日《致南海夫子大人书》，《梁启超年谱长编》第236页）。这些都鲜明地表明了这一点。他们所向往追求的，一是摆脱封建专制的压制，实现政治解放；二是摆脱封建纲常以及种种旧权威、旧教条的束缚，实现思想解放。实现自身的解放始终是近代中国人民的历史任务，维新派提倡自由正是为了实现这一目的。

维新派思想家认为，在当时的中国提倡自由是十分必要的。作为近代化基础的民智、民德的增进，都只有通过提倡自由来实现。就民智而言，欲使其增进，“则必自宝爱真理始”（严复：《群己权界论·译凡例》）。“宝爱真理”是以思想、学术自由为前提的，只有享有思想自由，人们才可能发现、坚持真理，“黜伪而崇真”。所以，“思想不自由，民智更无进步之望矣”（梁启超：光绪二十八年四月《与夫子大人书》，《梁启超年谱长编》第278页）。就民德而言，“盖不自繇则善恶功罪皆非己出，而仅有幸不幸可言，而民德亦无由演进”（《群己权界论·译凡例》）。也就是说，不自由则一切皆出于强制，人们无法对自己的善恶负责；只有自由，人们才能对自己的言行有自觉的道德责任感。而且，“自由，故贵信果”（严复：《原强修订稿》），才能有高尚的道德。总之，只有自由，人们才能充分发挥、发展自己的聪明才智，增进道德；才能增进自身的活力，发展自身的潜能，进而激发国家群体的活力。梁启超认为，“泰西四百年来改革进步”，“皆‘不自由毋宁死’之一语耸动之、鼓舞之”，追求自由乃是西方进步的“原动力”（《新民说·论自由》），中国人应从中得到启示。此外，严复又指出：“处大通并立之世，吾未见其民之不自由者，其国可以自由也”（《原富》部戊篇二按语），人民享有自由乃是国家民族获得自由的前提，要想实现民族的自由解放，就必须实现人民的自由。正是基于以上认识，梁启超认为，对当时的中国来说，自由乃“救时之良药，不二之法门”，“非发明此义不为功也”（光绪二十六年四月一日《致南海夫子大人书》，《梁启超年谱长编》第237、234页）。对于自由，他们是高度重视的。

然而，自由是一个很容易被误解的概念。黑格尔曾说，自由一语“可以引起无限的误解、混淆、错误，并且造成一切想象得到的轨外行动”（《历史哲学》，商务印书馆1963年版，第58页）。自由观念传入中国后，不只有人作错误理解，而且封建卫道士等反对者又利用这些误解攻击、反对自由。因此，维新派思想家们在宣传自由的同时又作了许多消除误解的工作。严复多次指出，自由并不含“放诞、恣睢、无忌惮”诸义，相反，它本身就包括了自觉的自我约束。这是因为，人生活于社会群体之中，“我自繇者人亦自繇，使无限制约束，便入强权世界而相冲突”（《群己权界论·译凡例》）。这样，社会正常秩序便无从建立。因此，他一再强调：“人得自繇而必以他人之自繇为界”（同上），自由当以“毋相侵损”为原则（《论世变之亟》）。对此，梁启超也作了一番解释说明。他认为，西方强调“人人自由”便包含了不得侵犯他人自由的意思。“盖若有一人侵人之自由者，则必有一人之自由被侵者，是则不可谓之人人自由。”（光绪二十六年四月一日《致南海夫子大人书》，《梁启超年谱长编》第236页）这些议论包含了这样的意思：既然自由神圣，那么人们就应在享受自由的同时高度尊重他人的自由，只有这样才能做到“人人自由”。他们指出，这是自由的一条重要原则。可见，严复、梁启超等人又是从人的社会性出发，以正确处理好群己、人我关系为原则来界定、解释自由的。

对于“自由”与“制裁”、服从、法律的关系，梁启超作了较多的说明。他说：

制裁云者，自由之对待也……凡最尊自由权之民族，恒即为最富于制裁力之民族。其故何哉？自由之公例曰：人人自由，而以不侵人之自由为界。制裁者，制此界也，服从者，服此界也。故真自由之民，其常要服从之点有三：一曰服从公理，二曰服从本群所自定之法律，三曰服从多数之决议……故自由与制裁二者，不惟不相悖而已，又乃相待而成，不可须臾离。（《十种德性相反相成义》）

真爱自由者，未有不真能服从者也。人者固非孤立生存于世界也，必有群然后人格始能立，亦必有法然后群治能完。而法者非得群内人人之服从，则其法终虚悬而无实效。惟必人人尊奉其法，人人尊重其群，各割其私人一部分之自由，贡献于团体之中，以为全体自由之保障，然后团体之自由始张，然后个人之自由始固。然则服从者实自由之母，真爱自由者，固未有不真能服从者也。（《服从释义》，《饮冰室合集·文集》十四）

他认为，只有自觉认识并正确处理好“自由”与“制裁”两者的辩证关系，才称得上是“文明之自由”。由此也可以看出，他是将自由建立在法治的基础上，所主张的是法治下的自由。

关于如何实现自由，梁启超曾提出过一个强者得自由的观点。他说：

> 欲得自由权者，无他道焉，惟当先自求为强者而已。欲自由其一身，不可不先强其身；欲自由其一国，不可不先强其国。（《自由书·论强权》，《饮冰室合集·专集》之二）

这是因为，“自由者，权利之表证也”（《十种德性相反相成义》）；作为政治上的自由权绝不是靠恩赐可得，而是斗争而得。西方人民所享有的自由，正是经过长期斗争得来的。他又指出，与自由对立的束缚、钳制、依附等这些“他力之妨碍”，只有通过自己的力量去排除，这就需要使自己成为强者。这一思想同他这一时期以斗争得权利的思想是一致的。

为说明自由不可能出于恩赐，不能一蹴而就，严复、梁启超又强调自由以自治为前提。严复从一开始介绍、提倡自由时即认为，人民欲获得自由，“必自其各能自治始”（《原强修订稿》）。后来他一直坚持这一观点。他说，“民之自由亦以智、德、力三者程度为高下”（《政治讲义》第六会），人民文明“程度愈高，其所得自繇自主之事愈众。由此可知，自繇之乐惟自治力大者为能享之”（《群己权界论·译凡例》）。梁的认识与严相同。他也说：“自治之德不备，而徒漫言自由，是将欲急之反以缓之，将欲利之反以害之也”（《十种德性相反相成义》）。这是因为，人们只有能自治，方才能“不受治于他人”，也才能不侵他人的自由。因此，当时中国的当务之急是提高民众的基本素质，养成民众的自治力与“自治之德”。他们估计，自由在中国的实现，将需要通过长期的努力。

五、政变前的宪政思想

维新派的“兴民权”是试图通过设议院、建立君主立宪来实现的。因此，宪政思想直接关系到“兴民权”的落实，更值得认真探讨。

到戊戌时期，“议院”对中国人来说已不那么陌生了。鸦片战争时期中国人刚刚接触西方，便知道了那里有一个中国所没有的议院。魏源在《海国图志》中所介绍的西方那种“众可可之，众否否之”，“三占从二”的“议事”机构便是议院。后来，洋务派官僚文祥、张树声等人又先后认为议院为西方富强之本，对它表示了肯定态度。但是，洋务派不是民权主义者，在他们心目中议院只是咨询机构，从未与民权挂钩。再后，郑观应、王韬等早期维新派思想家对议院的优越性作了更多的说明介绍和更明确的肯定。而且，他们的政治理想是“君民共主”，因此，他们对议院的肯定、向往已开始带有提倡民权的意味。不过，早期维新派所追求的只是一种很有限度的民权。戊戌维新派登上政治舞台不久，便鲜明提出主权在民的观念，他们要求设议院是同“兴民权”自觉联系在一起的。对于这种性质上和程度上的差异，我们首先必须弄清，这样才能对戊戌思潮的价值有正确估计和认识。

尚需说明的是，维新派对议会制的认识和态度前后是有变化的。这里既有认识上的原因，也有政治策略上的考虑。而且，他们的对下宣传与对上陈述、吁请也是有区别的。戊戌维新既是思想文化运动又是政治运动。维新派在作启蒙宣传的同时又投身于政治斗争、政治变革，两者是同时进行的，既向下宣传又向上陈述。当他们向下宣传鼓吹时多讲

"应当"，是从正义性立论的；而在向上陈述时则不得不考虑"可能"，要讲究策略。无疑，他们向上的要求、建议较之向下的启蒙宣传要审慎、委婉、曲折、温和。具体来说，他们对上所提出的宪政思想远不如对下发出的"兴民权"的呼吁激烈。应该说，这是完全可以理解的。

如前所说，早在1888年之前，康有为即已有"权归于众"的思想，向往"立一议院以行政"。但是，鉴于时机尚不成熟，他在向光绪皇帝的头几次上书中，均未谈及建立议院，而是将"通下情"作为政治改革的现实纲领。他认为，当时中国政治上的"大病"在于上下"壅塞不通"。他说：

> 夫中国大病，首在壅塞……上有德意而不宣，下有呼号而莫达……君与臣隔绝，官与民隔绝，大臣小臣又相隔绝。如浮屠百级，级级难通，广厦千间，重重并隔……皇上仅寄耳目于数人，而数人者又畏懦保禄，不敢竭尽，甚且炀灶蔽贤，壅塞圣聪，皇上虽欲通中外之故，达小民之厄，其道无由。(《上清帝第二书》)

他认为，洋务运动之所以多年无成效，重要原因就在于中国在政治上"上体太尊而下情不达"(《上清帝第一书》)。因此，当时的变革当从"通下情"入手，否则，"下情不达，百弊未已"(《上清帝第三书》)。关于如何通下情，在《上清帝第一书》中他只是提出了笼统的原则："通之之道，在霁威严之尊，去堂陛之隔，使臣下人人得尽其言于前，天下人人得献其才于上"。虽也提出了"增设训议之官"① 的主

① "训"指周代"士训诵训之官"，"议"指汉代"专主言议"的光禄大夫、太中大夫议郎。

张，但未作展开。后来，他提出了一些具体措施，其中，值得重视的是“议郎”制。对此，他的具体设想是：

令士民公举博古今，通中外，明政体，方正直言之士，略分府县，约十万户而举一人，不论已仕未仕，皆得充选，因用汉制，各曰议郎。皇上开武英殿，广悬图书，俾轮班入直，以备顾问。并准其随时请对，上驳诏书，下达民词。凡内外兴革大政、筹饷事宜，皆令会议于太和门，三占从二，下部施行。(《上清帝第二书》)

这种“议郎”虽曰“汉制”，实则带有近代色彩。其一，他们系由“士民公举”产生，多少能表达一些民意；其二，他们是一批具有新知识、新政治见解的人物（“通中外”“明政体”），而且还有在野的“未仕”者，实际上是一些新兴社会力量的政治代表；其三，他们有机会参政、议政，以至“上驳诏书，下达民词”，表达自己的主张；其四，他们议政采取的是“三占从二”的民主表决制度。康有为虽未明言，但可以看出，这一制度实际上隐喻有西方议会民主制的某些精神。但是，作为正式向皇帝提出、并希望被采纳的建议，它不敢正面触及君权。康明确声明，议郎只是“备顾问”而已，仅起咨询作用。

概言之，康有为“通下情”主张的要点是：其一，让君主了解民情、国情、外情，使下情上达，上下沟通，消解上下间严重的隔阂与对立；其二，使君主能经常听到一些中下层官员以至民间的呼声，收到“集思广益”的效果，避免君主盲目独断；其三，使一些新兴社会势力的政治代表有参政、议政的机会，以增强现政权的活力；其四，进而使君主“与臣民和亲”，改善君臣、君民关系，以期收到“君民同体，情谊交孚，中国一家，休戚与共”，“合四万万人之心以为心”（同上）的效果。这也就是从上下沟通进而实现上下间的政治支持，达到上下合力。这些既有自古以来的老生常谈，也有值得重视的新内容。他一再强调“上体太尊”、上下隔绝是中国的大病，要求打通那座“级级难通”的等级之塔，希望君主“霁威严之尊”，实际上是把矛头指向了封建专制制度、等级制度。他的“通下情”，不仅是想向皇帝和朝廷输入新思想、新知识、新见闻，而且是要让他们了解并重视民众（特别是新兴社会力量）的意愿呼声，并为新势力参与政权开辟道路，作政治上的渗透。这些同古代要求下情上达的呼吁显然是有区别的，当然，这同主权在民的思想又有很大距离。

1895 年春《公车上书》之后，变法维新运动逐渐高涨。继《公车上书》之后，5 月 29 日康有为第三次向光绪皇帝上书。这次上书相当成功，它不仅被皇帝“御览”，而且“上览而喜之”，令抄副本三份，一存乾清宫，一存西苑勤政殿，一存军机处，抄发各省督抚将军会议奏复，并将原件呈慈禧太后“慈览”。这使康深受鼓舞，于是，6 月 30 日他第四次向光绪皇帝上书遂写下了“设议院以通下情”的一段文字。虽然，这段文字并不是向皇帝的正面建议，而是他对“泰西所以致强”原因的说明，但是，康有为的实际意图是清楚的。他将“设议院以通下情”列为“泰西所以致强”的一条重要原因，正是曲折地启发皇帝重视设议院。显然这里是带有建议性质的①。值得我们重视的是，继康有为上书之后，其他维新派思想家也在不同场合先后提出设立议院的主张。1895 年秋，谭嗣同在给好友贝元徵的信中主张“大开议院，有一

① 康有为的《上清帝第四书》是值得我们重视的。正是在这次上书中，他严厉指责洋务派“补漏缝缺”之非，提出了“根本不净，百事皆非”的论断。由此，他又提出了“再立堂构”“启堂构而立新基”的令人鼓舞的目标理想，主张从根本处解决问题。显然，他所要立的“新基”乃是西方的制度，其中无疑包括议院。通观全文更可看出，康对议院的介绍乃是建议。

官邑即有议院”（《思纬壹壹台短书·报贝元徵》）。1896年1月17日出版的上海《强学报》第二号刊载了《变法当知本源说》一文，主张先定“国是”，“然后开议院，立议员，以通上下之情”[1]。此外，严复在《原强修订稿》中也提出了“设议院于京师”的建议，认为这不仅是增进民德、“欲民之忠爱”的根本途径，也是尽地利、辟道路、兴商务，振兴经济的根本途径，表示了高度的重视。设议院主张的提出，就使“兴民权”有了具体目标，意义是重大的。

但是，这时康有为等人对议院性质、职能的理解、说明同西方议院的真相是存在差异的。在《上清帝第四书》中，康有为对西方议院之益是这么介绍的：

> 人皆来自四方，故疾苦无不上闻；政皆出于一堂，故德意无不下达；事皆本于众议，故权奸无所容其私；动皆溢于众听，故中饱无所容其弊。

而且，为了打动君心，康有为开头便以有利于筹饷说明议院之益。为消除“开院集议有损君上之权”的疑虑，他又特为说明：“至会议之士，仍取上裁”，且“用人之权，本不属是，乃使上德之宣，何有上权之损哉”（《上清帝第四书》）。可见，这里康有为向皇帝推荐的议院，其主要功能大体不出“通下情”的范围，它与君权并无抵触。虽然，这里也有“政皆出于一堂”“事皆本于众议”的话，但既无损君权，那么它所表述的也只是早期维新派所主张的“君民共主”。

为模糊议院的性质，在这次上书中康有为又宣称，议院之制本属儒

---

① 转见汤志钧：《戊戌变法史》（人民出版社1984年版）第158贞。汤先生说：“公开在报刊上论及议院，则以这篇文章为最早。”

家经义。他说“《洪范》称大同逢吉，决从于卿士庶人。《孟子》称进贤杀人，待于国人大夫”即是议院之意。“彼族实暗合经义之精，非能为新创之治也。”（同上）除康有为外，其他人也有此说。比如，梁启超也曾说，中国古代“虽无议院之名而有其实”“《易》曰：‘上下交泰’，《书》曰：‘询谋佥同’，又曰：‘谋及卿士，谋及庶人’”“《孟子》曰：‘国人皆曰贤，然后察之，国人皆曰不可，然后察之，国人皆曰可杀，然后杀之’”，等等均是议院之意，又说：“《孟子》之诸大夫，上议院也；《洪范》之庶人，《孟子》之国人，下议院也。”（《古议院考》，《饮冰室合集·文集》之一）依据这些说法，设立议院并不是学习西方，“用夷变夏”，而是遵从先圣遗教、恢复先王遗制。这固然可以避免民族自卑感，但它使议院的性质越发模糊。

西方资产阶级的民主政治，不论是民主共和还是君主立宪，理论上均以主权在民为原则。典型的西方君主立宪制乃是虚君制，虚君才是君主立宪的本质。而这时康有为等人所理解和介绍的议院，就其实质而言尚只是“参用民权”（汪康年语），与虚君制是有明显差距的。康有为等人模糊议院性质，固然有认识原因（这时他们对西方议会民主制尚缺乏深入了解），但也含有减少阻力，使皇帝和朝廷接受这一新事物的意图。只强调认识原因似不全面。

尚值得注意的是，维新派提倡设议院后不长时间，他们中一些人又主张缓开议院。因受严复“三强”为本说的影响，梁启超提倡兴民权不久就提出了一个“权生于智”说，认为民权的实现有待于民智的增进、提高。这一理论对维新派影响甚大。在1896年冬梁启超便表示：“凡国必风气已开，文学已盛，民智已成，乃可设议院。今日而开议院，取乱之道也。”（《古议院考》，《饮冰室合集·文集》之一）在他影响下，其他人也发表了类似言论。比如，唐才常也认为，在“风气未开，人心多惑”的情况下，中国若“骤开议院，必如意、法、奥之叫嚣，不可遏抑”（《学新法须有次第不可太骤说》），故宜缓开。除了这些理论上的困惑外，还有现实中所遇到的巨大阻力，这是更大的障碍。虽然，维新派一再宣称开议院无损于君权，但是，封建顽固势力十分清楚，一旦设议院势必造成权力下移，“民有权”则“上无权矣”。因此，他们视议院若洪水猛兽，群起反对。这不能不使维新派有很大顾忌。即使是激进的谭嗣同，这时也不得不主张先“兴绅权”，并天真地幻想以各地的学会暗中行使议院的职能。

从第一次向光绪皇帝上书起，康有为便主张“以君权变法”。面对巨大的阻力，他更认为当时的中国只能“以君主之法，行民权之意”（梁启超：《南海康先生传》第八章，《饮冰室合集·文集》之六），即借助君权逐步实现民权。而且，经过几年的经营，他与帝党官僚已建立起联系，并已被皇帝所注意，正在向政治权力中心接近。这更使他觉得这一路线是可行的。1897 年 11 月，德国强占胶州湾，形势更加危急。1898 年 1 月，光绪皇帝欲召见康有为受阻，于是改派翁同龢、李鸿章、荣禄等在总理衙门延见康有为，听取他关于变法维新的主张。这次虽不是皇帝亲见，但毕竟反映了皇帝的高度重视，不能不使康深受鼓舞。而且，会见后皇帝又命康书面条陈，更使他兴奋，越发坚定了他“以君主之法，行民权之意”的信心。为了抓住这有利时机尽早实现“君权变法”，并使自己尽快参政，这时，康有为等尽力缩小与光绪皇帝在思想上、政治上的距离，在策略上又作了调整。康认为，俄、日乃是“君权变法”的样版，于是，他向光绪皇帝提出了“择法俄、日以定国是”的建议（《上清帝第五书》），甚至认为“中国变法莫如法俄，以君权变法，莫如采法彼得”（《上清帝第七书》）。这时，康有为又建议采用俄、日，特别是俄国的模式施行变法，显然是为了迎合光绪皇帝的心理，以便借君权推行变法。1898 年 1 月 29 日，他第六次向皇帝上书。在这对维新派颇为有利的形势下，康有为在这至关重要的上书中，并未重提设议院之事，而是提出了设制度局的新建议。

设制度局是日本明治维新的一项重要措施。按康有为设计，中国的制度局“选天下通才十数人”组成，由“王大臣为总裁”，任务是在皇帝亲自主持下，“将旧制新政，斟酌其宜，某政宜改，某事宜增，草定章程，考核至当，然后施行”。为便于新政的推行，又设法律、税计、学校、农商、工务、矿政、铁路、邮政、造币、游历、社会、武备十二局。“凡制度局所议定之新政，皆交十二局施行”（《上清帝第六书》）。由上可见，康所设计的制度局乃是一个由皇帝主持，以维新派为骨干成员的议政、立法机构，而十二局则是推行新政的新的行政机构。康有为认为，制度局在当年日本的明治维新中曾起了很重要的作用，今天它应是中国变法的下手处。所以，当 1898 年 6 月 16 日光绪皇帝召见他时，他又再次“请开制度局而变法律”（《康南海自编年谱》光绪二十四年四月）。

自提出开制度局的建议后，康有为不仅不再提设议院的建议，而且劝阻他人提这类建议。据他说，“于时复生（谭嗣同）、暾谷（林旭）又欲开议院，吾以旧党盈塞，力止之。”（同上书，七月）他还通过呈送御览的《日本变政考》告诉皇帝，议院虽为“泰西第一政”，但今日中国“守旧盈朝，万不可行”（同上）。

对此，学术界的认识是有分歧的。有人认为，康有为放弃或收回了设议院的主张，是政治上的退步。这一说法失之简单，有待商榷。说他放弃了设议院的理想和主张并不准确，事实上他在提出设制度局的建议后，仍多次正面肯定、称赞议院制度。这可以举出不少例子：其一，1898 年春，他在《日本书目志》卷五中称“政未有善于议院者”，“泰西之强基此矣”；其二，1898 年 4 月 17 日，他在《京师保国会第一集演说》中，将“议院以通下情”视为“泰西立国之本”；其三，“百日维新”期间，他在向光绪皇帝陆续进呈的《日本变政考》中仍多次肯定议院。显然，他并未否定议院制度和在中国设立议院的必要，而只是认为当时在中国设议院条件尚不成熟。他以日本为例指出，明治维新首开制度局，至明治 23 年才成立议会。既然“日本亦至二十余年始开议院，吾今于开国会尚非其时也”（《日本变政考》卷六），可见，他所论的只是迟速、早晚的问题，并非放弃。这一变化并非是政治主张的根本变化，而是政治策略、施行步骤的变化。他之所以暂时避去议院之名，是想收到“重立典法”“变法律”的实效，这是一项从中国现状出发而采取的切实措施。当时的情况是，以康有为为首的维新派经过几年经营，已取得皇帝的信任，正直接参与新政，已开始从局外走入局中。对维新派而言，当时首要问题无疑是先在清朝政权中得以插足、立足，以图逐步施展。在这种情况下，为尽量减少阻力，寻求助力，势必应采取较为切实的步骤和策略。可以这样说，这个计划如果能实现，它对推进中国民主化、近代化的进程是有益的。我们不能因其理论上的暂时退却而抹杀其有可能实现的实际效果，须知，理论的价值从来就在于它能指导实践。

六、政变后的宪政思想

戊戌政变后，康、梁逃亡海外。这时他们对西方的政治制度和政治学说有了更多的接触与了解，而且也摆脱了国内的政治压力，因此，他们的宪政思想有明显的发展、进步。此外，他们对宪政的论述，主要不是向皇帝、朝廷吁请，而是向国人宣传、介绍，所以也就可以实话实说，无须曲折、隐讳了。

这一时期梁启超的宪政思想可以1901年发表的《立宪法议》为代表。在这篇文章中，他首先对宪法与立宪政体作了理论说明：

> 宪法者何物也？立万世不易之宪典，而一国之人，无论为君主、为官吏、为人民皆共守之者也。为国家一切法度之根源，此后无论出何令、更何法，百变而不许离其宗者也。(《立宪法议》，《饮冰室合集·文集》之五)

制定宪法，依宪法治国便是立宪政体。与“无限权”的专制政体不同，立宪政体是一种“有限权之政体”。“有限权云者，君有君之权，权有限；官有官之权，权有限；民有民之权，权有限。”（同上）与专制政体的君权无限不同，在立宪政体中，君权是有限的，它受限于宪法。而“民权者，所以拥护宪法而不使败坏者也”（同上），所以，君权与官权实际上受限于民权。在这篇文章中，君主虽然还不完全是“虚君”，但君权却是受制于民权、宪法的有限君权，这显然是一大进步。次年，在一篇文章中他又介绍了西方的“君主无责任”说，指出在西方典型的君主立宪国家（如英国），君主只是“虚君”（《政治学学理摭言·君主无责任义》，《饮冰室合集·文集》之十）。对虚君说的介绍，标志着梁氏宪政思想的又一进步。

这一时期康有为的宪政思想则可以1902—1904年撰写的《官制议》为代表。在此之前，他已对君民关系作了新的阐述。他说：“所谓君者，代众民任此公共保全安乐之事。为众民之所公举，即为众民之所公用。

民者如店肆之东人，君者乃聘雇之司理人耳。”（《孟子微》卷一）“君者，国民之代理人也。”（同上书，卷四）基于这些认识，他对议院的性质、职能作了这样的说明：“议院者，合一国之民心，举一国之贤才，而议定一国之政。”“议院为立法之地”（《官制议·开议院》）。这些定义虽还不很明晰，但它确认议院为立法机构，目的在于实现民权。对于设议院之效、之益，他作了这样的说明：

> 开议院则人有政权，民气得伸，民愿得达，民隐皆周，人有参政之责任，则民智日开，民才日长，民力日厚，国民之资格进，而国之资格日进矣。（同上）

总之，“有议院者公而安，无议院者私而危，此大地万国已然之效”（同上），中国也必将实施这一制度。值得我们注意的是，康有为设想，将来中国的议院必须有“大商”“大矿”“大制造厂”的代表（同上）。这说明，在他心目中，大工商业资本家乃是议院中必不可少的成员。这种议院，其性质显然是资产阶级的。

对于宪政与民权制度，梁启超又作了进一步的分析。他指出，同为宪政、民权制度，却有两种政体，这就是民主立宪与君主立宪。在《立宪法议》一文中，他首次使用了“君主立宪”的译名，从此成为我国的定译；这一译名显然比“君民共主”的旧译、旧称更能反映其本质①。梁启超认为，民主立宪是在非常情况下，“迫之使不得已”而出现的。如果没有英国虐待美洲殖民地、法王“压制其民”，便不会有美法的民主立宪，所以，西方的立宪国大多为君主立宪。对于君主专制、

① 他作了这样的注释：君主专制、民主立宪与君主立宪，“旧译为君主、民主、君民共主，名义不合，故更定今名。”

民主立宪和君主立宪这三种政体，他作了这样的比较：

民主立宪政体，其施政之方略，变易太数，选举总统时，竞争太烈，于国家幸福未尝不间有阻力。君主专制政体，朝廷之视民如草芥，而其防之如盗贼，民之畏朝廷如狱吏，而其嫉之如仇雠，故其民极苦，而其君与大臣亦极危……是故，君主立宪者，政体之最良者也。（《立宪法议》）

在戊戌之前，王韬、郑观应等早期维新派思想家也曾作过这样的比较，并得出相同的结论。相比之下，梁的分析更细，对君主专制的批判也更深入。但是，和王、郑一样，梁启超所列举的民主立宪不如君主立宪的原因，带有明显的主观倾向性，之所以如此，则是为了把中国引向君主立宪的道路。梁启超宣称，君主立宪政体不仅“地球各国既行之而有效”，而且“按之中国历古之风俗，与今日之时势，又采之而无弊者也”（同上）。他让国人相信，中国一旦采用这种政体，将“永绝乱萌”，使国家长治久安。他又认为，立宪政体终将在世界范围取代专制政体，乃是“理势所必至”的不可抗拒的历史潮流，而就中国而言，“立宪之时机已到矣”。

对于如何在中国设议院、建立立宪政体，这一时期梁启超与康有为的认识大致相同。他们都认为，由于“民智未开”，中国不可能马上实行立宪，但是也不能消极坐待条件成熟。他们都主张先预定并宣告立宪的目标，经过20年左右的准备、酝酿，然后正式立宪。康有为说，一旦宣告立宪这一政治目标，则“人知宪法之必立，议院之必开，则民气自奋，人才自出，经累年之讲求，则宪法自善，议例自宜，然后举而实施，自无窒碍龃龉之患”（《官制议·开议院》），必能成功。梁启超作了更为具体的规划、设计，将这准备过程分为以下几个步骤：一、由皇帝下诏，“定中国为君主立宪之帝国”；二、派重臣三人游历欧美、日本，“考其宪法之同异得失”，学习西方经验；三、大臣考察回国后，“开一立法局于宫中，草定宪法”；四、宪法草成后交全国士民“辨难讨论”，五至十年后提出修改后的定本。他设想，“自下诏定政体之日始，以二十年为实行宪法之期”（《立宪法议》）。梁启超的这套方案不几年后基本上为清朝政府搬用。清政府的所谓“预备立宪”，大体上是依此而行的。自然，就目的和诚伪而言，又有不同。

最后尚需说明的是，在20世纪初的两三年中，梁启超等人又曾有过建立民主共和、实行民主立宪的念头，这里有必要稍作评介。

20世纪初，正是留日的中国留学生迅速革命化的年代。不满30岁的青年梁启超不能不受到感染、影响。出于对封建专制制度的憎恶，对西太后统治集团的愤恨，以及对清朝的失望，在这几年中他时而赞成革命。1900年他曾对法国大革命表示同情并作歌颂，称法国大革命为“19世纪之母”（光绪二十六年四月一日《致南海夫子大人书》，《梁启超年谱长编》第235～236页）；1902年又曾表示拥护排满革命（同上书第286页）；直到1903年春，他在旅美途中还表示：“深信中国之万不能不革命”，“中国实舍革命外无别法”（光绪二十九年三月十八日、三月四日《与勉兄书》，《梁启超年谱长编》第320、318页）。基于革命的念头，这几年中梁在一些场合又曾赞同民主共和。1900年春，当维新派筹划“武装勤王”时，梁为了取得孙中山以及革命派的支持，曾向孙中山提出过一个“借勤王以兴民权”的主张，建议先以“勤王”的旗号起事，事定后“举皇上为总统”（三月二十九日《致孙逸仙书》，《梁启超年谱长编》第258页）；1902年，他又曾写了一部名曰《新中国未来记》的新体小说，曾设计将来中国“其理想的国号曰大中华民主国"，"第一代大总统名曰罗在田"，"罗在田者，藏清德宗之名[1]，言其逊位也"（《初归国演说辞·鄙人对于言论界之过去及将来》，《饮冰室合集·文集》二十九）。

但是，全面地看，梁启超的上述文字，只表明他的思想一度向革命、共和摇摆，而不是他这一时期思想的主流；只表现了他对改良主义的一时犹豫，而不表明他同改良主义的决裂。作为一位改良主义者，梁启超始终害怕革命，将革命视为"最险之着""最下之策"。而且，基于"权生于智"说，他又始终认为，以当时中国民众的德智水准、自治能力，短期内没有资格谈民主共和。所以，他虽时而有革命、共和的情感冲动，但在思想深处对此二者又是深怀恐惧与疑虑的。因此，他那些赞同革命、共和的文字，主要发之于私人信函，而他在《清议报》《新民丛报》上大力宣传提倡的还是君主立宪、改良主义。这正是改良派与革命派在宪政问题上的根本分歧。

七、论个人自由与团体自由、个人解放与民族解放

19世纪末20世纪初，维新派思想家提倡民权、自由、平等，对维护封建专制、等级不平等的种种传统观念展开了猛烈批判，在当时中国思想领域引起了前所未有的巨大震动。这场伟大的观念变革、思想启蒙有力地推动了中国近代化的进程。

---

① 光绪皇帝庙号德宗，名爱新觉罗·载湉。

但是，值得我们注意的是，维新派思想家在提倡、传播新观念的同时，又不时对它作修正。在提出民权、自由、平等后不长时间，他们中的一些人就感到个人自由与团体自由、个人解放与民族解放之间存在冲突。他们在解决这些矛盾冲突的过程中，最终导致了对个人自由、个人解放的轻忽。之所以如此，还得先从当时中国特殊的国情说起。

中国是在西方列强的野蛮侵略下步入近代的。近代的中国社会是一个半殖民地半封建社会，内受封建专制压迫，外受帝国主义侵凌。因此，近代的中国面临双重解放的任务，中国人民和中国民族资产阶级肩负着反帝反封建的两副重担。而帝国主义始终志在瓜分、灭亡中国，使中国殖民地化。面对帝国主义列强日甚一日，步步深入、步步扩大的侵略，为了挽救国家的危亡，维护国家民族的独立，中国人又势必要把民族解放、国家独立的任务置于首位。这便是中国近代的基本国情。

和西方不一样，19 世纪末中国的思想启蒙运动主要是由空前严重的民族危机引发起来的。在戊戌时期，维新派思想家从西方引入民权、自由、平等等观念，固然是为了反抗封建压制，求得人的解放，但在他们看来，之所以如此是为了通过激发个体的活力进而激发民族的活力，增强综合国力，使中国免遭灭亡，得以振兴。救亡、振兴是根本目的，对此而言民权、自由、平等乃是手段。作为一种政治势力，维新派高举民权、自由、平等的旗帜是在 1895 年甲午战败之后。他们并不完全是从国内的封建专制主义压制和资本主义经济发展直接引发出对民权、自由、平等的追求，而主要是从救亡与振兴的需要引发出对它们的向往。他们主要是从探索西方之所以富强、中国之所以衰败的原因时，认识并发现了民权、自由、平等的价值的。所以，有人干脆将这些视之为“富强之术”，所看重的是它们的效用性。概言之，他们主要是从工具理性而非价值理性来肯定它们的价值的。这正是中西启蒙运动的明显差异。

中国和西方的资产阶级启蒙思想家之所以对民权、自由、平等的价值在认识上存在差异，这是由中西启蒙运动历史背景的差异造成的。

在中国近代，既然实现民族解放是最高目的，是压倒一切的首要任务，所以，那时中国的先进分子，对国家、民族前途命运的忧虑往往胜过对个人解放的关心、重视。那时，影响最大的并不是自由主义，而是与之相冲突的国家主义、民族主义。

社会达尔文主义把人类社会描绘为一个弱肉强食、优胜劣汰的世界。依据社会达尔文主义，维新派思想家共同认为，中国要想在这个弱肉强食的世界生存、立足，就必须迅速使自己成为强者。而国家民族的自强之道则在合群，“内界之所以团”乃是中国在激烈、残酷的生存竞争中得以生存、发展的最重要保证。他们认为，在群体内部只有高度统一才能形成巨大的合力，只有“联合大力”才能有效地“抗拒外敌”。黄遵宪写道：

吾辈处此物竞天择至剧至烈之时，亟亟然图所以自存，所以自立者，固不在内患而在外攘。今日之时，今日之势，诚宜合君臣上下、华夷内外，踔厉奋发，忧勤兢惕，以冀同心协力，联合大力以抗拒外敌。即向来官民之界、种族之界，久存于吾民心目间者，尚当消畛域，泯成见，调和融合，以新民命而立国本。（《驳革命书》，见《辛亥革命前十年间时论选集》第一卷上，第 334 页）

他认为，只有消除、化解国群内部的种种矛盾分歧，实现高度的统一，才能把各种力量聚集为一种“大力”，并指向同一目标。对于国群内部的这种统一，梁启超曾作过这样的描绘，提出了如下的希望：

万其目，一其视；万其耳，一其听；万其手、万其足，一其心、一其力；万其力，一其事……万其涂，一其归……齐万而为一。（《南学会叙》，《饮冰室合集·文集》之二）

他们是希望中国人在大敌当前的形势下，抛开个人的利益追求，消除彼此间的矛盾冲突，万众一心地朝救亡与振兴的大目标共同奋斗。这种“齐万而为一”的理想追求说明，他们所重的是国群。为此，他们要求“万”（个体）销融于“一”（群）、服从于“一”。

基于上述认识和情感，他们首先觉得个人自由与国群自由存在矛盾、冲突。于是，在20世纪初出现了关于个人自由与“团体自由”关系的讨论。如前所说，继严复之后大力宣传自由的是梁启超，但是他在提倡自由的同时又提醒人们注意：“有真自由，有伪自由；有全自由，有偏自由；有文明之自由，有野蛮之自由。”（《新民说·论自由》，《饮冰室合集·专集》之四）只有团体的自由才是真、全、文明的自由，误用个人自由则是伪、偏、野蛮的自由。于是，他干脆下了这样的定义：“自由云者，团体之自由，非个人之自由也。”（同上）这样，就把自由仅限于团体。他认为，在当时中国尚未获得国家民族自由的情况下，国人应努力“进其群其国于自由之道”，而不应专关注“一己之自由”。这是因为，“身与群校，群大身小，诎身伸群，人治之大经也”（同上）。同时，也是因为只有实现团体的自由，个人才可能自由。他说：

人不能离团体而自生存，团体不保其自由，则将有他团焉自外而侵之、压之、夺之，则个人之自由更何有也？譬之一身，任口之自由也，不择物而食焉，大病浸起，而口所固有之自由失焉。任手之自由也，持

梃而杀人焉，大罚浸至，而手所固有之自由亦失矣。（《新民说·论自由》，《饮冰室合集·专集》之四）

就是说，即使为了获得个人的自由也应首先维护团体的自由。所以，他要求人们“以一群一国之自由为目的，而不以一身一事之自由为目的”。树立这样的自由观才称得上是“真爱自由者”（《服从释义》，《饮冰室合集·文集》十四）。他又说：“文明时代，团体之自由强，而个人之自由减”（《新民说·论自由》），认为这两者是一种此增彼减的关系。因此，欲增进团体的自由必当减损个人的自由。

严复的自由观也经历了一个变化过程。如前所说，当他大力宣传、提倡自由时曾说：“吾未见其民之不自由者，其国可以自由也。”但不几年后他又反复强调：

观吾国今处之形，则小己之自由尚非所急，而所以祛异族之侵横，求有立于天地之间，斯真刻不容缓之事。故所急者，乃国群自由，非小己自由也。（《法意》卷十七第三章按语）

小己自由非今日之所急，而以合力图强，杜远敌之觊觎侵暴，为自存之至计也。（《法意》卷十八第二章按语）

到1914年，他竟认为：“今之所急者，非自由也，而在人人减损自由，而以利国善群为职志。”（《民约平议》）也就是说，个人自由与国群利益是矛盾冲突的，为了“利国善群”就应减损个人自由。

这一时期梁启超、严复的自由观大体一致。这种高度重视团体自由的自由观自有其合理因素。这是因为，只有国群自由才能实现国家富强，并保证个人自由。但是，这种自由观将个人自由与团体、国群的自由截然对立，视为不相容之物，其理论上的失误是明显的。他们不了解，这两者应是一种相互促进、互为增长的关系，团体自由既是个人自由的保证，又是通过个人自由实现的。当时的中国正处于封建专制的统治之下，在这种历史条件下，他们要求人们通过减损个人自由去争取实现国家的独立自由，实际上等于要人们不去触动封建专制制度，并以这种旧制度去同外敌抗争，实现国家的独立自由。可是，正如他们自己先前所说，“未见其民不自由者，其国可以自由也”，以不自由之民去争取国群的自由是不可能的。他们将自由仅仅界定为团体自由，显然是片面、不当的。在西方，自由主义是以个人主义为核心的。为克服它的弊端，维新派思想家又走向了另一错误极端。

总的说来，为了“利国善群”“合群保种”的需要，在群体与个体、民族解放与个人解放之间，他们一再强调的是前者，而对后者往往轻忽。就突出民族解放、国家独立这一首要任务来说，这是可理解的。但是，他们显然忽略、回避了这样一个基本事实，即当时的中国所面临的是双重解放的任务，而从封建专制统治下的解放乃是从帝国主义侵略下解放的保证，中国不摆脱封建专制统治，实现人民的解放，是无法“祛异族之侵横”，从而实现国家民族的独立解放的。对此，他们先前也曾作过正确的论述，但迫于日益深重的民族危机，后来又怵于迅速兴起的革命风潮①，他们修改了自己的主张，在理论上陷入顾此失彼的境地。

除此之外，他们中一些人认识发生变化，也还由于受了德国政治学家伯伦知理（Bluntschili，1808—1881 年）国家主义政治学说的影响。

① 在革命风潮兴起后，他们对革命是心怀恐惧的。站在反对革命的立场，他们更强调“内竞”应服从“外竞”，这也是他们以国群自由压个人自由、贬损个人自由的重要原因。对此，过去学界多有论述，这里不作详论。

东渡日本后梁启超便迷上了卢梭的《民约论》，认为在欧洲各种政治学说中，“最适于今日之中国者”为《民约论》。但不久后（1902—1903年），他又接触了“与卢梭正相反对”的伯伦知理学说。于是，他转而拥护伯伦知理，批评卢梭。他认为，卢梭学说“因缘相生之病”已“渐萌芽、渐弥漫”于中国，“现在未来不可思议之险象，已隐现出没”（《政治学大家伯伦知理之学说》，《饮冰室合集·文集》十三），因此，今日中国当告别卢梭，接受伯伦知理。对于伯伦知理学说的主要之点，他作了这样的概括：“前之所谓国家为人民而生者，今则转而云人民为国家而生焉。”（《论学术势力左右世界》，《饮冰室合集·文集》之六）他断言：“若谓卢梭为十九世纪之母，则伯伦知理其亦二十世纪之母焉矣。”（《政治学大家伯伦知理之学说》）据他说，受伯氏国家主义的影响，“乃至以最爱自由之美国，亦不得不骤改其方针，集权中央，扩张政府权力之范围，以竞于外，而他国更何论焉。”（同上）他认为，卢梭学说业已是过时的“陈言”，20世纪风行的必然是伯伦知理的国家主义。正是受伯氏国家主义的影响，他得出了这样的结论：“我中国今日所最缺点而最急需者，在有机之统一与有力之秩序，而自由、平等直其次耳。”（同上）可见，这一时期梁启超将自由、平等置于“其次”地位，同受伯伦知理国家主义的影响有直接关系。同时，这时他告别卢梭转向伯伦知理也是由他的思想变化所决定的。

关于自由、平等问题，康有为在1905—1906年还发表过一些怪论。他宣称，“吾国久废封建（按：此处是指“封土建国”的分封制），自由平等已二千年”（《法国大革命记》）。两千年来，不只“人人平等”，而且“自由已极，无可再加”（《物质救国论·论再误于自由平等之说》）。值得我们注意的是，同一时期革命派的章太炎也有类似说法，甚至后来的孙中山也说过相似的话。显然，这些认识都不符合中国的历史实际。它反映了中国资产阶级的某些代表人物（既有维新派也有革命派）对中国封建制度的估计，对中国封建压迫严重程度的认识是不足的。因此，他们对中国人民争取自由、平等斗争的迫切性和重要性的认识也是不足的。这又说明，维新派对自由、平等态度的变化，归根结底又是由中国资产阶级特有的两重性所决定的。

第四章

论“三强”“开民智”“新民”

戊戌时期，维新派提出“兴民权”的口号，这在中国政治思想史上具有划时代的意义。在这个口号提出后，接下去亟须解决的是如何兴民权。多数维新派思想家清醒地认识到，兴民权并不单纯是一场政治斗争，政治层面的变革不可能孤立进行，它尚需辅之以种种必不可少的基础建设工作。首先，要使民众具有初步的民主主义觉悟，养成享受权利、履行义务，参与政治的自觉。其次，还要培养民众行使民主政治的能力。对此，维新派思想家又进行了更为深入的理论探讨。在这一过程中，他们对人的近代化表示了极大的关注。为此，他们对长期存在于中国民众中的奴隶性作了认真、深入地清算。出于开民智、新民也就是实现人的近代化的需要，他们做了大量的启蒙工作，从而使中国近代思想领域发生进一步的深刻变化。虽然，维新派思想家并未能圆满解决这些问题，但他们所作的理论探讨以及所做的实际工作都具有重要意义，他们所提出的一些问题，直到今天也仍有现实意义。

一、速成与渐进

自从中国的先进分子发出振兴中华的呼吁之后，也就是近代化的工程在中国启动之后，中国何时可以赶上西方、实现振兴便成为国人普遍关注的问题。对此，一些人乐观地认为，中国完全可以在短时期内迅速实现这一宏伟目标。维新派领袖康有为便是这样一位乐观的速成论者。他以为，只要皇帝决心变法，那么中国便可以在很短的时间内实现富强。1888 年，他第一次向光绪皇帝上书即认为：

皇太后皇上知旧法之害，即知变法之利……精神一变，岁月之间，纪纲已振，十年之内，富强可致。至二十年，久道化成，以恢属地而雪仇耻不难矣。（《上清帝第一书》）

在此后的上书中，他又多次认为，只要光绪皇帝决心大变，“三年则规模已成，十年则治化大定，然后恢复旧壤，大雪仇耻……于是鞭笞四夷，为政地球而有余矣。”（《上清帝第四书》）直到1899年他流亡美洲后仍认为，光绪皇帝“若有全权行之，三月而成规模，三年而有成效，十年而中国大强矣。”（《在鸟喊士晚士咑埠演说》）①

值得我们注意的是，这种显然不切实际的速成论并不是康有为的个人认识，它不论是在维新派内部还是在当时中国社会都有一定影响。谭嗣同曾称自己“性急而又不乐小成”“性急则欲速”（《寥天一阁文》卷一，《报贝元徵书》）。其实，这可视为维新派中一些人的共同性格和情绪。下面将要说到，在受严复影响后梁启超是不赞同速成论的，可是，一旦他以为时机有利，便也认为可以速见成效。1900年夏，当八国联军向北京进逼时，梁曾幻想帝国主义支持光绪皇帝复辟。那时，他曾这样说：“使我皇上若有全权，必能造一好政府无疑。而我中国人民之性质，最喜服从政府，得此好政府，则不及十年，而中国之人心国势，皆必焕然改观。”（《论今日各国待中国之善法》，《饮冰室合集·文集》之五）自然，随着帝国主义继续支持西太后，他不得不放弃这一幻想。

我们还可举出一些例子，比如曾赞同变法维新的官员胡燏棻也认

① 对于中国的富强、维新事业的成功，康有为认为可以在短期内速成。但就社会历史的发展进化而言，他则始终“义取渐进”，反对“躐等”。前者是对成效的预期，后者则属历史观，这是两个问题，应分别作说明。

为，只要“皇上一心振作，破除旧例，改弦更张，咸与维新”“实心实力行之十年，将见雄长海上，方驾欧洲”（《变法自强疏》，《戊戌变法》第二册，第279页）。再如，1897年上海《富强报》的一篇文章也乐观认为，只要朝廷“蠲除痼疾，力行实政”，那么“五年之内，朝野摩厉而改观；十年以外，强邻凭轼而动色。”①

落后衰微的中国何以可能在短期内实现富强、振兴？在速成论者看来主要是因为以下原因。其一，中国有欧美、日本为榜样，可以避免艰难曲折的求索过程，不走或少走弯路。也就是说，中国作为近代化的后来者，有先进者成功的经验可借鉴，有现成的模式可效法，可以“尽收其利而去其害”，从而取得后来居上的效果。康有为曾说，欧洲用三百年而臻富强，日本学习西方，以三十年遂获成功，以此推断，中国学习日本，成效势必“尤为捷疾”，所以三年便可初见成效，十年则大见成效。其二，中国君主历来拥有至高无上的莫大权威，而中国民众长期受儒家“义理”的熏陶，已养成服从君权、服从政府的习惯，因此，只要君主决心变法，自能迅速成功。早在1886年康有为便认为，只要清朝皇帝“酌古今之宜，会通其沿革，损益其得失”，雷厉风行，励精图治，措施得宜，则“三年而规模成，十年而本末举，二十年而为政于地球，三十年而道化成矣。”“中国治强，犹反掌也。”（《康子内外篇·阖辟篇》）谭嗣同也曾说：“中国民风之良懦，为五大洲之所无，故治国之易，莫易于治中国。他日治成，亦必为五洲之所无。”（《思纬壹壶台短书·报贝元徵》）其三，中国自身有较好的基础。中国是四千年的文明古国，中华民族是文明开化的民族，故易于接受先进的文明。而且，中国地大物博、人口众多，拥有巨大的实力和潜能。其四，中国的变法

① 程霱：《富强报叙》，《富强报》第一册。转见汤志钧：《戊戌变法史》（人民出版社，1984年版），第235页。

维新是学习欧美、日本，因此定会得到它们的支持。

康有为等人看到，中国在谋求振兴的过程中，存在一些有利因素，这确有道理。比如，中国可以运用西方业已创造的文明成果，借鉴西方成功的经验，因此，中国的近代化的确不需要像欧洲那样经历三百年的时间，而且中国自身也存在某些有利条件。但这只是问题的一方面，而相反的一面则是很严峻的。中国是在帝国主义、封建主义的双重压制、束缚下进行变革、谋求振兴的。这两大反动势力暂时都很强大，它们严重阻碍着中国近代化的进程。在古老的中国，艰难的社会经济结构变革才刚刚开始，封建自然经济依然牢固占据统治地位，短期内是难以瓦解的。同样艰巨的思想启蒙在中国也才开始，广大的中国民众仍习惯于中世纪的秩序，他们已麻木地安于现状。对于这些，他们显然缺乏清醒认识。由于对中国国情和世界形势认识的肤浅，他们所作的估计纯属盲目乐观。不过，这种急于求成的心态是完全可以理解的。中国是在空前严重的民族危机逼迫下开始走向近代化的，中国人之所以急于学习西方，进行变革，是为了挽救民族危亡。随着民族危机日甚一日，人们自然急切希望中国的变革能迅速成功，中国能迅速富强，赶上西方，免遭凌辱。所以，这种速成论在中国近现代的影响始终是不小的。后来，孙中山也曾设想中国能在较短时间赶上并超过欧美；再联系 1958 年提出的 15 年赶上英国的口号，更可看出速成论影响之深。

不过，在维新派内部也有一种比较稳健的认识，其理论代表是严复。受斯宾塞学说的影响，严复认为中国的富强取决于中国广大民众基本素质的提高，因此人的近代化乃是中国近代化的关键。而这些均非一朝一夕之功，短期内是难以奏效的。因此，他始终不赞成速成论。1895 年严复刚登上政治舞台，便作了与康有为不同的估计。他说，中国如果有意识去增进民众德、智、体诸方面的基本素质，培养民众的自治能力，那么60年后可以“与欧洲各国方富而比强”（《辟韩》）。严复的上述认识很快被一些人所接受，而对其宣传最力的是梁启超。严复的“三强”为本说、梁启超的“新民”说乃是19、20世纪之交数年中影响甚大，而且也是值得我们注意的两种思想主张。依据这一学说，他们先后认为，“吾国变法当以徐而不可骤也”（严复：《群学肄言·喻术》译者注），“导中国进步当以渐也”（梁启超：《新民丛报章程》）。

二、“三强”为本说

对于提倡民权，严复作了重要贡献。维新运动一开始，他即以契约论的观点否定君权神授，宣称人民才是国家的主人，首次在中国公开宣传了主权在民说。在《辟韩》一文中，严复对君主专制的批判是十分尖锐、严厉的。他竟公开说中国自秦以后的君主都是窃国大盗、摧残人民德、智、体的凶手，这在当时实属骇人听闻。可是，他又认为，当时的中国又不可能马上推翻、废除君主，原因是“其时未至，其俗未成，其民不足以自治也”，而“民之弗能自治者，才未逮，力未长，德未和也”。因此，提高人民德、智、体诸方面的基本素质乃是实现民权的前提。关于如何使中国富强，那时严复的基本思路是这样的：

夫所谓富强云者，质而言之，不外利民云尔。然政欲利民，必自民各能自利始。民各能自利，又必自皆得自由始。欲听其皆得自由，尤必自其各能自治始，反是且乱。顾彼民之能自治而自由者，皆其力、其智、其德诚优者也。（《原强修订稿》）

他的逻辑思路是相当清晰的，要想实现民权自由，进而实现富强，当从提高、增进民众的基本素质下手，这是唯一正确的道路，“反是且乱”。

由上可见，从运动一开始，严复与康有为的基本思路便是有同有异的。要求学习西方，变法维新，在中国实现民权，使中国走向富强，这是相同的。但如何实现这一目标，二人所选择的途径则是不同的。康有为认为，只要说服皇帝下决心变法，通过他下诏“明定国是”，进而“改制度，变法律”，便可使中国在短期内实现民主、富强。而严复则认为，要使中国实现民主、富强，当从提高人民的基本素质做起；变法维新虽应取得皇帝的支持，但在皇帝决心变法之后，也当从这一方面入手。这与康重视制度层面的变革不同，严则重视对民众的启蒙，重视人自身的近代化。由于两人选择的途径不同，故康以为中国的富强有可能速成，而严则否定这种可能。

严复的上述思想渊源于斯宾塞的社会有机体说。严复留学英国期间，正是斯宾塞哲学在英国流行的时代，因此他深受斯宾塞思想的影响。斯宾塞是严复最崇拜的西方思想家，在《原强》和《原强修订稿》中，严复虽然首先介绍了达尔文的生存竞争和自然选择学说，但接着主要介绍了斯宾塞的学说。所谓“社会有机体说”，就是“用生学（生物学）之理以谈群学（社会学）”（《天演论》论十五按语），即以生物学解释社会，把社会学生物学化，将社会视同为生物有机体。这便是严复所说的：“一群一国之成之立也，其间体用功能，实无异于生物之一体，大小虽殊，而官治相准。”（《原强》）这种学说认为，社会的阶级构成和分工，如同生物机体各器官的分工，社会成员与社会的关系，如同细胞与生物体的关系。生物体的性质、特征取决于细胞的性质、特征，因此，一国一群的面貌取决于社会成员的状况。严复着重介绍了后一观点。对此，他起初的介绍比较简单：

天下物，未有不本单（个体）之形法性情以为其聚（整体、群体）之形法性情者也。是故，贫民无富国，弱民无强国，乱民无治国。（《原强修订稿》）

后来（1903 年），他翻译出版了斯宾塞的《群学肄言》。该书对“群”与“一”，亦即“拓都”（aggregate）与“么匿”（unit）的关系有较为详细的说明：

凡群者皆一之积也，所以为群之德，自其一之德而已定。群者谓之拓都，一者谓之么匿。拓都之性情形制，么匿为之。（《群学肄言·喻术》）

群者，人之拓都也；而人者，群之么匿也。拓都之性情变化，积么匿之性情变化以为之。（《群学肄言·宪生》）

对此，严复又在该书的序言、后记和译者注中作了发挥，他说：

凡物性质，视其质点之何如，自人为团体至于天生动植乃及人群，莫不如此。是故，欲觇其国，先观其民，此定例也。（《群学肄言·喻术》译者注）

社会之变相无穷，而一一基于小己之品质。（《群学肄言·译余赘语》）

总之，社会群体的面貌是由社会成员的面貌所决定的，这种决定表现在各个方面。比如，“凶狡之民，不得廉公之吏；偷懦之众，不兴神武之君。”（《天演论·导言八》）而且，这种决定一旦形成是难以改变的：“智仁勇之民兴，而有以为群力群策之资，而后其国乃一富而不可贫，一强而不可弱也。”（同上）可见，人民的素质乃是最可靠的因素。

基于上述理论，严复认为，“国之强弱、贫富、治乱者，其民力、民智、民德三者之征验也。”（《原强修订稿》）西方所以强盛，是因为其民德、智、体三者皆优；中国所以贫弱，则是因为中国“民力已苶，民智已卑，民德已薄”（同上），三者皆劣。在三者皆劣的情况下，是“虽有富强之政，莫之能行”（同上）的。因此，中国欲求富强，就必须立即着手“鼓民力，开民智，新民德”（同上）。他说：

盖生民之大要三，而强弱存亡莫不视此：一曰血气体力之强，二曰聪明智虑之强，三曰德行仁义之强……未有三者备而民生不优，亦未有三者备而国威不奋者。（同上）

他始终认为，使广大民众逐步实现“血气体力之强”“聪明智虑之强”“德行仁义之强”乃是最终使中国达到富强的必不可少的基础工作和根本保证。对于中国的变革、振兴来说，实现“三强”乃是本。关于“治标”和“治本”，严复认为固然要标本兼治，但起决定作用的无疑是治本，本治则标亦治。他说：

及今而图自强，非标本并治焉，固不可也。不为其标，则无以救目前之溃败；不为其本，则虽治其标，而不久亦将自废……至于其本，则亦于民智、民力、民德三者加之意而已。果使民智日开，民力日奋。民

德日和，则上虽不治其标，而标将自立。（《原强》）

因此，他一再强调，当时中国的变革，“于除旧，宜去其害民之智、德、力者；于布新，宜立其益民之智、德、力者”（《与梁启超书》），一切都应围绕这个根本来进行。他坚信，“虽文、周、管、葛生今，欲舍是以为术，皆无当也”（同上）。对此，他是十分坚定的。

由于“三强”不可能在短期内实现，因此严复明确认为，中国的变革和近代化“当以徐而不可骤”，将要花费较长时间，不可能一蹴而就。作为一位启蒙思想家，严复自然是议会民主制的拥护者。可是，他又认为，由于中国民众德智体诸方面的基本素质尚处于低下水准，当时的中国尚缺乏建立议会民主制的条件。他说：

夫君权之重轻，与民智之浅深为比例。论者动言中国宜减君权、兴议院，嗟呼，以今日民智未开之中国，而欲效泰西君民并主之美法，是大乱之道也。（《中俄交谊论》）①

既然“君民并主”在当时的中国尚且不具备条件，那么，美法式的民主共和就更不够格了。他曾说：“民主之制，乃民智最深、民德最优时事”（《原富》部丁篇七按语），对中国来说乃将来之事。他又说：“平等必有所以为平者，非可强而平之也，必其力平，必其智平，必其德平”，若“未至而强平之”，势必造成混乱（《法意》卷八第二章按语）。而自由则以能自治为前提，自治又以“三强”为前提。总之，他

① 《中俄交谊论》一文是否为严复所作?《严复集》的主编者王栻认为：“大概也是严复做的。”（见《严复集》第二册第438页）此处从王先生说。因缺乏确证，出于慎重，故《严复集》将此文列为附录。

认为，自由、平等、民权、民主等的实现，都是一个瓜熟蒂落、水到渠成、自然而然的过程。条件不成熟而急于勉强行之，要么变质，要么难以生根。在《天演论》的按语中他说：

> 泰西言治之家，皆谓善治如草木，而民智如土田。民智既开，则下令如流水之源，善政不期举而自举，且一举面莫能废。不然，则虽有善政，迁地弗良。淮橘成枳，一也；人存政举，人亡政息，极其能事，不过成一治一乱之局，二也。（导言八按语）

所谓“淮橘成枳”是指变质、走样，所谓“人亡政息”是指难以立足、生根。严复对此作反复强调，都是为了说明制度层面的变革有赖于人民素质的提高，故“三强”才是中国变革和富强的根本，对于中国的变革、富强而言，是有本皆立、无本终废的。

“鼓民力，开民智，新民德”是严复在戊戌时期改造中国的基本纲领。对此，他曾展开作了一些说明。

关于“鼓民力”。严复认为，“一国富强之效”，“以其民之手足体力为之基”。因此，提高中国民众的身体素质，“此为最急”。从鼓民力的需要出发，他对中国封建的旧礼俗作了尖锐批评。他说：“中国礼俗，其贻害民力而坐令其种日偷者，由法制学问之大，以至于饮食居住之微，几于指不胜指，而沿习至深，害效最著者，莫若吸食鸦片、女子缠足二事。”（《原强修订稿》）要鼓民力，首当革除此二弊。

关于“开民智”。严复认为，“民智者富强之源”（同上），尤为重要。而且，“民智即为权力”（《原富》部甲篇十一按语），只有提高民智方能增进民权。因此，他对开民智更为重视。对于开民智，他的基本主张是必须有破有立。他认为，中国封建主义的旧思想、旧文化长期以来禁锢民智，必须对它作一番清理、扬弃。宋学与汉学或是无实，或是无用，均应束之高阁。而危害最大的则是八股。八股之害，“害在使天下无人才”。具体而言，其大害有三：“其一害曰锢智慧”，“其二害曰坏心术”，“其三害曰滋游手”（《救亡决论》），此害不除一切变革都无从谈起。对开民智而言，更重要、更急切的是引进、传播西学；而在西学中，“格致”即自然科学更为重要，尤应大力普及。他说：“求才为学二者，皆必以有用为宗。而有用之效，征之富强；富强之基，本诸格致。不本格致，将无所往而不荒虚，所谓‘蒸砂千载，成饭无期’者矣。”（同上）他不仅强调了自然科学知识对开民智的意义，更强调了科学精神对开民智的重要意义。他的基本思路是：“欲开民智，非讲西学不可；欲讲实学，非另立选举之法，别开用人之途，而废八股、试帖、策论诸制科不可。”（《原强修订稿》）

关于“新民德”。严复认为，这是“尤为三者之最难”的事（同上），因此他作了更为深入的分析、探讨。十分可贵的是，在这一问题上，严复没有孤立地就道德论道德，而是首先探讨分析了中国之所以“民德薄”的原因。他认为，中国民众之所以未能自觉地去爱“其国与主”，从根本上说是由民众所处的无权的奴隶地位所决定的，是由封建专制制度造成的（详上章）。严复把中国封建统治者、封建制度看做是民德的摧残者，这一认识是深刻的。基于这一认识，他认为，要想提高民德，增强民众的爱国心，空谈“正人心”是无济于事的，必须将它同变革封建专制制度、提倡民权结合起来。他说：“居今之日，欲进吾民之德，于以同力合志，联一气而御外仇，则非有道焉使各私中国不可也……然则使各私中国奈何？曰：设议院于京师，而令天下郡县各公举其守宰。是道也，欲民之忠爱必由此，欲教化之兴必由此……欲民各束身自好而争濯磨于善必由此。呜呼！圣人复起，不易吾言矣。”（同上）

将兴民权、提高人民的政治地位看做是提高人民爱国心的途径，这一认识无疑是正确的，但是同他的基本主张却又存在冲突。

三、“权生于智”说

受严复“三强”为本说的影响，梁启超在呼吁兴民权的同时又很重视“开民智”。1896 年，他在著名的《变法通议》中便对开民智的工作十分关注，认为“言自强于今日，以开民智为第一义”（《变法通议·学校总论》）。因此，他把变科举、设学堂提到了“变法之本”的高度。此后，他又提出了影响甚大的“权生于智”说，进一步阐明了他对兴民权与开民智关系的认识。他说：

> 今之策中国者，必曰兴民权。兴民权斯固然矣，然民权非可以旦夕而成也。权者生于智者也，有一分之智，即有一分之权，有六七分之智，即有六七分之权，有十分之智，即有十分之权……权之与智相倚者也。昔之欲抑民权，必以塞民智为第一义，今日欲伸民权，必以广民智为第一义。（《论湖南应办之事》，《饮冰室合集·文集》之三）

他认为，民权的获得要靠民智的增进，因此，开民智乃是兴民权的前提、基础，欲兴民权当从开民智入手。这种“权生于智”说在维新派思想家中有很大影响，为不少人所宣传。比如，谭嗣同也认为：“方今急务在兴民权，欲兴民权在开民智。”（《秋雨年华之馆丛脞书》卷一，《与徐仁铸书》）

为提倡开民智，梁启超一再强调“智”的重要。他说：“据乱世以力胜，升平世智力互相胜，太平世以智胜”（《变法通议·学校总论》），尚智乃是历史发展的必然趋势。当年蒙古和奥斯曼帝国之强乃是“力之强”，近百年来欧美之强则是“智之强”，今日世界“胜败之原”已“由力而趋于智”（同上），因此提高民智更显重要。他又说，在今天优胜劣败的生存竞争中，“优之与劣，果何自分乎？智而强者常趋而进于优，愚而弱者常退而即于劣。故自存者必以求智求强为第一义。”（《论商业会议所之益》，《饮冰室合集·文集》之四）这就又把开民智同国家富强、民族振兴直接联系起来了。

智的反面为愚。维新派之所以如此重视开民智，是出于对“中国民愚”的估计。他们都曾感叹中国民愚。严复说：“今吾国之所最患者，非愚乎？非贫乎？非弱乎？”“而三者之中，尤以愈愚为急。何则？所以使吾日由贫弱之道不自知者，徒以愚耳。”（《与〈外交报〉主人书》）在他看来，民愚乃是中国的病根。他们之所以一再将开民智置于“第一义”的位置，正是基于这一认识。这里，我们有必要对当时新学家们经常使用的“智”与“愚”这两个概念作一番分析、说明。那时新学家们所讲的智、愚，固然包含了文化知识水准高下的一般含义，但又非仅此而言，它尚包括了观念、意识、智能等方面的内容。概言之，它是指人们文化知识、思想观念、智力、智能诸方面的全面水准和状况。一个有力的证据是，维新派在提出开民智的同时，又提出了“开绅智”“开官智”。这说明，在他们看来，那些识文断字、熟读诗书的中国官绅也同样处于愚昧状态。可见，这里的智愚不仅是指文化知识。而就文化知识而言，又主要是指新的文化知识。因此，所谓“中国民愚”，不只是指中国文盲众多，民众知识水准低下，更主要是指中国民众普遍缺乏新的知识、观念、意识，新的判断与选择能力，智力、智能被束缚禁锢，尚处于中世纪的蒙昧状态，是“旧民”而非“新民”。与此相对应，所谓开民智就不仅是一般意义的提高民众的文化知识水平，更主要是指向中国民众传播新的知识，灌输新的观念意识，培养新的判断选择能力，开发人们潜在的智能，激发思想活力，使民众走出中世纪的蒙昧状态，由“旧民”变为“新民”。显然，开民智实际上包括了观念变革、文化革新、知识更新、智能开发等内容。简言之，开民智即是进行全面的近代启蒙，旨在实现人的近代化。

正因为开民智是广义的，具有丰富的内容，所以它受到维新派思想家的普遍重视。严复提出“草木土田”说，梁启超提出“权生于智”说，都说明了它的重要性。其实，“权生于智”这一命题，所表述的主要是政治变革与观念变革、思想启蒙的关系，旨在说明政治变革的成效取决于观念变革、思想启蒙的成效。梁启超等人认为，只有开民智，人民才能养成民权、自由、平等一类新观念，这样才能形成争民权、享民权的自觉。所以，观念变革、思想启蒙乃是政治变革的前提、基础。没有这一基础，政治制度层面的变革或是变质走样（“淮橘成枳”），或是无法立足生根（“人亡政息”）。这种高度重视观念变革、思想启蒙的认识是深刻的。黄遵宪曾说，将来中国的政局无非两种可能：好的可能是，“以吾君之明”又“得贤相良佐为之辅弼”，会以开明的态度“分民以权，授民以事”；坏的可能是，“政府诸公顽固如是，守此不变”，继续坚持专制，压制民权。他认为，不管将来出现哪种可能，事先的开民智都是必不可少的基础建设。就好的可能而言，只有“民智渐开，民气渐昌”，才能养成“自治精神”，逐渐享受民权；如果出现坏的可能，只要“民智既开，民力既壮”，民众便会自觉去同清政府争夺民权（“或争之而后得，或夺之而后得”）。总之，只有开民智，才能享民权、争民权（均见《驳革命书》，见《辛亥革命前十年间时论选集》第一卷第 333 页）。对此，他们在认识上是坚定的。

四、“开民智”与“开绅智”“开官智”

如何开民智？梁启超认为，当时迫切要抓的是兴办新式学校和变革科举制度这两件大事。他说：“变法之本在育人才，人才之兴在开学校，学校之立在变科举。”（《变法通议·论变法不知本原之害》，《饮冰室合集·文集》之一）这也是当时不少维新派的共同认识。

梁启超认为，随着变法维新运动渐次展开，迫切需要一大批具有新思想、新观念、新知识、新智能的新人才。就中国的整体近代化而言，更需要实现人的近代化。这种新人和新人才自然不是旧式教育所能培养的，这就需要兴办新式教育。为强调新式教育的重要，给兴办新式学校制造舆论，一些人又把欧美、日本的富强振兴完全归功于学校。徐勤说：“泰西之所以富强，横绝地球者，不在其炮械军兵，而在其学校。”（《中国除害议》）梁启超也认为：“日本变法，以学校为最先。”（《上南皮张尚书书》，《饮冰室合集·文集》之一）在他们看来，兴办新式学校不只是开民智也是中国图自强的直接入手处，是致中国于富强的根本。所以，梁启超曾一再说：“智恶乎开？开于学。”“亡而存之，废而举之，愚而智之，弱而强之，条理万端，皆归本于学校。”“今日国家而不欲自强则已，苟欲自强，则悠悠万事，惟此为大，虽百举未遑，犹先图之。”（均见《变法通议·学校总论》）对此，其他维新派思想家也是高度重视的。这一思想就发展为后来影响颇大的“教育救国论”。

在戊戌之前，一些西方教会与洋务派人士已在中国开办了一些新式学校。但这些学校或带有文化殖民主义色彩，或则以“中学为体，西学为用”为纲领。维新派所要建立的新式学校并非是对它们的简单模仿，他们又试图对中国教育制度作一番改造。其一，他们主张进行全面教育，提高民众的基本素质。虽然，那时尚未明确提出德、智、体、美四育的方针，但严复的“三强”说表明，他们已具有这种倾向。后来他们的教育思想便证明了这一点。其二，他们明确提出要改变中国旧式教育的知识结构，以适应新时代的新需要。严复说：“吾国所谓学，自晚周秦汉以来，大经不离言词文字而已。求其仰观俯察，近取诸身，远取诸物，如西人所谓学于自然者，不多遘也。”（《阳明先生集要三种序》）因此，早在1895年他就主张知识分子应全面学习、掌握名、数、力、质、天、地、生学和“群学”知识。康有为也主张，学堂除“读史、识字”外，还必须学习“测算、绘图、天文、地理、光、电、化、重、声、汽之学”（《上清帝第四书》）。由于这些新学科、新知识都来自西方，属于“西学”，所以严复主张当时的学校应以“西学为当务之急”，将传授西学亦即新知放在重要地位。其三，他们又大力呼吁纠正旧式教育制度剥夺女性受教育权利的严重弊端。为此，他们大力提倡兴办“女学”。宋恕指出：“中国惑于‘无才便是德’之谬说，女人不重识字，风气已数千年。穷乡僻壤，除绅宦大家外，往往数百千里求一粗通文字者而不可得。”（《六字课斋卑议（初稿）·变通篇·女学章》）这是中与西的重要差距。梁启超甚至认为，“妇人不学”乃是中国“积弱之本”，因此，“欲强国必由女学”（《变法通议·论女学》），对女子教育给予了极大关注。

梁启超的思路是：“学校之立，在变科举”，这也是维新派的共同认识。因此，他们又将变科举看做是开民智的前提和第一步。

维新派一登上政治舞台，即对八股取士的科举制度发动了猛烈抨击。1895年，康有为在《公车上书》中便提出这一问题。同年，严复在《救亡决论》中对八股的危害作了深刻揭露。此后，其他人也纷纷将矛头指向八股、科举，甚至将其视为亡国的祸根。维新派之所以坚决否定八股取士的科举制度，是因为这一制度不仅不能培养、选拔真人才、新人才，而且还严重摧残人才。此外，他们尚有一些更具体和更大的目的。其一，是为了清除兴办学校，传播西学、新学的障碍。他们指出，若科举不变，知识分子势必仍以通过科举考试猎取功名为唯一正途，这样，新式学校必然鲜有问津者。而且，若科举依旧，人们对一切来自西方的新知识、新学问，势必因科举“试题不及”而“无人读诵”、研究。因此，欲兴办学校、传播西学，就必须速变科举。其二，也是为了清除兴办新式工商业的障碍。康有为指出，“若科举不改”，人们仍以应试得功名为荣，而以工商制造为贱业，“人孰肯舍所荣而趋所贱哉?”（《上清帝第四书》）其三，更重要的是为了清除兴民权、开民智的障碍。他们认为，欲兴民权必开民智，“而民智不开之故，皆以八股试士为之”（《康南海自编年谱》光绪二十四年四月），不废八股则民智难开。梁启超认为，中国之所以“民愚”，重要原因是因为历代统治者施行愚民政策，而八股取士的科举制度乃是愚民政策的重要内容。他说，自科举制确立后，中国知识分子欲入仕途只有科举一条路。于是，“奇才异能之士，不得不辍其所学以俛焉而从事矣……倜傥之士，必有十年不第，穷愁感叹，销磨其才气，而无复余力以成其学矣。如是则豪杰与议论之士必少，而于驯治天下也甚易。”（《变法通议·学校总论》）他认为，“明太祖之设制艺”与“秦始皇之燔诗书”一样，“皆所以愚黔者，重君权”（同上）。因此，今天不论是为了兴民权还是为了开民智，都必须废除八股、科举。可见，维新派如此重视变科举，是与兴民权、开民智的大目标紧紧联系的。谭嗣同曾说，“变科举，诚为旋乾斡坤，转移风会之大权，而根本尤要者也。”（《思纬壹壹台短书·报贝元徵》）对此，他们是高度重视的。

在维新派的各项变法维新主张中，相比之下变科举一项在朝廷中阻力较小。在当时，一些洋务派和比较开明的官僚也主张变科举。比如，张之洞就曾揭示科举的弊端，他认为“救时必自变法始，变法必自变科举始”（《劝学篇·变科举》）。这一形势就使维新派感到变科举乃是短期内可能实现的目标，因此，在戊戌时期他们再三呼吁，“连牍入陈”，力促其成，并最终收到实效。

中国近代思想启蒙的主要理论武器是西学。因此，在提倡开民智的过程中维新派又很重视翻译西书，介绍西学。对此最为关注的自然是严复。早在1895年他即指出，要救亡图存就必须学习西方，而向西方学习不只要知其然，而且要知其所以然。照搬西方的政治经济制度是不够的，也是搞不好的，还应进一步学习、了解其文化科学、学术理论，把引进、传播西学放在重要位置。他写道：

> 总之，驱夷之论既为天之所废而不可行，则不容不通知外国事。欲通知外国事，自不容不以西学为要图。此理不明，丧心而已。救亡之道在此，自强之谋亦在此，早一日变计，早一日转机，若尚因循，行将无及。（《救亡决论》）

正是从这一分析出发，严复用半生精力翻译了一批西方著作，介绍了西方近代的哲学、逻辑学、伦理学、经济学、法学、政治学、社会学以及民权、自由、平等等新观念，为中国近代的观念变革、文化革新作了巨大的贡献。戊戌时期，中国民智初开，风气渐变，民权运动兴起，严复实在是功不可没。

严复在《救亡决论》中所提出的忠告受到了维新派的普遍重视，重西学、重译书成为一时的风气、潮流。宋恕认为："译书愈广，民智愈开"；为了开民智就应"广译""白种诸国"及日本书报（《六字课斋卑议［印本］·变通篇·广译章》）。梁启超在《变法通议》中专列《论译书》一篇详论译书之事，他甚至认为，译书乃变法"本原之本原"，因此他主张"取西人有用之书，悉译成华字"，并"使天下学子，自幼咸习西文"（《变法通议·论译书》）。在他们的提倡、呼吁下，西学在中国进一步传播，并对中国近代的观念变革、思想启蒙产生了越来越大的影响。

梁启超认为，当时的中国不仅"民愚"，而且官与绅同样也愚。许多官吏"胸曾未有地球之形状，曾未有欧洲列国之国名"（《论湖南应办之事》，《饮冰室合集·文集》之三），对于西方的政治、经济、文教制度更是一无所知。这种状况不改变，维新事业是无法推进的。因此，他在提倡开民智的同时又提倡"开绅智""开官智"，并认为这两者更急于开民智。他说："他日办一切事，舍官莫属也，即今日欲开民智、开绅智，而假手于官力者，尚不知凡几，故开官智又为万事之起点。"（同上）他的具体设想是，通过各地的学会来开绅智，通过各省设立由督抚亲任校长的"课吏堂"来开官智。显然，梁启超提出这一主张，不只是为了改变中国官愚、绅愚的状况，更含有减少变法阻力，并变阻力为助力的深意。他还期望，通过开了智的官与绅去做开民智的工作。事实上戊戌时期维新派的宣传，主要是以士大夫为对象的，他们期望士大夫们首先树立新观念、新信仰，具有新思想、新知识和新眼光。

梁启超的上述主张，反映出他对中国的国情既了解又不甚了解。在封建专制的中国，各级官吏是掌实权者，而绅则是中国传统社会的中坚力量，在基层他们起着沟通、联系上下，"通上下之气"的重要作用。

至于广大民众，由于长期处于无权的、被压制的地位，他们不知不觉已养成一种依附心理和服从权威的意识，官绅的言行趋向对他们的影响甚大。显然，若由官绅主动倡导，欲开某种风将会是比较容易的。比如，在戊戌时期湖南的某些开明官绅便曾起了开新风的作用。鉴于这一国情，梁启超主张先做他们的工作，先使他们“开智”，去接受新思想、新事物，进而推广，影响民众，这一想法不无道理，在实际当中注意做这些人的工作也是必要的。可是，指望它能收到普遍性的效果当有一个前提，即多数官绅有弃旧图新的愿望。然而，由于旧社会尚未充分解体，在当时的中国这一前提是不存在的。在当时的中国，官绅中固然也有少数开明、有识之士，但多数人依然站在维护封建制度的顽固立场。他们反对维新，坚持守旧，抵制资本主义文明，主要不是因为他们对新事物不了解，而是由他们的阶级利益、政治立场所决定的。他们的愚与顽，并不是“开智”所能解决的。梁启超提出开官智、开绅智，是指望它收到普遍效果，这就寄予了过高的希望，势必要落空。这反映了他对中国的国情又不甚了解。

五、从《中国积弱溯源论》到《新民说》

梁启超“兴民权以开民智为第一义”的思想，到20世纪初又发展为更系统、影响也更大的“新民”说。在这中间，梁启超的思想曾经历了一番曲折、演变。

大致说来，在“百日维新”前，梁启超等人是按欲兴民权必先开民智的基本方针开展工作的。但从1898年春，随着瓜分狂潮的到来，光绪皇帝日益倾向变法，并于6月11日正式下诏变法，这就使他们的思想和部署发生了变化。对此，梁启超本人曾有说明：在此之前，他们因感“朝局无可为”，故“不得不倡之于下也”，及光绪皇帝下诏变法，“乃翻然变计，专务扶翼主权，以行新政。”[①] 时局如此巨变，使康、梁深受鼓舞，决心利用这一有利时机，谋求在较短时间内对中国问题作政治解决。虽然，在此期间康与梁均未受特别重用，这使他们时而灰心[②]，但就大局而言毕竟使他们深受鼓舞，存有莫大希望。在百日维新期间，梁是康的重要助手，他们所努力的是通过君权在短期内开创新的政治局面。9月21日慈禧太后发动政变，使他们的希望破灭。

梁启超逃亡日本后，在以孙中山为首的革命派影响下，一个时期曾同情、倾向排满革命。同时，出于对光绪皇帝的感激和幻想，他又参与了“武装勤王”的策划，并试图将武装勤王与革命统一起来。这些都说明，这时他仍寄希望于短期内作政治解决。可是，1900年夏，他们策划多时的自立军起义尚未正式发动即被镇压。不久，帝国主义侵略者与清政府的谈判越来越清楚地表明，他们并不支持光绪皇帝复辟，仍选择慈禧太后作自己的代理人，这使他感到短期内作政治解决无望。而1900年狂飙突起的义和团运动又使他对中国的“民愚”“国民腐败”感触更深，更觉其严重。于是，他的思想又有变化，他对中国的变革又再作思考。

1901年，梁启超发表《过渡时代论》，正确指出当时的中国正处于新旧交替的“过渡时代”，对中国所处的时代特征作了准确概括。他认为，在这关系到中国命运前途的过渡中，正确选择方向、道路是至关重

---

① 这是梁启超逃亡日本后，1898年10月26、27日与日本外务大臣大限重信的代表志贺重昂笔谈时所说。见《梁启超年谱长编》第160～161页。

② 见《梁启超年谱长编》第121～122页。

要的："所向之鹄若误，或投网以自戕；所导之路若差，或迷途而靡届。"（《过渡时代论》，《饮冰室合集·文集》之六）关于"所向之鹄"，他虽时而游移，但实际上胸中已有定案（君主立宪），因此，这两年中他着重探讨、论述了"所导之路"即途径的问题。

梁启超认为，要选择正确的途径，就必须对中国的"病源"有正确了解。他说："善医者必先审病源"，"必知病根之伏于何处"，"然后治疗之术可得而讲"。医一国之疾更应如此，"不审夫所以致弱之原因"，则"不得其所以救之之道"（《中国积弱溯源论》，《饮冰室合集·文集》之五）。因此，要救中国，确定改造中国的方案，必先弄清中国积弱的病源。于是，1901 年春夏间他发表了《中国积弱溯源论》这一洋洋两万言的长文，对中国的"病源"作了一番分析。

梁启超认为，中国的"病源"是"深而远""多而繁"的，概言之有以下几方面：其一，"积弱之源于理想者"，即源于中国人长期以来形成的种种错误观念，其中最为突出的是"爱国心薄弱"；其二，"积弱之源于风俗者"，即源于中国民众长期以来形成、存在的种种不良的"人心风俗"，其中最主要的是"奴性""愚昧""为我""好伪""怯懦""无动"等六种"恶风"；其三，"积弱之源于政术者"，即源于长期以来的封建专制制度，以及君主为防范臣民而采取的种种制民、愚民的统治术；其四，"积弱之源于近事者"，即源于二百余年来清朝的统治政策，特别是近三十年来慈禧太后的反动统治。他的总括性结论是：

（中国）所以积弱之故，其总因之重大者在国民全体，其分因之重大者在那拉一人，其远因在数千年之上，其近因在二百年以来，而其最近因又在那拉柄政三十年之间。（同上）

梁启超的这些分析、结论，看上去似乎面面俱到，但重点是明确的，这就是全体中国民众的诸般弱点、劣点乃是中国积弱“总因之重大者”，是“最大根源”“病源之源”。诚然，梁启超从不认为中华民族是劣等民族，他也认为中国民众的弱点、劣点并不是天生的，而是长期封建统治造成的。对此，他多有揭露、分析，不少议论是很深刻的。可是，改良主义的政治立场又决定他并不向这个方向去引导、作深论，而是让民众将矛头指向自身。他的逻辑是：“造成今日之国民者”虽是“昔日之政府”，但“纵成今日之官吏者”则是“今日之国民是也”（同上），因此，今天的国民要对造成今天的政府负责。在所谓政府造人民与人民造政府之间，他强调的是后者。他说：

官吏由民间而生，犹果实从根干而出。树之甘者其果恒甘，树之苦者其果恒苦。使我国民而为良国民也，则任于其中签掣一人为官吏，其数必嬴于良；我国民而为劣国民也，则任于其中慎择一人为官吏，其数必倚于劣。此事有必至，理有固然者也。（同上）

他又一再说：“政府之良否，恒与国民良否为比例”，“国家之富强。一视其国民良否为比例”（同上）。既然中国国民并非良国民，自然要造成不良的政府。所以，他的结论是：“国之亡，非当局诸人遂能亡之也，国民亡之而已。国之兴也，非当局诸人遂能兴之也，国民兴之而已。”（同上）

既然中国民众身上的种种弱点、劣点是导致中国衰微的总因，因此中国欲图振兴就必须首先改造国民性，提高全民素质，从“新民”入手。出于“欲维新吾国，当先维新吾民”（《新民丛报》第一期，《本报告白》）的认识，梁启超在1902年2月创办《新民丛报》，并从创刊号起陆续发表《新民说》，系统提出他的“新民”理论。如果说《中国积弱溯源论》是梁对中国病源的诊断书，那么《新民说》则是他依据这一诊断而开出的药方。这两者是上下篇、姊妹篇、序论与本论的关系。所谓新民，即“吾民之各自新而已”，在梁看来这乃是中国向彼岸过渡的正确途径。

新民说的基本理论依据是斯宾塞的社会有机体说以及严复的“三强”为本说。在《新民说》中，梁启超突出强调了群与一、整体与个体、“拓都”与“么匿”的关系，并把后者对前者的决定作用更加绝对化。他写道：

> 国也者，积民而成。国之有民，犹身之有四肢、五脏、筋脉、血轮也。未有四肢已断，五脏已瘵，筋脉已伤，血轮已涸，而身犹能存者，则亦未有其民愚陋、怯弱、涣散、混浊，而国犹能立者。（《新民说·叙论》，《饮冰室合集·专集》之四）
>
> 斯宾塞之言曰：凡群者皆一之积也……拓都之性情形制，么匿为之。么匿之所本无者，不能从拓都而成有，么匿之所同具者，不能以拓都而忽亡。（《新民说·论私德》）

梁启超不厌其烦一再强调，国家的治乱、强弱、盛衰、政府之良否，完全取决于人民个体素质的优劣，“民弱者国弱，民强者国强，殆如影之随形，响之应声，有丝毫不容假借”（《新民说·就优胜劣败之理以证新民之结果而论及取法之所宜》）。中国之所以贫弱不振，政府之所以腐败无能，是由于中国民众愚陋、怯弱、涣散、混浊、素质太差、劣点甚多。他说：

夫聚群盲不能成一离娄，聚群聋不能成一师旷，聚群怯不能成一乌获。以若是之民，得若是之政府官吏，正所谓种瓜得瓜，种豆得豆。（《新民说·论新民为今日中国第一急务》）

因此，中国人既不要单方面指责封建官吏误国殃民，也不要一味埋怨清朝政府腐败无能，而应该由“自省”“自责”而“自新”，人人从我做起，弃旧图新，争作“新民”。他说：“苟有新民，何患无新制度、无新政府、无新国家？非尔者，则虽今日变一法，明日易一人，东涂西抹，学步效颦，吾未见其能济也。”（同上）他认为，一旦人人自新，成为新民，国家自然会改观。所以，新民乃是治本之策、根本之途，是“今日中国第一急务”，“舍此一事，别无善图。”（同上）《新民说》的基本结论是：提高全民素质，实现人的近代化，造就一代新人，是改造、振兴中国的根本途径。

梁启超的新民较之他先前的开民智内容更为丰富、广泛，它既有道德要求又有政治要求。从道德上说，是要造就一代具有新的道德观念、精神风貌和理想人格的新人。他认为，在人民德、智、体三项基本素质中，德最重要。民德的高下，“乃国之存亡所由系也”（《新民说·论私德》）。而且，在这三者之中，“智与力之成就甚易，惟德最难”（同上）。因此，他将新民德置于新民的中心地位，将道德建设视为人的近代化的中心环节。新民德的任务是剪除中国人“劣下之根性”，进而建设新道德。他认为，新的道德应当既有利于激发个体的活力，又有助于人们正确处理好群己、公私、人我的关系，有利于中华民族群体的振兴。因此，他把“利群”定为新道德的根本精神，并将爱国主义看做是利群观念的核心。

从政治上说，新民是要使中国人由臣民、奴隶变为新型的“国民”。也就是说，新民不仅是人们思想观念、精神风貌的变化，还有政治地位的变化。如前所说，1899 年梁曾给“国民”下过一个不甚明晰的定义。这时，他对何为国民有了更全面的认识。1902 年，他在一篇文章中指出，国民应是“备有人格，享有人权，能主动而非木偶，能自主而非傀儡，能自治而非土蛮，能自立而非附庸”的人（《论教育当定宗旨》,《饮冰室合集·文集》之十）。在《新民说》中他又说：“有国家思想，能自布政治者，谓之国民。”（《新民说·论国家思想》）如果说 1899 年的定义主要是说明了国民与臣民、奴隶的区别，那么这时他作的定义又强调了作为国家主人的国民所应具备的资格条件。对于如何培养这些资格,《新民说》作了不少论述。

六、对“奴隶性”的清算

为了明确改造旧我、塑造新我的方向，梁启超首先分析了中国民众素质的现状，揭示了国人所存在的种种弱点、劣点。这是《中国积弱溯源论》和《新民说》的重要内容。前面已经说过，在《中国积弱溯源论》中，他曾把中国人“人心风俗”上存在的问题归为奴性、愚昧、为我、好伪、怯懦、无动等六项。而在《新民说》中，为了明确“吾国民所当自新之大纲小目”，他又对中国人“大体上之缺陷”以及“细故之薄弱”作了较细的剖析。他认为，只有这样才能“一一勘之，一一鉴之，一一改之，一一补之，于是乎新国民可以成”（《新民说·就优胜劣败之理以证新民之结果而论及取法之所宜》)，“我祖国民性之缺点，不下十百”，主要表现是：缺乏公德观念、“无国家思想”“无进取冒险性质”、权利义务观念薄弱、“无自尊性质”、保守、忌嫉、涣散、依赖……而在这些弱点、劣点中，最主要、最突出的是奴隶性。至于其他，有的属于奴隶性的表现，有的则是奴隶性所造成的恶果。因此，他对奴隶性集中展开了清算。在中国近代，对奴隶性的清算并非始于梁启超，在此之前严复即已开始。在 20 世纪初，其他维新派思想家也有揭露批判。下面我们作综合评价。

所谓奴隶性，是指长期封建专制统治所造成的人们安分、柔顺、依附、卑怯的顺民性格和一些人安于奴隶地位的奴才意识，这是一种被扭曲的畸形人格。对它的丑态，麦孟华作了这样的揭露：

> 曰奴隶矣，则既无自治之力，亦无独立之心……依赖之外无思想，服从之外无性质，谄媚之外无笑语，奔走之外无事业，伺候之外无精神。呼之不敢不来，麾之不敢不去，命之生不敢不生，命之死亦无敢不死。得主人一盼，博主人一笑，则如获异宝，如膺九锡，如登天堂，嚣然夸耀侪辈以为荣宠，及婴主人之怒，则俯首屈膝，气下股栗，虽极其凌蹴践踏，不敢有分毫抵忤之色。(《说奴隶》,《清议报》第六十九册)

麦孟华的这段文字，对奴隶性所造成的顺民性格、卑污行径和种种丑态作了生动淋漓、入木三分的描绘，因此几个月后即为梁启超所引用，两年后又为邹容的《革命军》转引，成为那时人们对奴隶性的经典表述。

梁启超认为，这种奴隶性在中国社会各阶级、阶层中是普遍存在的。不仅民对于官自居于奴隶，小官对于大官、下级对于上级同样自居于奴隶。在那等级森严的庞大金字塔中，下一层者即是上一层者的奴隶。“州县之视百姓，则奴隶矣；及其对道府以上，则自居于奴隶也。”

(《中国积弱溯源论》) 总之，中国“举国之大，竟无一人不被人视为奴隶者，亦无一人不自居奴隶者。”(同上) 正如毕永年所说：“吾中国久成奴才世界。”(《致平山周书》) 梁启超指出，更为可怕、可悲的是，由于人们“其自居奴隶时所受之耻辱苦孽，还以取偿于彼所奴隶视之人”，“彼之所得者，足以偿所失而有余”，因此，“虽日日为奴而不觉其苦，反觉其乐”(《中国积弱溯源论》)。甚至，有人不仅“自居奴隶而已，见他人之不奴隶者反从而非笑之”(《爱国论》)。这说明，在封建专制主义的长期统治、摧残、侵蚀下，人们的人格已普遍扭曲，奴性和奴隶主义已成为许多人的习性、为人之道、处世哲学，并影响着社会舆论。而这种习性、为人之道和社会舆论，反过来又无时无刻不在潜移默化地扩大影响，使人们的奴隶性日深一日。

对于奴隶性的恶劣影响、严重危害，梁启超等维新派思想家作了深刻揭示：其一，它使人养成严重的依附性与依赖性，“如群盲偕行，甲扶乙肩，乙牵丙袂。”(梁启超：《十种德性相反相成义》，《饮冰室合集·文集》之五) 这种依附人格遂造成独立人格的泯灭，又势必使人丧失自尊、自信、自强的精神。其二，由于人们既是上一级的奴隶，又是下一级的主子，这就造成双重人格，由此又养成虚伪、巧滑、媚上骄下等恶德。其三，它使人“奴颜妾面”，丧失人格尊严，自轻自贱、自甘卑屈。其四，它使人缺乏国家观念、群体意识，使人无政治热情、无责任感，对公共事务冷漠。他们“其身既与国家无丝毫之关系，则直不知国家为何物，亦不问主国家者为何人”(《中国积弱溯源论》)。其五，更为严重的是，它造成一种安分、顺从、偷安、苟活的顺民性格，“无论何事，皆低首下心，忍受而不辞。”(黄遵宪：《驳革命书》) “但使有一姓能箝制我而鞭棰我，我即从而崇拜之、拥护之。”(梁启超：《中国积弱溯源论》) 显然，这种奴隶性不仅是传播民主思想的大敌，也是振奋民族精神、增进民德的严重障碍。梁说："中国数千年之腐败，其祸极于今日，推其大原，皆必自奴隶性来。不除此性，中国万不能立于世界万国之间。"（光绪二十六年四月一日《致南海夫子大人书》，《梁启超年谱长编》第235页）他们之所以十分重视对奴隶性的批判、清算，原因正在于此。

维新派思想家又比较深入地挖掘了奴隶性所以产生的根源。首先，他们指出，从根本上说，它是长期封建君主专制制度造成的，是专制统治的必然恶果。在长期的封建君主专制制度下，国家成为君主的私产，人民成为君主的奴隶，其间不论君主贤明与否、政治清明与否，人民的奴隶地位始终不曾改变。正如严复所说，中国"自秦以降，为政虽有宽苛之异，而大抵皆以奴虏待吾民"，"夫上既以奴虏待民，则民亦以奴虏自待"（《原强修订稿》）。梁启超也指出，长期以来人民既处于奴隶地位，则势必"性奴隶之性，行奴隶之行"（《中国积弱溯源论》）。黄遵宪还认为，清朝"文字之祸，诽谤之禁，穷古所未有，由是葸懦成风"（《驳革命书》），这种严酷统治更助长了奴性。其次，封建主义的文化教育与礼教也极力按统治者的要求培养臣民的奴性。梁启超说，中国的古训一再教人"犯而不校""以德报怨""百忍成金""唾面自干"，使人"无骨、无血、无气"，于是"奴隶之性，日深一日"（《新民说·论权利思想》）。

在19世纪末20世纪初，维新派思想家对中国人的诸种缺点、劣点首次作了全面、严厉的自我剖析、自我反省。他们所表现出的坦诚是惊人的，也是感人的。诚然，他们所作的清算，在严厉无情之中也存在一些偏颇，但可贵的是，他们并没有将中华民族视为天生的劣等民族，一再强调中国"国民非生而具此恶质也"（梁启超：《中国积弱溯源论》），中国的落后局面是封建专制制度造成的。更重要的是，他们所以如此无情地自揭自短，绝不是要制造民族自卑，散布民族虚无主义，而是为了激发全民奋发自新。因此，他们在揭露、清算的同时又一再以热情、真挚的语言鼓励国人知耻、奋发、弃旧图新。他们所以发动这场民族大反省，是为了让国人正确认识自己，进而完善自己。在这场反省、清算中，他们认定奴隶性是最主要的问题，因而将矛头集中指向它，是准确而深刻的。他们清算奴隶性，是为了激发国人摆脱奴隶枷锁的愿望，这正是人的近代化的前提。所以，继维新派而起的革命派又继续对奴隶性展开了更深入的清算。

七、对“新民”的具体规划

“新民”一语始见于《尚书·康诰》，又是《大学》“三纲领”之一，从这一点来说，它是一个古老的口号。但古代的新民主要是道德要求，旨在教民向善，与近代的造就一代新人含义不甚相同。“百日维新”前，严复提出“鼓民力，开民智，新民德”的口号，要求中国人实现德、智、体三强，第一次提出造就一代新人。在此基础上，梁启超又作了全面阐述，并赢得其他维新派人士的拥护。所谓新民，就是使中国人走出中世纪，从传统人变为近代人，将近代精神融铸入民族精神，实现民族精神的更新。对此，梁启超等维新派思想家按照新的时代需要与阶级需要，并针对中国国情，作了较为全面、具体的规划。

梁启超等维新派思想家认为，造就一代新人乃是一项长期、艰巨的历史任务，而其下手处是首先实现人的思想变革、观念更新。梁启超说：“欲造成一种新国民者，不可不将其国古来谬误之理想摧陷廓清，以变其脑质。”（《清议报一百册祝辞并论报馆之责任及本馆之经历》，《饮冰室合集·文集》之六）于是，他提出了“变数千年之学说，改四百兆之脑质”（《中国积弱溯源论》）的伟大理想。对此，他们是高度自觉的。针对中国的现状以及近代化的需要，他们认为当时中国迫切需要培养、树立以下新的观念。

（1）新的政治观念。他们认为，中国的一代新人首先应是国家的主人。因此，当务之急应使国人普遍树立“主权在民”的意识以及与之相应的自由、平等等观念。主权在民是通过一定的权利与义务来体现的，因此，培养健全的权利与义务观念，处理好两者的关系乃是培养民权观念的下手处。维新派提倡兴民权，从一开始就是同救亡与振兴的大目标紧紧连在一起的，因此，他们又一再提倡爱国主义、民族主义，要求人们培养群体意识、利群观念。

（2）新的道德观念。他们认为，为使中国人从奴隶地位解放，还必须推倒维护封建专制的三纲和相应的旧道德。为建立新型的社会秩序和人际关系，培养新的精神风貌、理想人格，又必须树立新道德。为此，他们大胆地否定了三纲的神圣，对它作了空前猛烈的批判，并试图建立一种能正确处理好群己、人我、公私关系的新道德。他们所提倡的新道德本质虽是利己主义，但所标榜的则是利群。为此，他们又大力提倡公德，谴责了极端的利己主义。为了培养新的民族精神，他们还大力提倡自尊、自信、自立、自治、冒险、进取、坚毅、尚武……的理想人格。

（3）新的经济观念。出于对世界发展趋势和对西方资本主义的初步认识，在西方工业文明精神的熏陶下，他们呼吁国人抛弃、清算重农抑商、“贱工艺，尚义理”、轻视功利等传统观念，要求人们摆脱小农意识、自然经济意识的束缚、影响，树立重经济、重工商、重科技、重效益等新观念，鼓励人们通过发展生产、振兴工商、开发利源来创造积累社会财富，通过正当竞争追求义中之利。他们还批评了中国自古来重“节流”的保守经济观念和消极的“尚俭”说，认为“开源”才是根本。

（4）主体意识、自主意识。鉴于长期来中国民众被“视若虫沙”，奴隶性遍及国中，卑屈、依附、依赖已成民风的现实，他们一再强调人是一切物中的最高存在，“超然贵于万物”，让人们正确认识自身的价值。他们指出，人既不应做君主、官吏的奴隶，也不应做古人圣贤的奴隶；既不相信造物主，也不盼望救世主。人是自己活动的主人，是自己生活的创造者。人应是“自动而非木偶”“自主而非傀儡”“自立而非附庸”的（梁启超：《论教育当定宗旨》，《饮冰室合集·文集》之十），要变依附人格为独立人格。梁启超曾说：“辱莫大于心奴，而身奴斯为末矣。”（《新民说·论自由》）就是说，摆脱有形的奴隶地位固然重要，而摆脱无形的奴隶地位尤为根本。

（5）科学精神。科学和科学精神是近代文化和近代意识的重要内容。所以，严复一开始即将科学置于与民主并列的重要地位。康有为论西方所以富强的原因，首先列举的便是西方“立科以励智学也”（《上清帝第四书》）。他们不仅大力提倡传播西方近代自然科学知识，更强调养成科学精神、科学态度，运用科学方法。康有为早年即反对中国古人的“虚测”而崇尚西方的“实测”①。后来，严复又提倡“即物实测”，强调重实验、重印证，崇实、去伪、求真。由此，不仅引出了对迷信、盲从的反对，对唯心先验论、“心成之说”的批判，而且开始了

① 在《实理公法全书》的《实字解》和《凡例》中，康有为大讲“实测”“实理”“实测之理。”在《万木草堂口说·学术源流》中，他又说：“中国向来穷理俱虚测，今西人实测。”

对近代思维方式、技术理性的倡导。

（6）开放意识。近代的中国是一个经过长期闭关锁国，刚刚睁开眼睛看世界的国家，是一个业已落后于西方的国家。因此，维新派认为，作为20世纪的中国一代新人，又必须具备自觉的开放意识。首先应清醒地看到，今日“大地既通”，地球日益缩小，中国欲“闭关独治”“不与异族往来”是根本不可能的，必须广泛与外国交往，实现“中外通”。进而应认识到，欲使中国富强，赶上时代潮流，就必须自觉学习西方。就文化建设而言，也只有吸取异质文化，方能造成“我国特别之新文明”。

新的观念意识与新的文化知识是相辅相成的，因此，新民又必须是具备近代科学文化知识的文明人。对此，维新派思想家同样是高度重视的。他们一再呼吁废八股、变科学、兴学校、开学会、译西书、办报刊，重视通俗教育和宣传都是为了提高中华民族的科学文化水平，实现知识结构的改造和知识更新。

梁启超等人又认为，国人要想成为20世纪的新人、近代的国民，不仅需要树立新的观念意识，具备新的科学文化知识，还要养成近代国民应具的政治能力。否则，主权在民便要落空。梁启超认为，能力的培养较之观念的变革更难，他说：“欲进无思想者为有思想者，其事犹易，欲进无能力者为有能力者，其事实难。”“吾以为今后之中国，非无思想之为患，而无能力之为患。”因此，“今日谈救国者，宜莫如养成国民能力之为急矣”（《新民说·论政治能力》）。在20世纪初启蒙宣传与观念变革初见成效后，这一问题越来越受到维新派的重视。梁启超等人认为，西方的资产阶级民主政治植根于自治，因此他们十分重视自治能力的培养。梁说：“吾民将来能享民权、自由、平等之福与否，能行立宪议会分治之制与否，一视其自治力之大小强弱定不定以为差。”（《新民说·论自治》）只有养成自治能力，才能不“仰给于人”，“他人欲干涉焉而不可得”。（同上）在这里，梁启超等人没有将有权利与有能力相混淆，而是在提出民权观念后又呼吁政治能力的培养，这是必要的、及时的。

不仅如此，维新派又对新民提出了体魄和精神风貌等方面的要求。严复从一开始就将“血气体力之强”置于三强之首，将“鼓民力”列为三条纲领的首条。这一思想受到维新派的普遍重视。鉴于日本以“尚武”精神“激励其民”取得成功，不少维新派人士也提倡尚武精神。汪康年主张：“官以武为尚，任以武为重。学以武为贵，业以武为美。其不能武事，及临斗而避者为上耻。”（《论宜令全国讲求武事》）梁启超在《新民说》中，专列一节论尚武，认为“尚武者，国民之元气，国家所恃以成立，而文明所赖以维持者也”（《新民说·论尚武》）。他分析说：“有健康强固之体魄，然后有坚忍不屈之精神。”民众体力、体质的强弱与国家的强弱有直接关系，“其人皆为病夫，其国安得不为病国也”。因此，处于“生存竞争，优胜劣败”的环境中，国人应自觉“练其筋骨，习于勇力”，“速拔文弱之恶根，一雪不武之积耻”（同上）。为了尚武，梁启超等人又提出进行“军国民主义”教育的主张，要求实行国民生活军事化，“务使举国之人，皆具军国民之资格”（同上）。在维新派思想家的呼吁、倡导下，体育越来越受到教育界的重视，并成为新式学校的必修课。

为造就一代新人，他们又开始注意移风易俗，先后提出了禁妇女缠足、禁吸食鸦片、破除世俗迷信、禁早婚、惜阴守时等建议。他们注意到移风易俗对振奋民族精神、实现人和社会近代化的重要意义，这说明他们对人的重塑和社会改造所作的规划设计是全面、周到的。

新民的提出，不仅是有感于国人的综合素质、精神风貌与社会发展、历史潮流、时代精神的差距，也是有感于同西方民族的差距。通过与西方的接触，维新派思想家对西方民族的一些基本优点留下了深刻印象。梁启超曾说："阿利安族之所长，在贵自由，重考验，务进步。惟贵自由，故其于政治也，不甘压制而倡言平等。惟重考验，故其于学问也，不徇现象而探求原理。惟务进步，故其于社会一切事物也，不泥旧例而日事革新。阿利安族所以亘数千年至今常执全世界之牛耳者，皆此之由。"（《新史学》，《饮冰室合集·文集》之九）在他看来，因为有如斯之民，方有如斯之国。中国要赶上西方，就必须学习西方人的优长。因此，维新派心目中的"新民"，在一些基本方面是以西方人为标杆的。他们所倡导的，许多正是当时西方人的观念意识、精神风貌和理想人格。

八、"三强""新民"诸说的理论贡献和失误

自从严复、梁启超等先后提出"三强为本""权生于智"，特别是"新民"说后，提高中华民族基本素质的历史任务受到中国思想界和国人的普遍关注，改造"国民性"的问题成为思想领域的热门话题，它的影响是巨大的。

社会的发展本质上是人的发展。严复、梁启超等人没有把中国的近代化仅仅局限于物质和制度层面，而是突出了国民素质的提高，即人自身的近代化，这对国人更全面地认识、把握中国整体的近代化、现代化无疑是有益的。这是因为社会是人的社会，人是推动社会前进的能动力量。社会的近代化与人的近代化是同一过程的两个侧面，新的社会要靠

具有走出旧社会愿望的人去建设。显然，处于蒙昧状态、安于旧的生活方式和旧的秩序、全无近代意识的传统人是不可能有变革社会的要求的，更谈不上实现社会变革，这样的人也不可能有自身解放的要求并实现自身的解放。不论是破坏旧世界还是建立新世界，都要靠觉醒中的一代新人。因此，中国的变革、振兴、近代化，最终都有赖于人的近代化。

三强、新民诸说既表现了对国家、民族、群体的关注，也表现了对人、对个体的关注。严复、梁启超等人的出发点自然是国家民族的振兴。但从国群之强基于个体之强的理论出发，他们又强调这一大目标只有通过提高社会成员的个体素质，激发个体的活力来实现。三强和新民说所企求的是人的全面成长、全面发展，是人的不断自我完善，要使人成为真正的人。从这一点来说它又表现了对人的关注，它对激发国人个体的活力、能动性，推动人的解放也起了不可低估的积极作用。

三强、新民诸说关注的重点是人的观念变革。严复、梁启超等人始终认为，兴民权以及整个社会变革并不是一场单纯的政治斗争，不能孤立进行，它当以思想启蒙、观念变革为基础、先导。只有人民觉醒，兴民权和社会变革方能出于多数人的自觉行动，从而形成不可抗拒的潮流。因此，他们对于观念变革、文化革新始终给予高度重视，并做了大量富有成效的具体工作。这些都有力地推动了中国近代化的进程。

概言之，三强、新民诸说的最大影响是使国人更加重视中国近代化、民主化的基础建设，它曾对部分革命党人产生过积极影响。在20世纪初，革命派力主推翻清朝统治，大方向是正确的，但确有一些革命党人对中国的社会变革和民主化进程缺乏深入认识，对革命的理解过于简单。他们以为革命仅是军事斗争，靠少数革命党人联络会党、策动新军武装起事即可成功。《新民说》等论著对于革命党人更全面深入地思考中国革命的问题是有益的，它对革命派的影响可以邹容为例。邹容在《革命军》中曾多处摘录了《中国积弱溯源论》和《新民说》的文字，可见他曾认真读过这两种论著，《革命军》关于注重革命教育，“制造无量无名之华盛顿、拿破仑”的思想，以及提倡“独立不羁”“冒险进取”“爱群敬己”“个人自治”等论述，都明显受了《新民说》的影响①。

但是，三强、新民诸说既有其理论价值和贡献，也存在明显的失误，其客观影响是复杂的。

三强、新民诸说的基本理论依据是斯宾塞的社会有机体说。这种社会学理论强调社会成员素质的重要性，对于当时中国人重视人自身的近代化曾产生了积极影响。但是，它把复杂的、异质的社会有机体简单等同于生物有机体，忽视人类社会有其特殊的本质和规律，而用生物规律取代社会规律和说明社会，是非科学的。以此为指导来诊断中国的“致弱之源”和探索“救之之道”就难以得出科学结论。结果就势必要离开社会基本矛盾的辩证运动来规划中国的社会变革和振兴，离开社会变革特别是社会经济变革来实现新民。

严复、梁启超所要探讨、说明的是国家富强与人民素质、民权与民智、新制度与新民的关系。这些原本是一种交相作用的互动关系，是相互影响、相互促进的，然而，依据“一”之性决定群之性的理论，他们却只强调后者决定前者，认为只有完成后者方可实现前者。这是他们在理论上的基本失误。可是，前者对后者的作用、影响是至为明显的客观存在。对此他们也是有所察觉、认识的，于是，他们在展开论述时便不能不陷入自相矛盾的循环论证。这种情形在梁启超那里尤为明显，为

① 详见拙作《邹容〈革命军〉所录达人名家言考》，《学习与探索》1985 第 4 期。

求明晰，下面专门分析梁的新民说。

用梁启超的话说，究竟是“政府造人民”还是“人民造政府”？这对他始终是一大矛盾。从《中国积弱溯源论》到《新民说》，他时时陷入循环论证的泥淖。新民学说是从中国人素质低下说开的，对此，一个不容回避的问题是：中国人所以素质低下，究竟是因为中国人天生是劣等民族，还是别有深刻原因？具有强烈民族主义意识和爱国心的梁启超自然不承认前者。他曾多次指出，长期的封建专制制度，封建君主的驭民、防民政策和清朝的统治是造成中国人素质低下的原因（其中一些分析是相当深刻的）。那么，据此分析，逻辑结论势必是推翻封建专制制度和清朝统治。但受改良主义立场的限制和社会有机体说的影响，他对此总是一再打住，而孤立谈人的素质，进而以此为因，而将“恶劣政府”视之为果，最终就只承认一方面的作用影响（严复也是如此）。

从《中国积弱溯源论》到《新民说》，中心是论中国致弱之源和“救之之道”。梁是在20世纪初那特定历史环境下谈这一大问题的，那时正是《辛丑条约》签订，中国半殖民地地位最终确立的年代，是中国历史上少有的屈辱和黑暗的年代。那个年代的现实告诉人们，落后的封建自然经济，建立于其上的封建专制制度以及帝国主义的侵略压迫，才是中国衰微的根源，也是那时中国人素质低下的根源。因此，救中国之道是不言而喻的。但是，依据“一”之性决定群之性的社会有机体说，梁却强调人民造政府，因而要求人们不要“科罪当局”，不要“责人不责己”，而应自觉把矛头指向自身，从自身去找原因。在《新民说》陆续发表的过程中，1903年一位革命派人士便指出，《新民说》的基本结论“不免有倒果为因之弊”（飞生：《近时二大学说之评论》，《浙江潮》第八、第九期），这一分析是正确的。

梁启超力图证明，一旦新民，新制度、新社会便会自然到来。这种自然到来说势必要否定、取消必不可免的斗争，势必使人轻忽社会变革、特别是社会经济结构的变革。这一理论上的偏差，不仅对中国社会的近代化带来不利影响，而且对人的近代化也带来不利的影响。就人的近代化而言，只靠思想文化的力量显然是不行的，还需要整个社会经济基础的根本改造，需要心物一致的改造。回避、轻忽社会经济基础、经济结构的变革，实际上等于说可以在旧的封建自然经济的基础上实现人的近代化。历史证明此路不通。此外，因受唯心主义意识决定论的影响，梁启超论新民，不仅同社会经济结构的变革脱钩，又是同社会实践脱节的。事实证明，人的近代化只能在实现近代化的动态过程亦即变革社会的实践中实现。而梁启超脱离社会变革的实践，片面地将新民看做是一个教育的过程，这就注定了他的新民不会收到多大的实效。

九、康有为的《物质救国论》，康梁的分歧

梁启超“新民为今日中国第一急务”的思想在当时虽然影响颇大，但其师康有为却不以为然。1904 年康有为撰成《物质救国论》一书[①]，公开表示了不同意见，提出了他对如何实现中国近代化的新认识。

戊戌政变前夕，康有为逃离北京，由日本而遍游亚、美、欧各国。经过进一步“较量于欧亚之得失，推求于中西之异同”（《物质救国论·序》），他对中国近代化问题又有了不同于前的新认识。概言之，

① 此书撰成于 1904 年，交梁启超出版。但因梁一再有意拖延，迟至 1908 年方由上海广智书局出版。关于此书的写作年代以及出版拖延原因参见张荣华：《振华公司内讧与康梁分歧》，《复旦学报》1997 年第 1 期。

他认为，处于列国竞争、科技发达的时代，国家强弱与否完全取决于物质文明的发展。欧美兴盛是由于“物质”与“物质之学”高度发达，而中国则反之。中西的差距，不在“道德哲学”等精神文明，而在“工艺、汽电、炮舰”等物质文明。“欧人于百年来所以横绝大地者，虽其政律学论之有助，而实皆借工艺兵炮以致之也。”“我国人今之败于欧人者，在此一二百年间，而所最大败，远不如之者，即在一二百年间新发明之工艺兵炮也。”“若以道德论之”“则谓中国胜于欧美人可也”（《物质救国论·论欧洲中国之强弱不在道德哲学》）。因此，他的新结论是：“救国至急之方者，则惟在物质一事而已。”（《物质救国论·中国救急之方在兴物质》）

康有为认为，西方物质文明所以发达，是由于实现了工业化，而工业化的实现是由于科学技术（“物质之学”）突飞猛进地发展。因此，在《物质救国论》中他始终是将“物质”与“物质之学”并提的。在他看来，欲从事物质文明建设当从发展科学技术、普及科技教育入手，所以，该书又用了相当篇幅论述科技教育。他认为，通过普及科技教育，发展科学技术，进而求得物质文明建设的发展乃是当时中国最迫切的任务。基于这一认识，他既批评了梁启超和革命派，也批评了此前的洋务派。对于半个世纪以来中国学习西方、实现近代化的历程，他作了这样的回顾：

当同光之初，曾文正、李文忠、沈文肃诸公，草昧初开，得之太浅，则以为欧美之强者，在军兵炮舰，吾当治军兵炮舰以拒之，而未知彼军兵炮舰之有其本也。至乙未东败之后，知之渐进，以为欧美之强在民智，而开民智在盛学校也，于是十年来举国争事于开学矣。至戊戌之后，读东书者日盛，忽得欧美之政俗学说，多中国之所无者，震而惊

之，则又求之太深，以为欧美致强之本，在其哲学精深，在其革命自由，乃不审中国病本之何如。(《物质救国论·序》)

他认为，洋务派的问题在于“得之太浅”，对物质文明、物质建设作了狭隘、皮毛的理解，以为仅靠“军兵炮舰”便可富强；而梁启超等人的问题则在于“求之太深”，结果是离开物质与物质之学而讲“道德哲学”“革命自由”，这就下错了药方。他说，离开物质与物质之学“而空谈民主、革命、平等、自由”，即使中国人人都成为卢骚、福尔泰、孟德斯鸠、康德、斯宾塞，以至柏拉图、亚里士多德，一旦遭“强敌要挟”，“亦皆供人宰制之具，奴虏之用而已”(《物质救国论·论欧洲中国之强弱不在道德哲学》)。在他看来，梁启超、严复等人提倡自由平等，强调学习西方的“道德哲学”，革命派鼓吹革命，不仅不明西方富强之本，也没有针对中国的病症。如按这些主张去做，势必如“之楚北马，愈远愈非”，使中国“病势日以深”(同上)。对此，他的反对态度是很坚决的。

康有为将上述主张称之为“偏至之论”。其实，他只讲物质文明建设，只讲科学技术与生产力指数，以为赖此即可实现近代化、走向富强，同样也是“偏至之论”。但我们也应注意到，从“物质救国论”出发，他对道德决定论所作的批评具有合理因素。再者，他的物质救国论是希望通过发展科技实现中国的工业化，通过发展民族资本主义经济实现中国的富强。这对纠正梁启超新民说的片面性，具有补偏救弊的作用，对于国人更全面地思考近代化也是有助益的。

由于《物质救国论》的正式发表是在 1908 年，已超出了本书的论述范围，这里就不作深入评介。

第五章

文化批判与重构之一：对孔子和儒学的利用和改造

戊戌维新运动作为一次全面的社会变革，势必要涉及政治、经济、文化等各个领域，进行文化批判与重构乃是这场运动的重要内容。而就文化批判与重构来说，首先碰到的问题是如何对待孔子与儒学。

长期以来，儒学是中国封建统治的精神支柱、理论依据，维新派对封建制度进行清算就势必要触及儒学。他们日益感到，儒学在许多方面与他们所向往的资本主义制度与精神是抵触的，要在中国实现资本主义变革就不得不对儒学有所批判。从一开始，维新派就是向西方寻找真理的，他们对西学的崇信，也必然要导致他们重新认识、评价儒学①。

但以上只是问题的一个方面，此外尚有值得重视的另一方面。就儒学而言，它既是中国封建统治的精神支柱，同时又蕴涵了中国传统文化的精华，长期来已成为中国民族文化的象征。这又决定了维新派思想家对儒学的清理、批评势必采取审慎的态度，对它不仅要改造，又要利用。出于捍卫中国本土文化，挽救民族文化危机，树立民族自尊自信的需要，又必须继续举孔子的旗帜。

从运动一开始，康有为便认为中国的社会改造与变革应从中国国情出发，“因中国人之历史习惯而利导之”（梁启超:《南海康先生传》第六章，《饮冰室合集·文集》之六）。在中国，孔子乃国人“所同戴而诚服者”（同上），对这一国情必须予以高度重视。除国人的历史习惯外，更现实的尚有一个力量对比问题。显然，在那时，封建旧势力远比维新派强大，中学、旧学远比西学、新学强大。这也决定了那时维新派不能贸然抛弃孔子和儒学的旗帜。而且，康有为等在提倡变法维新之初，西方的社会政治学说尚未系统传入，那时他们主要是以儒家的今文

① 出于宣扬西方文化，扫除西学东渐障碍的需要，西方传教士早就对儒学有所批判。比如，1878 年 3 月《万国公报》第四百八十卷便载有《儒教辩谬》一文，以基督教思想批判儒学，这类文字可能也对维新派思想家有过一定影响。

经学、公羊学作为理论武器的，所采用的是“以经论政”“托古改制”的手法。这更决定了他们不仅没有抛弃孔子和儒学的旗帜，而且进而利用这面旗帜。大致说来，康有为等人是试图效法欧洲的宗教改革，按新兴资产阶级的要求对儒学进行改造。谭嗣同曾表示：“吾甚祝孔教之有路德也”（《仁学》三十），而梁启超则直称康有为是“孔教之马丁·路德”（《南海康先生传》第六章）。在当时，他们中多数人从事的乃是马丁·路德的事业，他们是以一种存其名而变其实的方式来对儒学进行清理、改造的。

戊戌时期维新派对孔子和儒学的态度，粗而言之大致经历了两个阶段。第一阶段康有为、宋恕、谭嗣同等是欲以旧瓶装新酒的方式建立一种近代新儒学。第二阶段是20世纪初，梁启超则放弃了这种努力，并分析、揭示了它的非科学性，开始对孔子和儒学作正面的清理和公开的批评，明确提出了“可者取之，否者弃之”的方针。至于严复，情形则有所不同，他从一开始便公开批评“六经”，不过他对儒学也未全盘否定。

在中国文化思想史上，站在“异端”立场评论、非议孔子和儒学，并非自戊戌始。自晚明少数知识精英萌生走出中世纪的愿望后，他们中的个别人即开始非议孔子、批评儒学。但相比之下，由于时代的差异，戊戌时期维新派的评孔议儒具有鲜明的近代内容和近代意义。更重要的是，戊戌时期的评孔议儒已不是个别人的行为，而是一种群体行为，所采取的乃是公开宣传的方式，因此它所产生的影响要大得多。梁启超曾说，自戊戌以来，思想学术界对于“孔子在三千年来学界之功罪”“孔子与六家九流之优劣”“孔子与泰西今古尊哲之优劣”诸问题公开进行分析、议论，遂使国人“对于孔子之观念”发生巨大变化（《论中国学术思想变迁之大势·近世之学术》第三节，《饮冰室合集·文集》之七）。这一变化势必要从各个方面或隐或显地对我国观念变革、文化革新产生深刻影响。

一、康有为关于“孔教复原”的主张

到康有为的时代，中国尊孔已两千余年，孔子早已成为中国人人宗仰的“大成至圣先师”。康有为深知，“欲救中国不可不因中国人之历史习惯而利导之”，而就增进民族凝聚力和提高全民公德的需要而言，“非择一举国人所同戴而诚服者，则不足以结合其感情，而光大其本性”（梁启超：《南海康先生传》第六章），因此他一直是尊孔的。面对伴随民族危机而来的文化危机，他在大声呼吁保国、保种的同时又呼吁“保教”。

就“保教”这一口号而言，它与洋务派甚至顽固派似乎是一致的。然而，同是呼吁捍卫孔教，但彼此心目中的孔教性质是不一样的。康有为所讲的孔教，乃是经过他改造、赋予了新内容的孔教。他对孔教的改造，不是直接批评孔子，而是否定后世的儒学，是在恢复孔教本来面目，亦即“孔教复原”的名义下进行的。

康有为一再宣称，自孔子去世后，后世所传的儒学大都不是孔子的学说。后世的儒者或是对孔于学说作了误解，或是出于自己的需要对它作了歪曲、篡改，结果面貌全非。因此，今天的当务之急是揭露后儒对孔子学说的种种误解、歪曲、篡改，恢复、揭示孔子学说的本来面貌，并使之光大。他认为，孔子学说被误解、歪曲、篡改大致经历了以下三个阶段：

始误于荀子之拘陋，中乱于刘歆之伪谬，末割于朱子之偏安，于是素王之大道暗而不明，郁而不发。（《礼运注·叙》）

因此，相应的孔教复原工作也应分三步进行。对此，梁启超作了这样的介绍：

第一，排斥宋学，以其仅言孔子修己之学，不明孔子救世之学也。第二，排斥歆学，以其作伪，诬孔子、误后世也。第三，排斥荀学，以其仅传孔子小康之统，不传孔子大同之统也。（《南海康先生传》第六章）

稍后，康有为又把孔子学说的变质往上追溯到曾子。他说：

盖孔门传学二大派，而有子、曾子为巨子宗师也……有子传升平之学，其传在子游、子张、子夏，而子游得大同，传之子思、孟子。曾子传据乱世之学，故以省躬寡过为主，规模少狭隘矣。曾子最老寿，九十余乃卒，弟子最多，故其道最行。而有子亦早卒，其道不昌。于是孔子之学隘矣，此儒教之不幸也。（《孟子微》卷八，《论语注》卷八亦有相似论述）

这实际上是认为，孔子去世不久，孔学即开始变质。所以，他的“孔教复原”工作是从曾子开始的。这样，儒学被他否定的面就更大了。

在康有为看来，曾、荀对孔学还只是因理解、接受的偏差而误传，而刘歆则是有意篡改、作伪，所以危害更大。因此，今日的孔教复原，首要任务是“排斥歆学”。其实，康有为“排斥歆学”实际上是要否定、推翻流行已久的古文经学。1891 年，康有为出版了著名的《新学伪经考》。在这本书中，他站在今文经学的立场宣布，儒家的古文经都是西汉末学者刘歆为了“佐莽篡汉”的政治需要而伪造出来的。它根本不是儒家的真经，而是为王莽的新朝服务的“新学伪经”。“自歆之伪经出，托之周公，而后孔子之微言大义乃乖绝”（《新学伪经考·汉书艺文志辨伪第三上》），它贻害无穷。基于这一论断，他宣称：

凡后世所指目为“汉学”者，皆贾、马、许、郑[①]之学，乃新学，非汉学也。即宋人所尊述之经，乃多伪经，非孔子之经也。（《新学伪经考·序》）

阅二千年岁月日时之绵暧，聚百千万亿衿缨之问学，统二十朝王者礼乐制度之崇严，咸奉伪经为圣法。（同上）

按照康有为的说法，自东汉以来，中国历代统治者所崇奉的古文经完全是冒牌假货，当时的两大学派——汉学和宋学全都是伪学，而且，两千年来中国历代帝王“咸奉伪经为圣法”，以伪当真，早就误入歧途。显然，通过《新学伪经考》一书，康有为所要否定、打击的面是很大的，既包括了东汉以来的儒学，又包括了东汉以来历朝的“礼乐制度”。

康有为对后世儒学的否定，另一重点是程朱理学。长期来，程朱理学是朝廷的官方哲学，程朱乃是“今之孔孟”。在元、明、清时代，说到儒学其实就是程朱理学，正如冯友兰先生所说：“就像现在西方的君

① 指东汉的贾逵、马融、许慎、郑玄。

主立宪国家，君主被架空了，实权在于内阁总理。在元、明、清时代，孔丘虽然还是被尊称为‘至圣先师’，但却被架空了，朱熹是他的‘内阁总理’。”（《中国哲学史新编》第五册，第159页）明清之际学者陈确曾感叹说：“世儒习气，敢于诬孔孟，必不敢倍程朱。”（《陈确集·文集》卷四，《与黄太冲》）可见程朱（特别是朱熹）在那时居于多么高的地位。因此，从对待程朱的态度更可看出康有为对流行儒学的态度。诚然，康对程朱不尽是贬，也有褒，但主流是贬。而且，随着他维新思想日益成熟、坚定，他对程朱的否定、批判也日益鲜明、尖锐。19世纪90年代，在万木草堂讲学期间，他对朱熹时有批评，如说：“朱子不治《春秋》，专言义理，于孔子之道得一半。”“朱子……其精力全在“四书”……于六经不甚精通。”（《康南海先生讲学记·古今学术源流》）在这期间，他虽也曾称赞程朱“二千年来莫之能及”，但又认为他们“尚非（孔门）嫡派”（《万木草堂口说·学术源流四》）。在褒中却否定了他们的嫡传、正统地位。而到1898年年初，他对朱熹作了更尖锐的批评，明确表示了对朱学的不满。他写道：

朱子生于大统绝学之后……多言义而寡言仁，知省身寡过而少救民患，蔽于据乱之说而不知太平大同之义，杂以佛老，其道觳苦。所以为治教者，亦仅如东周、刘蜀、萧詧之偏安而已。（《孔子改制考序》）

到1902年，他干脆宣称宋儒之学“非孔子之道”。

儒者自命为卫道，而宋人最长于割地。凡高妙者皆付之于释道，乃至安身立命、超然自得者亦付之于佛。则孔子之道只有克己寡欲、劬躬劳身而已……宋贤言道之极，即入于墨，非孔子之道也。（《论语注》卷九）

更值得我们注意的是，康有为对程朱理学的批判、清算又是颇为全面、系统的。其一，批判其理在气先说，认为“朱子谓理在气之先，其说非”（《万木草堂口说·学术源流一》）；其二，否定其“性即理”说和“天地之性”说，指出：“性即理也，程子之说，朱之采之，非也。”（同上书，《中庸二》）“朱子以为有生质之性，有义理之性，非也。”（同上书，《春秋繁露》）；其三，批评其“去人欲存天理”说，认为“圣人不以天为主，而以人为主，是天理二字非全美者。”（同上书，《荀子》）又将天理人欲颠倒为人理天欲，对去人欲说作了更鲜明的否定；其四，指责宋明理学家好伪，多有乡愿习气。他说：“程子之谏折枝[1]，必至使人作伪而后已。”（《论语注》卷十九）又说，明代薛埴号称程朱派大儒，身为御史却“不能谏”，他不救于谦、不劾王振，“徒知检点言行”“太无气矣”“其弊归乡愿一派”（《万木草堂口说·明国朝学派》）。此外，他还指责朱熹空谈性理而不能任事（同上书，《主静出倪养心不动》）。以上这些，不仅表明了他对程朱的憎恶，也表明了他在一系列基本观点上与程朱的对立。

对于汉学，康有为作了更为尖刻的批评。认为它“好虚而不务实，竞浮华而不周于用”（《教学通义·六艺上·礼》），纯属“无用”之学（《长兴学记》），而且汉学家大都“不知道理，心术大坏”（《万木草堂口说·明国朝学派》）。总之，他对后世的儒学多持否定态度。

康有为断言，后世的儒学大都不是孔教、孔学的原貌。那么，孔教、孔学的原貌到底什么样？他的看法与传统认识大不一样。自古以来认为，《论语》一书基本上是孔子的言行录，是了解、研究孔子思想的可靠的直接资料，具有不容置疑的权威性。然而，康有为却一再贬低

① 指程颐任崇政殿说书时，“一日讲罢未退，上（宋哲宗）忽起凭槛，戏折柳枝。先生（程颐）进曰：‘方春发生，不可无故摧折。’”一事。见朱熹：《伊川先生年谱》。

《论语》。试看以下言论：

《论语》为后世语录之类，不尽可据。(《长兴学记》)

《论语》虽孔门真传，然出于门弟子所记载，各尊所闻，各明一义，不足以尽孔教之全体。(梁启超：《南海康先生传》第六章)

他认为，《论语》一书乃是“曾子门人弟子后学所纂辑也”，“而曾子之学，专主守约”，因此，《论语》“但传守约之绪言，少掩圣仁之大道”，显得“谬陋粗略，不得其精尽”。他的结论是：“《论语》之学，实曾学也，不足以尽孔子之学也。”(《论语注·序》) 虽然，康有为把《论语》的“谬陋粗略”归罪于“曾门弟子之宗旨、学识狭隘”(同上)，但这毕竟是对《论语》一书的尖锐批评、严重贬低。这实际上也就是对孔子学说的不满，至少在客观效果上是如此。

既然《论语》所反映的只是曾子一派的思想，那么，今人又应依据什么文献来了解孔子的真实思想呢？康有为认为，“六经皆孔子手定”，故欲了解孔子学说的真相当“推本于六经”。但六经也有区别，“《诗》《书》《礼》《乐》，皆因前世所有而损益之，惟《春秋》则孔子自作焉，《易》则孔子系辞焉，故求孔子之道，不可不于《易》与《春秋》。”(梁启超：《南海康先生传》第六章) 他进而认为，《春秋》一书的宗旨在于“改制”，而《易》的精神在于“变易”，这两者的高度概括即是“与时进化”(《春秋笔削大义微言考序》，《论语注》卷三)，这才是孔子学说的真精神。

众所周知，康有为又通过《孔子改制考》一书全面重塑孔子形象。在这部书中，康认为中国的古史，“六经以前，无复书记”，是“茫昧无稽”的。六经中所记载的尧舜、文王等人的事迹，未必实有其事，它或是出于孔子的编造，或是出于孔子的渲染夸张①，“三代文教之盛，实由孔子推托之故”（《孔子改制考》卷一）。六经实际上乃是孔子为了“改制”而假托古人的事迹、言论来表述自己政治理想的作品，其中充满了“改制”的“微言”。这样，在康有为的笔下，孔子就不再是一位“述而不作，信而好古”、颇具保守色彩的圣人，而是一位立志变革的“改制教主”了。他又宣称，孔子所以在六经中“托尧舜”，乃是为了“行民主太平”，这样，孔子又成了一位民主政治家。

康有为不仅将改制、进化说成是孔子学说的真精神，而且还将“绌君威而申人权，夷贵族而尚平等”，以及议会民主制等说肩是孔子之道的真义。在一些场合，他干脆宣称孔子之道、之制的真精神即直接体现于西政、西制之中。显然，康有为所说的孔教之“原”、孔学的真义、孔子的真面目其实都是他所赋予的。他曾先后说：

外国全用孔子制。（《万木草堂讲义·讲王制》）

秦西所以强者，皆暗合吾经义者也……凡泰西之强，皆吾经义强之也，中国所以弱者，皆与经义相反者也……外国乃用吾经义之精。（《日本书目志》卷五）

夫泰西立国之有本末，重学校，讲保民、养民、教民之道，议院以通下情，君不甚尊、民不甚贱，制器利用以前民，皆与吾经义相合，故其致强也有由。吾兵农学校皆不修，民生无保、养、教之之道，上下不

① 早在19世纪70年代，西方教会中人即怀疑尧舜事迹的真实性，认为系出于假托。《万国公报》三八六卷的《稽古不得》一文便认为，“尧舜之道实不可考也”，孟子等人美化尧舜，实际上是“凡己所贵为至道，所重为至善，则归之尧舜。”这类言论、见解可能对康有为产生过影响，录此备考。

通，贵贱隔绝者，皆与吾经义相反，故宜其弱也。（《京师保国会第一集演说》）

按照这些说法，西方现行的一套竟然是中国儒家经书所提倡、孔子所主张的，而中国现行的一套反倒不是儒家经书所提倡、孔子所主张的。这也等于说，孔子学说的真精神、孔教之“原”乃是西政与西学。这种硬往旧瓶中灌注新酒的做法，更表现了他所作的种种无端附会。因为这类例子学者多有列举，兹不赘述。可以这样说，康有为实际上是将他心目中一切好的、急需提倡的东西（如变革、进化、议会、民主、平等等）都说成是孔教之原、孔子之真，而将一切坏的、必须抛弃的东西统统归之于后儒。

由上可见，康有为实际上是以“孔教复原”为名，行儒学变革、改造之实。经他“复原”的并不就是孔学的原貌、真貌，而是他所要建立的新儒学，所要提倡的新思想。对此，当时的顽固守旧势力一眼看破。他们说，康有为“明似推崇礼教，实则自申其改制之义”（文悌：《严参康有为折》），“其貌则孔也，其心则夷也”（叶德辉：《与刘先端、黄郁文两生书》，《翼教丛编》卷六）。康的政治盟友、帝党领袖翁同龢也曾说，康的《新学伪经考》“真说经家一野狐也”（《翁文恭公日记》光绪十年五月初二日），对此表示怀疑与警惕。连当时的西方人士也认为，康有为等人实际上是“用孔子的教训来辩护人民的神圣权利”（字林西报周刊》1898 年 10 月 8 日《政变对维新》，见《戊戌变法》第三册第 492 页）。应该说，这些观察与分析是准确的。

所谓“孔教复原”，乃是康有为进行文化批判与重构所采取的一种特殊手段，简言之即是存其名、荣其名而变其实，在具体操作上则是以儒经反儒经、以孔子反孔子。他所以采取这种特殊手段，是为了避免西学与传统儒学的正面冲突，特别是与孔子这一最高权威的正面冲突，以收到既接受西学、西政，又维护孔子既定权威，不放弃、不损害本民族文化主导地位的效果，是出于"因中国人之历史习惯而利导之"，减轻变革阻力的考虑。按照他的说法，既然今人所目为"西学""西政"的东西其实都是孔教之原，那么，传播西学、推行西政就都顺理成章了。对于康有为的这番苦心，梁启超曾作了这样的说明："南海以其所怀抱，思以易天下，而知国人之思想束缚既久，不可以猝易，则以其所尊信之人为鹄，就其所能解者而导之，此南海说经之微意也。"（《论中国学术思想变迁之大势·近世之学术》第三节，《饮冰室合集·文集》之七）这大体符合康的原意。

应该说，康有为所做的也是一种中西结合的工作，但这种结合是极其简单、幼稚的。这种结合只是一种旧瓶与新酒的关系，其成果乃是一碟你是你、我是我的拼盘，并没有什么新质。从表面上看，康似乎是要用孔学吞并西学，但其结果正像有的学者所说，儒学只是成了西学的容器，最终并不能维护本民族文化的主导地位。而就对儒学的变革而言，他虽力图赋予新义，但他始终"以己之意见治经"（《朱侍御复长孺第四书》，《康有为全集》第一卷第1045页），所采取的乃是主观武断的手段，带有极大的任意性，他并未能在儒学中细心找到使之实现近代化的内在依据。这样，所谓新义就成了硬贴上去的附加之物，它既非科学，也就没有什么生命力了。而在此过程中，他又极力神化孔子，抬高今文经学，这更妨碍了对孔子和儒学作正面批评和科学清理。

康有为试图变革儒学虽不成功，但他确实使传统儒学遭到严重打击。其中最为明显的打击是造成了近代"疑经"的风气。按照康的说法，真能反映孔学真精神的只是《春秋》与《易》，这样，儒学的地盘就大大缩小了。他曾屡言以朱熹为代表的宋儒割儒家之地，其实真正割地的倒是他自己。正如朱一新在给他的一封信中所说："如足下言，《尚书》当读者仅有二十八篇，余自《周易》《仪礼》《公》《穀》《论》《孟》而外，皆当废弃。五经去其四，《论语》犹在疑信之间，学者几无可读之书。"（《朱侍御复长孺第四书》，《康有为全集》第一卷）后来梁启超也说，康的"《伪经考》既以诸经中一大部分为刘歆所为托，《改制考》复以真经之部分为孔子托古之作，则数千年来共认为神圣不可侵犯之经典根本发生疑问，引起学者怀疑批评的态度"（《清代学术概论》二十三，《饮冰室合集·专集》三十四），这一震动无疑是巨大的。朱一新早就担心康有为的疑经必将导致人们"疑圣"，后来的事实正是如此。此外，康有为对宋学、汉学所作的切中要害的批判，也使这两大官方学派遭到沉重打击。这一切都有力地推动了近代的思想解放。正如梁启超所说："南海之功安在？则亦解二千年来人心之缚，使之敢于怀疑，而导人以入思想自由之途径而已。"（《论中国学术思想变迁之大势·近世之学术》第三节）这一思想解放对于造成中国近代新的文化局面产生了巨大的积极影响。

二、宋恕关于"排洛闽之伪教以复洙泗之真教"的主张

在康有为提倡"孔教复原"的同时，另一位维新派思想家宋恕也提出了"复洙泗之真教"的主张。在"百日维新"前，宋恕曾对康有为有所批评，对康的经说尤为不满。而且，宋恕在这一问题上的一些议

论并不晚于康有为。可见，宋的“复教”说并非抄袭康的孔教复原说，而是这两位英雄所见略同。

和康有为大致相同的是，宋恕也认为，自汉以来中国的儒教并不是孔子的真教，而是“伪教”。不同的是，宋恕认为这种伪教的特点是阳儒阴法、以法乱儒，即打儒家旗号行法家之实。他认为，从汉初的叔孙通、贾谊起，历史上的一批大儒其实都是法家，所奉行的实际上都是法家政策，中国自秦以来一直处于法家的统治之下。

宋恕对中国的学术思想史提出了一套颇为独特的见解。他认为，从先秦以来，中国最有影响的学派是儒家与法家，而两家的宗旨是截然对立的。“儒家宗旨，一言以蔽之，曰‘抑强扶弱’；法家宗旨，一言以蔽之，曰‘抑弱扶强’。”（《六字课斋卑议［印本］·贤隐篇·洛闽章》）具体来说，法家尊君权而抑民权，主张通过严刑峻法使民众处于愚昧无知的奴仆地位，以符合君主、贵族的需要；而儒家则主张扶民权、抑君权，关心民间疾苦，要求改善人民的地位。在先秦，儒法两家公开斗争，当时法家是公开“以法抑儒”；而自汉以来，表面上是儒家获胜，实则是一些人“以法乱儒”“阳儒阴法”，于是儒学名存实亡。

宋恕说，汉以来“以法乱儒”的罪魁祸首是叔孙通、董仲舒、韩愈、程颐四人，他称这四人是危害中国的“四大魔”。在四人中，始作俑者是汉初的叔孙通，由此开始“孔教始为世法所乱”；董仲舒的罪过在于“认法作儒”，并请罢黜百家，迫使百家余子“改削师说”而趋向于法[①]；发展到程颐则是“以纯法之学，阳托儒家”（均见《致夏穗卿

① 宋恕对董仲舒的看法、评价与康有为截然相反，康视董为儒家的大功臣，宋则视董为儒家的大罪人。这是因为两人的经说有明显分歧。宋恕曾批评康有为“说经尤武断无理”，而称赞与康对立的章太炎为“真通经术”者（1897 年 7 月 26 日《又复胡、童书》），同时也反映出宋恕对后儒的否定更为彻底。

书》)。因此，相比之下程朱之罪更大。他总结说：

> 阳儒阴法之学，始于叔孙通，极于宋程朱。其学阳尊孔孟，阴祖鞅斯，务在锢民聪明，拂民天性，驱民入于狂榛之域、奴仆之区，严防其界，使民救死不暇，以迎合世主……于是伪儒之党群执世权，民间疾苦悉置不问……（《致冈鹿门书》）

宋恕的结论是：中国自秦汉以来，“儒教之实早亡”，被元、明、清三代奉为官方哲学的程朱理学其宗旨与孔孟“绝异”，乃是“纯法之学”，秦以来两千年间的学术思想主流实是法家，由于法家思想的统治，使中国长期陷入黑暗。中国人民的苦难，民族的危亡，乃至甲午战败，都是“四大魔”造成的。而在“四大魔”中，“程朱尤为大股悍贼”，最不可谅。他曾几次说：“儒术之亡，极于宋元之际；神州之祸，极于宋元之际”（《六字课斋卑议［印本］·自叙》），从此中国陷入更苦难、黑暗的深渊。宋恕认为，欲救中国首先应改变两千年来阳儒阴法的局面，特别是要与程朱理学决裂。他曾说，“学者案头”“不可一日有洛闽之经说”（《六字课斋津谈·尊孔类》），可见其对程朱憎恶之深。宋恕的上述议论，实际上是对汉代以来儒学的否定，而重点则是对程朱理学的否定，他所得出的乃是中国两千年来的学术思想必须作根本改造的结论。

如何对中国两千年来的学术思想进行改造？他的总原则是“排洛闽之伪教以复洙泗之真教”（《致夏穗卿书》），“变法家之天下为儒家之天下”（《六字课斋卑议［印本］·基础篇·更律》）。

从字面上看，宋恕认为中国的文化批判与重建其目标和途径是恢复孔子的原始儒学。其实不然，这可从以下资料得到证明：其一，宋恕对儒家的原始经典并不尊重，按传统说法，《春秋》为孔子所作，并寄托了孔子的政治理想，而《易》则为孔子所推崇。然而，宋恕却说："王介甫谓'《春秋》为断烂朝报'，千古卓识。余尝谓'《周易》为古雅庙签'，与介甫无意成一巧对。"（《六字课斋津谈·读经类》）。其二，宋恕对孔孟所尊崇的古代圣王，同样是不恭敬的，甚至还作了猛烈抨击。众所周知，尧、舜、禹、汤、文、武、周公乃是孔、孟心目中的大圣，西周初年的社会乃是孔、孟心目中的黄金时代。然而宋恕却说："家宇之弊，极于姬周，发（武王）旦（周公）抑民，殆甚殷夏。"（《致夏穗卿书》）竟认为西周乃是一个黑暗时代，武王、周公对人民的压制甚于桀纣。按照他的标准，此二人所奉行的乃是法家政策。不仅如此，他又进而"不满姚姒，深薄子姬"（《又致定夫书》），把抨击的对象又扩大到舜、禹、汤。这些在当时来说极为大胆、怪异的言论，更证明他并非是要简单恢复孔孟的原始儒学。

那么，宋恕心目中的"洙泗真教"到底是什么？我们从下面的资料可以找到答案。他认为，孔子的"真教"与当时西方的学说、政教是一致的，《四书》《五经》"何语不与今之泰西政教、论议若合符节？"（《致钱念劬书》）"欧洲好处全在此书（按：指《论语》）之中"（《六字课斋津谈·尊孔类》）。甚至，"孔孟之主义，亦近于彼之所谓社会主义"（《致南条文雄书》）。依据当时颇为盛行的"西学东源"说，他竟又认为，西学乃是孔学的西传。他说："孔子生前已有'乘桴浮海'，弃绝此土之意，或身后神识渡海生西。"（《六字课斋津谈·尊孔类》）断言西学乃是中国古学在秦后"复兴于西土"（《又致定夫书》）。这些都是为了说明，从西学中即可找到或体悟到孔子的"真教"。如果说上面议论还不是他的正面回答，那么下面一段话则是他对什么是"洙泗真教"的正面回答：

儒家宗旨有二：尊尧舜以明君之宜公举也，称汤武以明臣之可以废君也。①

这实际上等于说，民主与革命乃是儒家的宗旨、“洙泗之真教”。所以我们看到，宋一方面痛斥从贾谊到曾国藩等后儒，另一方面又极力表彰、颂扬曾抨击君权的黄宗羲、康甄。认为黄宗羲才是“直接孟氏之传”，明“素王之旨”，其《明夷待访录》一书有“拨云而露日”之功（《经世报叙》）。

由上可见，宋恕的“复洙泗之真教”，形式上是复古，实质上是革新。和康有为一样，他也想当儒家的马丁·路德。他的所谓“孔孟主义”“洙泗真教”“儒家宗旨”，其中“孔孟”“洙泗”“儒家”乃是旗号，而其主义、真教、宗旨实质上乃是西方资产阶级的政治学说。他是要用西学改造、充实儒学。宋恕的复教说与康有为的复原说其目的与手段都是相同的，都是想以儒学的旧瓶硬灌西学的新酒。如果说两者有区别的话，那就是宋比康更少迂回、掩饰。

宋恕所以要“复洙泗之真教”，最终目的是要“变法家之天下为儒家之天下”。为了让人们认清这一主张的真实含义，他竟将儒、法的对立从中国扩大到世界。他有这样一段妙论：“周后明前，儒家之学渐行于欧罗巴洲，法家之学盛行于亚细亚洲，非但中国也，印度、波斯及诸小国皆受法家之祸。”（《六字课斋津谈·尊孔类》）这段妙语虽属匪夷所思，但用意是很清楚的。他所说的“法家”即是东方的封建专制主

① 孙宝瑄：《忘山庐日记》丁酉年九月十五日记载宋恕语，见《宋恕集》（中华书局1993年版第1037页）。此处言论与前引抨击尧舜汤武的言论有矛盾，这反映宋恕的思想未经认真清理。

义，而“儒家”则是西方资产阶级的民主主义。他所以要“排洛闽之伪教以复洙泗之真教”“变法家之天下为儒家之天下”，就是要变封建专制的中国为民权民主的中国。

和康有为的复原说一样，宋恕的复教说所要解决的也是文化批判与重构问题。和康有为相比，宋恕对汉代以后的儒学作了更大胆、更彻底的否定，将打击的矛头更集中地指向当时的官方哲学程朱理学。而且，他对原始儒学也有明显的微词。此外，他所作的文化批判与重构，与社会政治变革有更直接的联系。不过，他的“复教”说在理论上较之康更显粗糙，更带有主观任意性。从宋恕的一系列议论可以看出，他更急切地希望用西学改造、融入儒学，但是，他所作的中西融合工作更加简单化，更明显地带有硬灌新酒的性质，在理论上的价值显然不大。

最后尚需对中国历史上的儒、法关系作一点说明。从汉代起，儒家的确吸取了法家的某些理论来充实自己，不少儒者在鼓吹德治的同时又看到了法与刑的作用，克服了孔、孟德治论的理想主义色彩，汉以后的不少统治者也的确具有阳儒阴法的倾向。但是，将从贾谊到朱熹的一大批儒者都说成是法家显然是没有根据的。将后儒与原始儒家的区别说成是儒家与法家的区别，进而用儒、法的对立斗争来概括、说明中国思想史更是不当。

三、谭嗣同关于孔教改革的主张

在戊戌时期，主张对儒学进行改造的还有谭嗣同。谭嗣同改造儒学的主张多少受了康有为的影响，但具体认识又与康不尽相同。和康有为、宋恕一样，谭嗣同也认为孔子本人的学说是完美的，但后来的儒者和君主败坏了它，使之变质，因此，今天的任务是揭露后儒对孔学的歪曲、篡改，恢复孔学的本来面貌。他说，西方的耶教也曾变质，但经过马丁·路德的宗教改革，“耶教之真”已经恢复，并取得明显效果。今天的中国应效法西方，对儒学进行一番“复真”的变革。他急切地期望“孔教之有路德”（《仁学》三十），他是中国近代最早呼唤路德的人。他认为，中国的文化批判与重构应走路德的道路，即不是推翻、抛弃儒学，而是对它改造、革新。

谭嗣同首先向人们描述了孔子学说的本来面目。和康有为等人一样，谭也将孔学视为“教”。他认为，世界的三大教（佛、孔、耶）最初宗旨都是“变不平等为平等”，这便是所谓“三教不同，同于变；变不同，同于平等”（《仁学》二十七）。比如，“泰西自摩西造律，所谓十诫者，偏倚于等威名分”，“至不平等矣”；“耶出而变之”，“使人人皆为天父之子”，“使人人皆有自主之权”。“印度自喀私德之名立，分人为四等”，“至不平等矣”；“佛出而变之，世法则曰平等”（同上）。孔教也是如此。“中国自绝地天通，惟天子始得祭天。天子既挟一天以压制天下，天下遂望天子俨然一天，虽胥天下而残贼之，犹以为天之所命，不敢不受。民至此乃愚入膏肓，至不平等矣。孔出而变之，删《诗》《书》，订《礼》《乐》，考文字，改制度，而一寓其权于《春秋》。《春秋》恶君之专也，称天以治之，故天子诸侯，皆得施其褒贬，而自立为素王。又恶天之专也，称元以治之，故《易》《春秋》皆以元统天。”（同上）概言之，孔子所以创教，也是为了变不平等为平等。孔子学说的核心是仁，而按谭嗣同的理解，“仁以通为第一义”，“通之象为平等”（《仁学界说》），那么仁即是平等。可见，平等乃是孔子学说的精髓、宗旨。

在《论语·阳货》中有这样两条记载："公山弗扰以费畔，召，子欲往。""佛肸召，子欲往。"因为公山弗扰等是"叛臣"，所以后儒"几疑孔为从逆"，然而谭嗣同却认为，这些记载正反映了孔子学说中的"民主之义"（《仁学》二十七）。总之，谭嗣同认为，孔子所创立的学说，原本充满子民主、平等的精神，是完美无弊的。

接着，谭嗣同说，不幸的是这完美的孔学流传不久就被后儒篡改而变质了。和康、宋一样，谭嗣同的孔教必须变革的理论也是建立在孔学业已变质说的基础上的。为此，他们三人都陈述了一部孔学变质史。谭氏的孔学变质史与康、宋稍有不同，他突出抨击了荀子。

谭嗣同说，孔子逝世后孔学衍为两大支："一为曾子传子思而至孟子，孟故畅宣民主之理，以竟孔之志；一由子夏传田子方而至庄子，庄故痛诋君主，自尧舜以上，莫或免焉。"（《仁学》二十九）但不幸的是这两大派"皆绝不传"。到战国末，荀子遂"乘间冒孔之名，以败孔之道"，于是孔学开始变质、走样。由荀子"一传而为李斯，而其为祸亦暴著于世矣。"接下来败坏孔子之道的是西汉的高祖与叔孙通、西汉末的王莽与刘歆、东汉的光武帝与桓荣、唐太宗与韩愈、宋太宗与孙复。此后诸儒则都"出宋儒之胯下"（同上）。谭嗣同认为，在这一连串的败坏者中，荀子不仅是始作俑者，而且他全面篡改了孔子学说。经他篡改，孔学"尽亡其精意"，所以他是最大的败坏者。谭嗣同认为，荀学宗旨与孔学全然对立，主要表现在：一、违背孔子"民主之义"，提倡"法后王，尊君统"，"授君主以莫大无限之权"（《仁学》三十）；二、违背孔子平等宗旨，"喜言礼乐政刑之属"，严上下等差；三、"以伦常二字，诬为孔教之精诣"（同上），为君主提供最有效的"钳制之器"。从叔孙通往下的一批后儒，正是继承发展了荀子尊君统、严等差、重纲常的思想，使君权愈重，平等尽失，而追本溯源，皆源于荀子。由此，他得出了如下著名的结论：

> 二千年来之政，秦政也，皆大盗也；二千年来之学，荀学也，皆乡愿也。惟大盗利用乡愿，惟乡愿工媚大盗。二者交相资，而罔不托之于孔。（《仁学》二十九）

他认为，正是两千年来的“荀学”造成了两千年来的“秦政”，同时，两千年来的“秦政”又大力扶助“荀学”。这便是中国自秦汉以来两千年间政治、文化的基本格局。可以看出，谭嗣同所以要求改造儒学，复孔之旧，不仅是为了推翻“荀学”，也是为了推翻“秦政”，是同政治变革的要求紧密相连的。

谭嗣同将两千年来的后儒之学称之为“荀学”显然不妥，事实上他后来在其他论著中也曾对荀子有过比较全面公允的评价[①]。其实，这里谭嗣同实际上是借荀学之名，将尊君统、严等差、重纲常概括为后世儒学的宗旨，说明它与原始孔学的区别。他指出，这种儒学对君主专制来说是最有利的工具，而对人民来说则是严酷的网罗。应该说，这些分析更准确地抓住了后代儒学的要害，更鲜明地揭示了它维护封建专制统治的那一面。

需要说明的是，将两千年来之学归之为荀学并非始于谭嗣同。在此之前康有为就曾说：“二千年学者皆荀子之学也。”（《万木草堂口说·荀子》）其他维新派思想家也有此说。比如，梁启超也认为：“二千年来，只能谓为荀学世界，不能谓之为孔学世界也。”（《论支那宗教改

① 后来他曾说：“荀卿生孟子后，倡法后王而尊君统，务反孟子民主之说，嗣同尝斥为乡愿矣。然荀卿究天人之际，多发前人所未发，上可补孟子之阙，下则衍为王仲任（充）之一派，此其可非乎？”（《书简·致唐才常二》）。

革》,《饮冰室合集·文集》之三)“二千年间,宗派屡变,一皆盘旋于荀子肘下。”(《清代学术概论》二十五,《饮冰室合集·专集》三十四)夏曾佑诗则有“冥冥兰陵(荀)门,万鬼头如蚁”(同上)的句子。后来,梁启超将此称作为“排荀”运动(同上)。其实,维新派的排荀是与尊孟同时进行的,所以全面地说应该叫“尊孟排荀”运动。在19世纪末,一些维新派思想家所以尊孟排荀,既是为了贯彻他们的文化主张,也是为了贯彻他们的政治主张。他们尊孟,是为了借助孟子的“独夫民贼”说、“草芥寇雠”说、“民为贵”说来宣传民权、民主;而所以排荀,则是为了打击君权、封建等级制和封建纲常①。其实,他们所说的“荀学”同于宋恕的“法家”,只是封建专制主义思想学说的代称。

谭嗣同进而认为,程朱不仅是“荀学之云礽②”(《仁学》三十一),而且将荀学尊君统、严等差、重纲常的思想发展到极端,因而将中国引入最黑暗的时代。他说:“自生民以来,迄宋而中国乃真亡矣”,“至明而益不堪问”(《仁学》二十九)。又引朝鲜人士的话说:“地球上不论何国,但读宋明腐儒之书,而自命为礼义之邦者,即是人间地狱。”(《仁学》三十四)可见,他对宋明理学是极度憎恶的。从康有为、宋恕到谭嗣同,无不将矛头指向程朱,这说明他们都清楚地认识到,作为官方哲学的程朱理学乃是传播新思想、实现观念变革和文化革新的重大障碍。在从事文化批判时,他们都将重点放在程朱,这无疑是正确的。

和康有为一样,谭嗣同也对现存的儒家经典表示了怀疑和不满。他说,孔子生于“据乱世”,客观形势迫使他不得不将“微言大义”“托

① 梁启超也认为,“尊君权”“谨礼仪”等为荀学的纲领,见《论支那宗教改革》。

② 即云孙与礽孙。礽孙为自本身下数第八代,云孙为第九代。

诸既晦之辞”。“其见于雅言”者“不能不牵率于君主之旧制”（《仁学》二十八）。这些“据乱之雅言”本“不足以尽孔教”，更何况它又经“荀学搀杂”，已失其真（《仁学》二十九》）。他认为，仅从现存的儒家经典很难了解孔学，这实际上是对现存儒经权威的否定。他又具体指出，《论语》一书存有“阙疑”与“伪窜”。比如，“述而不作，信而好古”等便“显然与公理相背，决为理势所必不能行”（《秋雨年华之馆丛脞书》卷一，《与唐绂丞书》）。再如，《周礼》“三夫人、九嫔、二十七世妇、八十一御妻”之说更是“显悖公理”；“议亲议贵之条，尤乖平等。”（同上）他还曾说：“焚诗书以愚黔首，不如即以诗书愚黔首。”（《仁学》三十）认为诗书最能愚民。这些都是说，在现存的儒家经典中，是难以找到平等、民主的，相反，充斥于其中的倒是一些与之对立的东西。由此可见，将平等、民主说成是原始孔学的宗旨，其实是他所赋予的。和康、宋一样，他也是以复孔子之真教为名，提倡平等、民主。

关于中国文化批判与重建的基本道路，谭嗣同与康、宋的主张大致相同，但彼此间也有区别。这主要表现在，在谭的心目中，孔学并非是中国传统文化的唯一正宗。他很欣赏、崇拜墨子和墨学，在他看来，在发掘、继承中国传统文化精华、遗产时还应重视墨学。此外，他更加崇佛，一再宣称“佛能统孔、耶”（《仁学·自叙》），屡将佛置于孔之上。其实，在文化重建上，他对佛寄以更大的希望。

四、梁启超对孔子和儒学的公开批评

梁启超对孔子和儒学的态度前后有明显变化。起初，他也曾追随康有为尊孔，拥护康的“孔教复原”主张。那时，他也曾认为，在原始儒学中“虽无议院之名，而有其实”（《古议院考》，《饮冰室合集·文集》之一），在那里便可找到民权、民主学说。同时，他也热心跟随康有为“保教”，自认是“保教党之骁将”（《保教非所以尊孔论》，《饮冰室合集·文集》之九）。不过，即使在那时他也不以其师康有为“以神秘性说孔子”为然（《清代学术概论》二十五）。

梁启超的思想很快发生变化。他首先否定、抛弃了关于“保教”的主张。1897 年，严复在给梁启超的信中提出了“教不可保亦不必保”的观点，对此梁深表赞同。受严的影响，他也认为立教、保教有碍思想自由。从这时起，在“保教”问题上他即与康发生分歧。东渡日本后，梁启超广泛接触西学，眼界更加开阔，思想水平进一步提高，于是他对孔子和儒学的态度进一步发生变化。1902 年，他发表了《保教非所以尊孔论》，系统分析了“保教”说的不当。

在这篇影响甚大的论文中，梁启超提出了不少颇有价值的观点。其一，他认为“孔教”不同于一般宗教。孔子“所教者，专在世界国家之事，伦理道德之原，无迷信，无礼拜，不禁怀疑，不仇外道”，这些都是孔教“特异于群教者”。这实际上是否认孔教为宗教。其二，与之相联系，他认为，“孔子者，哲学家、经世家、教育家，而非宗教家也。”“孔子，人也，先圣也，先师也，非天也，非鬼也，非神也。”以神秘性说孔子是错误的。这就揭下了康有为等人加在孔子身上的神圣而又神秘的外衣，比较科学地恢复了孔子的本来面目。其三，尤其值得我们重视的是，梁启超正确指出，硬往孔学的旧瓶中灌注西学的新酒是非科学的，这样做不仅无助于正确认识孔子和孔学，最终也不利于西学的传播。他认为“孔子生于二千年以前，其不能尽知二千年以后之事理学说”是必然的、完全可以理解的。一些人硬“取近世之新学理以缘附之”，实则是人为地扩大“孔教之范围”。他们良苦的用心是让人们因崇信孔子而接受西学，但是，这么做的结果势必是“所爱者仍在孔子，非在真理也”。既然人们不是因西学的真理性而接受它，那么这种接受势必是有限度的，而且是不牢靠的。他分析说：

万一遍索之于四书六经，而终无可比附者，则将明知为铁案不易之真理，而亦不敢从矣。万一吾所比附者，有人从而剔之曰：孔子不如是，斯亦不敢不弃之矣。若是乎真理之终不能饷遗我国民也。

他尖锐指出，这种“以西学缘附中学”的做法，“名为开新，实则保守”，实际上是“煽思想界之奴性”，必须纠正（以上引文均见《保教非所以尊孔论》）。他主张一切新学家们应堂堂正正、理直气壮地直接传播西学。

“以西学缘附中学”，利用孔子和孔学的权威传播西学，用孔学的旧瓶硬灌西学的新酒，借以改造儒学，实现中学与西学的“融合”，这些都是中国近代文化批判与重构工作初级阶段幼稚的、非科学的做法。梁启超对它有理有力的否定，标志着中国近代的文化批判与重构正在向新的更科学的阶段迈进，意义是重大的。

在清除了这些障碍之后，梁启超开始对孔子学说和整个儒学进行了初步清理。梁始终不否认孔子学说和整个儒学的内在价值，他曾说，孔子“其所教者，人之何以为人也，人群之何以为群也，国家之何以为国也。凡此者，文明愈进，则其研究之也愈要”。因此，“孔子实于将来世界德育之林，占一最重要之位置，此吾所敢豫言也”（《保教非所以尊孔论》）。但是，他又指出，产生于两千年前的孔学必然又存在不合时代潮流、时代精神的过时的东西，对此若不加清理、扬弃，势必阻碍新思想传播，阻碍近代化的进程。因此，对于孔子和儒学必须本着“可者取之，否者弃之”的态度，科学地“判其曲直”（《保教非所以尊孔论》），决定取舍。这实际上也就是后人所说的批判继承，取其精华、弃其糟粕。基于这一态度，20世纪初他在一些论著中公开指名道姓地指责孔、孟。他写道：

先秦诸子之论战，实不及希哲之剧烈，而嫉妒偏狭之情有大为吾历史污点者。以孔子之大圣，甫得政而戮少正卯……其毋乃以三盈三虚之故，变公敌而为私仇，其毋乃滥用强权，而为思想自由、言论自由之蟊贼耶……孟子之距杨墨，则毫无论据，而漫加以无父无君之恶名……绝似村妪谩骂口吻，毫无士君子从容论道之风。（《论中国学术思想变迁之大势·全盛时代》第四节，《饮冰室合集·文集》之七）

对于儒家学说，梁启超有更多的公开批评。他认为，儒学的最大弊病是维护封建等级制度和君主专制。他说：

孔学则严等差、贵秩序，而措而施之者，归结于君权……于帝王驭民，最为适合，故霸者窃取而利用之以宰制天下。（同上书，《儒学统一时代》第一节）

儒教之所最缺点者，在专为君说法，而不为民说法……其立言之偏，流弊之长，则虽加刀于我颈，我固不得为古人讳也。（同上书，《儒学统一时代》第四节）

梁启超认为，孔子“述而不作，信而好古，非先王法言不敢道，非先王法行不敢行，其学派之立脚点近于保守。”（同上书，《全盛时代》第四节）“我中国最富于保守性质”，是与儒学的影响分不开的。最后，他对儒学独尊所造成的危害作了深刻揭露。他指出，“一尊者，专制之别名也”，因此，“一尊定而进化沈滞也”（同上书，《儒学统一时代》第四节）。从此，“全国之思想界消沉极矣”（《新民说·论进步》）。

在20世纪开头的两三年中，梁启超的思想相当活跃，有时也颇为激进。1902年4月，他曾给其师康有为写了一封长信，其中有这么一段话：

弟子以为欲救今日之中国，莫急于以新学说变其思想（原注：欧洲之兴全在此），然初时不可不有所破坏。孔学之不适于新世界者多矣，而更提倡保之，是北行南辕也……思以数年之功著一大书，揭孔教之缺点，而是正之，知先生必不以为然矣。（见《梁启超年谱长编》第277～278页）①

在梁启超看来，出于实现观念变革，进而推动社会变革的需要，清

① 在这封信中，梁启超说，当时与他同一思想的尚有韩文举、汤觉顿等维新派人士。此外，维新派另一重要成员黄遵宪虽不赞成公开触及孔子，但他也以为“儒教可议者尚多”，“孟子亦尚有可疑者”。因此他表示，梁启超等人批评儒家的言论“实协于公理”（同上书第291～292页）。可见，那时主张对孔子和儒学作批判、清理的维新派并非梁一人。

理批判儒学乃是势在必行、不可避免的。他明知康有为必然反对，但仍欲“著一大书”系统清算儒学，可见他对此是十分坚定的。可惜的是，由于种种原因，这一“大书”他最终并未写出。

为了排除阻力，取得人们的理解和支持，梁启超又以进化论的观点说明了所以必须对孔子和儒学有所触动的原因。他指出，孔子等古代圣哲的学说，“亦不过说法以匡一时之弊，规当世之利，而决不足以范围千百万年以后之人也”（《新民说·论自由》）。就是说，任何古代圣哲的学说，都是当时历史环境和历史需要的产物，它再伟大也不可能全都符合今天的需要，更不可能为后世指明一切、规定一切，回答今人所面临的新问题。因此，今天人们对于古代圣哲，应该是“时而师之，时而友之，时而敌之，无容心焉，以公理为衡而已”（《新民说·论自由》），而不应一概盲从。他表示：儒家“四书、六经之义理，其非一一可以适于今日之用，则虽临我以刀锯鼎镬，吾犹敢断言而不惮也。”（同上）对于这些过时的东西，就应勇敢地否定、批判。在这里，梁启超实际上是揭示了孔子和儒家思想的时代局限性，这在当时来说，解决了一大理论问题，作出了重要的理论贡献。在此基础上，梁启超又提出了不做古人、圣贤奴隶的口号，以及“吾爱孔子，吾尤爱真理”（《保教非所以尊孔论》）的名言，主张对孔子思想、儒家学说应以真理为标准重新衡量，断其是非，决定取舍。这在当时对于破除迷信，解放思想，摆脱传统的束缚，对孔子、儒学以及中国传统文化进行再认识、再评价，都具有重要意义。

梁启超的上述思想，特别是他对孔子和儒学的公开触动，对稍后革命派人士的批儒反孔产生了直接影响。

五、严复对儒学和传统文化的批评态度

严复青少年时代的经历不同于康有为等人。因为少年丧父、家境贫寒，他没有像那时的一般士子，走通过科举考试而谋求功名的道路。他13岁即进入洋务派开办的福州船政学堂学习，受过系统的近代自然科学教育。后来，他又留学英国，直接受到西方文化的熏陶，阅读了不少西方哲学和社会科学著作。概言之，他受中国传统文化的影响不深，而对西方学术文化则有较深的修养。就此而言，严复优于其他维新派思想家。

这一特殊经历决定了严复对儒学的态度不同于康有为等人。这主要表现在：他不像康有为等人那样，以孔学的旧瓶硬灌西学的新酒，而是抛开孔学的旧瓶，直接“推销”西学新酒。他不像康有为那样，以后儒为靶子批评儒学，将儒学所存在的问题均归之于后儒，而是直接对儒学、儒经作批评。虽然，同康有为等人一样，他也主张恢复孔子的本来面貌，但他所理解的真孔子，与前者是大不一样的。康有为等人实际上是借“复原”之名重塑孔子，用西学重新装扮孔子，而严复则是要剥掉从古人到今人（康有为等）加在孔子身上的种种神秘、神圣的外衣，向人们展示一个历史上的真孔子，以便对他作正确评价。从一开始，他便反对康有为关于“保教”的主张，明确认为“教不可保，而亦不必保”（见梁启超：《与严幼陵先生书》，《饮冰室合集·文集》之一）。

1895年严复刚一登上政治舞台，即对传统儒学持批评态度，且将矛头公开直指“六经五子”和中国自古以来的“教化学术”。他写道：

今日请明目张胆为诸公一言道破可乎？四千年文物，九万里中原，所以至于斯极者，其教化学术非也。不徒嬴政、李斯千秋祸首，若充类至义言之，则六经五子亦皆责有难辞。嬴、李以小人而陵轹苍生，六经五子以君子而束缚天下。(《救亡决论》)

这是1895年5月1日至8日刊载于天津《直报》的名文《救亡决论》的最后一段文字，但在中华书局1986年出版的《严复集》之前，这段文字为各种版本的《严复文集》所漏载，因此长期不为学人所引用。无疑，这是一段相当重要的文字。在《救亡决论》一文中，长期被遗漏的还有这么一段文字：

取西学之规矩法戒，以绳吾学，则凡中国之所有，举不得以学名。吾所有者，以彼法观之，特阅历知解积而存焉，如散钱、如委积。此非仅形名象数已也，即所谓道德、政治、礼乐，吾人所举为大道，而诮西人为无所知者，质而言乎，亦仅如是而已矣。

这就把批评的范围扩大到整个的“中学”。严复对中学的批评，着重强调的是：其一，长期来，儒家的“六经五子”所起的作用乃是“束缚天下”；其二，以儒学为代表的“教化学术”所存在的问题乃是造成中国衰微的重要原因，对于中国的贫弱衰微，“六经五子”负有不容推诿的责任；其三，和西学相比，中学属于低一级的形态，彼此间的高下优劣甚为分明。在这一时期，严复对中学多有尖锐的批评。比如，他认为，中国的“古书成训”十之九系“心成之说”；宋学“无实”、汉学“无用”，“均无救危亡”；中国学术“多诬”；中国古来政教“少是而多非”；中国旧学“有时所用之名之字，有虽欲求其定义，万万无从者”，“出言用字如此，欲使治精深严确之科学哲学，庸有当乎？”（《名学浅说》三十）……

正是基于上述认识和估计，严复将中国的文化重建以至中国的救亡与振兴，主要寄托于西学。所以，他一再强调当时中国当“以西学为要图”，“非此不独无以制人，且将无以存国也”，“早一日变计，早一日转机，若尚因循，行将无及”（《救亡决论》）。对此，他的态度是十分坚定而急切的。进而他又指出，即使要挖掘中学中的精华，也应以西学为武器，方能取得正确认识。他说：

即吾圣人之精意微言，亦必既通西学之后，以归求反观，而后有以窥其精微，而服其不可易也。（《救亡决论》）

总之，对于“西学救国”，那时严复是坚信不疑的。而且，严复所介绍的基本上是不加掩饰的原装西学，其传播途径也是直截了当、不以孔学作外衣的。

在中国近代思想史上，严复首次公开把矛头直指“六经五子”，直指封建君主专制，首次公开提出“斯民也，固斯天下之真主也”的观念，并公开提倡自由。这些都表明，在戊戌时期严复的思想堪称激进，对于推动近代的思想启蒙以至整个近代化的进程，严复的贡献是巨大的。

不过，在戊戌时期，严复对儒学、中学也并非是全盘否定。即使在《救亡决论》一文中，他也认为“吾圣人”的学说中也有“精微”之处，只是要在“通西学”之后发现、认识罢了。1902 年，在一篇文章中他又明确认为：

然则今之教育，将尽去吾国之旧，以谋西人之新欤？曰：是又不然。英人摩利之言曰：“变法之难，在去其旧染矣，而能择其所善者而存之。”方其汹汹，往往俱去。不知是乃经百世圣哲所创垂，累朝变动所淘汰，设其去之，则其民之特性亡，而所谓新者从以不固。独别择之功，非暖姝囿习者之所能任耳。必将阔视远想，统新故而视其通，苞中外而计其全，而后得之。(《与（外交报）主人书》)

这段文字虽然不长，但包含了不少有价值的思想：其一，在变革过程中，对于传统与传统文化不可“俱去”，而应“择其所善者而存之”；其二，传统与传统文化体现了民族性，是新物赖以生长的土壤，若轻易否定、抛弃，新的东西是无从建立的；其三，对于新旧、中西，正确的态度应是“统新故而视其通，苞中外而计其全”。可见，严复虽然更重西学，但根本方针依然是融会中西（自然是以西为主）。这与同这一时期梁启超文化“革命”、文化重建的基本方针、基本精神大体是一致的(详见下章)。

第六章

文化批判与重构之二：“文化革命”帷幕的拉开

对于文化批判与重构，维新派所作的更为具体、切实的工作，是他们在文化领域陆续发动了各种“革命”。其中，直接冠以革命之名的有“道德革命”“诗界革命”“小说界革命”“史界革命”等，没有冠以革命之名，但性质相同的尚有哲学变革与教育改革。所谓“革命”，这是借用当时流行的政治用语，其含义大体与变革、革新相当。由维新派思想家发动的“文化革命”，乃是一场旨在使中国文化近代化的文化革新、文化重建运动。因此，戊戌维新运动又明显带有文化运动的性质。

维新派所发动的“文化革命”，是19世纪末20世纪初中国社会经济、政治新变化在文化思想领域的反映，同时，维新派又试图以此来推动中国社会变革的进程。它是自鸦片战争以来中西文化冲突的必然结果，也是维新派思想家对西方文化挑战所作的积极回应，是他们为挽救中国文化危机所作的自觉的自我调整。从本质上说，它是中国资产阶级新文化与封建主义旧文化的一场斗争，是新兴的中国资产阶级为了占领文化阵地，建立适应新的社会存在，符合新的社会需要的新文化所进行的一场重要斗争。作为“开民智”“新民”的一项重要工作，它进一步促进了中国人的观念变革、人的近代化。它是中国向近代化、现代化迈进的重要一步。

自从“西学东渐”、中国社会性质发生变化以来，在中国文化领域便逐渐出现要求革新的意向，一些先进分子已开始致力于文化革新。但是，中国近代的“文化革命”作为一次文化思想运动，正规说来是从戊戌维新开始的。维新派思想家不仅提出了文化革命的口号，提出了它的目标、方针，而且实地开展了这项工作，从而正式拉开了近代文化革命的帷幕。因受唯心主义意识决定论、文化决定论的影响，一些维新派思想家试图以某一文化领域、部门的“革命”作为解决中国问题的突破口，因此对它是高度重视的。

在戊戌时期，对文化领域的革命提倡最力，不仅从理论上予以阐述而且作了大量具体工作的是梁启超。他是这场文化思想运动的主帅，因此，本章将较多述及他的思想主张。

一、文化重构的必要与方针

自从维新运动兴起后，不少维新派思想家越来越认识到，社会变革是一项庞大、复杂的系统工程，它需要经济、政治、文化思想诸方面的有机配合，同步进行。因此，他们在经济上要求自由发展民族工商业，政治上提倡兴民权的同时，又越来越关注文化问题，认识到文化革新的重要。

在社会变革的实践中，维新派越来越感到，以儒学为主流的中国传统文化，在许多方面与新的经济、政治，新的时代精神和潮流不相适应。而且，存在于中国人身上的种种弱点、劣点，与传统文化自身的缺陷是有直接关系的。早在1895年，严复便公开宣布两大官方学派宋学与汉学“无用”“无实”，并认为“四千年文物，九万里中原，所以至于斯极者，其教化学术非也”（《救亡决论》）。稍后，梁启超也认为，在中国的传统观念中，“其善而可宝者固不少，其误而当改者亦颇多”（《中国积弱溯源论》，《饮冰室合集·文集》之五）。他们对“后儒之学”特别是程朱理学的严厉谴责，更鲜明地反映了这种情绪。自甲午战败后，西方的社会政治学说在中国的影响逐渐增大。通过西学与中学的对比，就更显中学的落后。于是，在中国的“新学小生”、青年知识分子中就逐渐产生了后来梁启超所说的那种情绪：“对外求索之欲日炽，对内厌弃之情日烈。”（《清代学术概论》二十，《饮冰室合集·专集》三十四）正是上述需要和情绪，引发了戊戌时的文化革新、文化重建。

如前所说，维新派所提倡的“开民智”“新民”，重点是观念变革。梁启超认为：“思想者事实之母也，欲建造何等之事实，必先养成何等之思想。”（《国家思想变迁异同论》，《饮冰室合集·文集》之六）这一观点在当时是很有影响的。在许多维新派思想家看来，要想在中国造成民权、民主以及国家富强的事实，必先实现思想观念的变革，树立新的思想。这种唯心主义意识决定论的观点使他们更加重视文化革新。

戊戌时期的文化革新，高潮是在20世纪开头的两三年，但在此之前，这一任务即已被维新派提出。唐才常早就指出，“中国之创新政、求新法也，费五十年之时日，掷万亿兆之金钱”，而成效甚微，其原因即在于“新其政不新其民，新其法不新其学也”，而“欲新民必新学，欲新学必新心”（《尊新》）。他认为，“新学”与“新心”至关重要。到20世纪初，梁启超对此作了更为详尽的论述。他首先回顾了西方的近代史，认为：“近世与上世、中世特异者不一端。而学术之革新，其最著者也。有新学术，然后有新道德、新政治、新技艺、新器物。有是数者，然后有新国、新世界。”（《近世文明初祖二大家之学说》，《饮冰室合集·文集》十三）只有学术首先革新，才能实现其他方面的革新。所以，他接着说：“我国民置身于全地球激湍盘涡最剧最烈之场，物竞天择，优胜劣败，苟不自新，何以获存？新之有道，必自学始。”（同上）他的结论是：“欲救今日之中国，莫急于以新学说变其思想。”（光绪二十八年四月《与夫子大人书》，《梁启超年谱长编》第277页）通过学术文化革新而实现观念更新乃是当时中国的首要任务。

需要说明的是，在19世纪末20世纪初，要求进行文化革新并非是梁启超等少数人的主张，也是许多进步知识分子的共识。比如，《孽海花》的作者曾朴，因受甲午战败的刺激，也"觉悟到中国文化需要一次除旧布新的大改革"。[①] 这说明，主张文化革新在当时是有相当社会基础的。

在《中国积弱溯源论》中，梁启超曾提出了"变数千年之学说，改四百兆之脑质"的伟大抱负和理想。这两句话实际上概括了文化革新的宗旨和目标。那么，如何实现这一目标呢？梁启超强调，要想建设新的，必先"破坏"旧的。他说："不破坏之建设，未有能建设者也"，"破坏"乃是"古今万国求进步者独一无二、不可逃避之公例"（《新民说·论进步》，《饮冰室合集·专集》之四），"历观近世各国之兴，未有不先以破坏时代者"（《自由书·破坏主义》，《饮冰室合集·专集》之二）。不论是经济、政治、文化等方面的建设与进步，都是如此。因此，今日要建设新学说、新文化，必先"取数千年腐败柔媚之学说，廓清而辞辟之"（《新民说·论进步》）。对于那些谬误、过时的东西，必须以"雷霆万钧之力"予以"破坏"。为增强说服力，他特为引证西方近代学术文化进步史，论证了"破坏"的意义：

> 人群中一切事事物物，大而宗教、学术、思想、人心、风俗，小而文艺、技术、名物，何一不经过破坏之阶级以上于进步之途也。故路得破坏旧宗教而新宗教乃兴，倍根、笛卡儿破坏旧哲学而新哲学乃兴，斯密破坏旧生计学而新生计学乃兴，卢梭破坏旧政治学而新政治学乃兴，孟德斯鸠破坏旧法律学而新法律学乃兴，哥白尼破坏旧历学而新历学乃兴。推诸凡百诸学，莫不皆然。（同上）

---

① 《曾孟朴年谱》。转见吴廷嘉：《戊戌思潮纵横论》（中国人民大学出版社，1988 年版），第 313 页。

在他看来，文化革新当从批判旧文化入手。进而他又指出，不论破坏与建设都需要借助他山之石。他写道：

凡欲造成一种新国民者，不可不将其国古来误谬之理想，摧陷廓清，以变其脑质。而欲达此目的，恒须借他社会之事物理论，输入而调和之。如南北极之寒流与赤道之热流，相剂而成新海潮；如常雪界之冷气与地平之热气，相摩而成新空气。故交换智识，实惟人生第一要件。（《清议报一百册祝辞并论报馆之责任及本馆之经历》，《饮冰室合集·文集》之六）

他认为，如同两种不同的、相反的东西相互作用、交融才能产生新物一样，只有不同的文化相互交流、融会，才能产生新的文化。因此，要建设新的中国文化，就必须主动引进西方文化，“输入而调和之”。西方文化既是“破坏”中国旧文化的武器，也是使中国文化获得活力的新血液。他说：“善调和者斯为伟大国民。”（《新民说·释新民之义》）他希望从事文化革新的新学家们都去通过中西“调和”而创新，于是，在20世纪初，他又提出了一个在20世纪实现东西方文明“结婚”的理想。他说：

大地今日，只有两文明：一泰西文明，欧美是也；二泰东文明，中华是也。二十世纪则两文明结婚之时代也。吾欲我同胞张灯置酒，迓轮俟门，三揖三让，以行亲迎之大典，彼西方美人，必能为我家育宁馨儿，以亢我宗也。（《论中国学术思想变迁之大势·总论》，《饮冰室合集·文集》之七）

为了建设中国的新文化，“以亢我宗”，当时以梁启超为代表的中国新学家们的确是以“三揖三让”的恭敬态度来欢迎“西方美人”的。但是，梁启超是既要迎娶“西方美人”，同时又认真对待中国传统文化的。他曾反复说：

凡一国之立于天地，必有其所以立之特质，欲自善其国者，不可不于此特质焉，淬厉之而增长之……诸君如爱国也，欲唤起同胞之爱国心也，于此事必非可等闲视矣。（《论中国学术思想变迁之大势·总论》，《饮冰室合集·文集》之七）

凡一国之能立于世界，必有其国民独具之特质，上自道德、法律，下至风俗、习惯、文学、美术，皆有一种独立之精神，祖父传之，子孙继之，然后群乃结，国乃成，斯实民族主义之根柢源泉也。我同胞能数千年立国于亚洲大陆，必其所具之特质，有宏大高尚完美，厘然异于群族者，吾人所当保存之而勿失坠也。（《新民说·释新民之义》）

他认为，中国立国数千年，在此过程中形成了自己独具特色的悠久文化和民族精神。在“上世史时代”和“中世史时代”，中国文化在世界始终位于先进行列，只是到了“近世史时代”，“则相形之下，吾汗颜矣”。因此，否定一切，妄自菲薄是没有根据的。他指出，人们既不可坐井观天，夜郎自大，自我封闭，盲目排拒外来文化，也不可妄自菲薄，盲目崇洋，对本民族文化不屑一顾。既要摆脱“崇拜古人之奴隶性”，也要摆脱“崇拜外人，蔑视本族之奴隶性”，树立民族的自尊与自信（均见《论中国学术思想变迁之大势·总论》）。后来，他又曾深刻指出：“文化之所以进展，恒由后人承袭前人智识之遗产，继长增高。”因此，“凡袭有遗产之国民，必先将其遗产整理一番，再图向上，此乃一定步骤。”（《清代学术概论》三十二）对此是不容简单轻率的。

梁启超指出，当时中国的思想学术领域，存在两种相反的倾向：“一则徒为本国学术思想界所窘，而于他国者未尝一涉其樊也；二则徒为外国学术思想所眩，而于本国者不屑一厝其意也。”（《论中国学术思想变迁之大势·总论》）这两者都是错误的。正确的态度应是“于彼乎，于此乎，一一撷其实、咀其华，融会而贯通之。”（同上）通过中西文化的融会调和而创建中国新文化，这是梁启超在文化革新、文化重建问题上的基本方针。因此，他既反对排外主义、保守主义，又反对已开始出现苗头的民族虚无主义。在论述“新民”方针时，他曾明确申明：

> 吾所谓新民者，必非如心醉西风者流，蔑弃吾数千年之道德、学术、风俗，以求伍于他人；亦非如墨守故纸者流，谓仅抱此数千年之道德、学术、风俗，遂足以立于大地也。（《新民说·释新民之义》）

梁启超认为，“新”应从两个方面同时进行：“一曰淬厉具所本有而新之，二曰采补其所本无而新之。”（同上）其实，这既是他新民的方针，也是他进行文化革新的方针。所谓“淬厉其所本有”，就是对中国传统文化、民族精神中有价值、可继承的精华部分，“濯之、拭之，发其光晶；锻之、炼之，成其体段；培之、浚之，厚其本源”（同上）。即对它作加工提炼、充实改造的工作，使之萌发新芽、涌出新泉，“继长增高”，日新光大。所谓“采补其所本无”，就是“博考各国民族所以自立之道，汇择其长者而取之，以补我之未及”（同上）。就是说，对西方文化也不能简单照搬，必须下一番考察、选择的工夫，取其精华，为我所用。

梁启超的上述方针也是一些维新派的共同方针。比如，宋恕也主张“融国粹、欧化于一治”（《上方学使第一笺》）。那两种各走极端的错误主张在戊戌时期都不具重要影响。应该说，这是一种比较全面、稳健的指导方针，它为正在进行的文化革新、新文化建设规定了正确的方向。

自从西学东渐、中西文化发生冲突之后，如何对待中西文化，摆脱中国的文化危机，确立中国文化革新的方针，遂成为中国思想领域普遍关注的大问题。对此，中国学人的认识和态度经历了一个曲折变化的过程。对于被视为“异端”的西学，顽固守旧势力取全然排拒的态度。而要求“稍作变通”的洋务派则提出了“中学为体，西学为用”的方针纲领，主张在以中学为体、为本、为主的前提下，有限度地采纳西学，以弥补中学的不足，达到以西卫中的目的。这一方针到戊戌时期逐步为维新派所否定。康有为等人无疑是西学的拥护者，但他们传播西学却采取了迂回的手段，以中学的旧瓶硬灌西学的新酒，结果是既模糊了西学的性质，又模糊了中学的性质；既不利于西学的传播，也不利于中学的改造。严复不同于康有为，他从一开始即公开批评中学，宣传原装西学。1902 年又提出了“统新故”“苞中外”而“视其通”“计其全”的正确方针，但他未作展开论证，因而影响不大。而在 20 世纪开头的几年中，梁启超大力提倡文化革新，在许多论著中反复详尽地论证了对中西文化必须按当时中国的需要作融会贯通，以期收到调和创新的效果。对于中学，要取其精华、弃其糟粕；对于西学，则应按中国的需要作选择取舍。国人既要摆脱崇古的奴性，又要摆脱崇洋的奴性。他不再纠缠、强调何者为体、为本，而是主张中西文明的“结婚”。他认为，20 世纪的中国新文化应是中西融合的复合体。梁启超这种综合创新的文化观，反映了近代新学家对文化革新的认识日趋成熟，是值得我们重视的。

二、“道德革命”（上）：对旧道德的批判

在19世纪末20世纪初文化领域的各种“革命”中，最受维新派（以及后来所有新学家）重视，因而发动最早、影响最大的是“道德革命”。所以如此是因为：其一，旧的道德势必与新的生产关系、生活方式、社会制度在一些基本方面相对立，因此，历史上每一场社会变革都必然要伴随着一场道德观念的变革。其二，中国传统文化是一种伦理型文化，传统道德乃是中国传统文化的核心。在中国古代，政治与伦理是合一的，政治与伦理道德的相互维系、支撑、互济互补达到了最深程度。因此，维新派思想家在清理中国传统文化，批判封建专制主义政治时，势必要首先触及封建旧道德。其三，严复、梁启超等人始终认为，在“鼓民力，开民智，新民德”三者之中，新民德最重要，也最难，这也决定了他们对道德革命最为重视。谭嗣同曾说：“今中外皆侈谈变法，而五伦不变，则举凡至理要道，悉无从起点，又况于三纲哉?”（《仁学》三十八）他认为，不对三纲五伦进行变革，则一切变法都无从谈起，因此对旧道德的变革乃是一切变革的起点。

“道德革命”的口号是梁启超1902年在其名著《新民说》中提出来的，但它的帷幕早在“百日维新”之前即已拉开。在戊戌时期以至整个近代，道德革命的矛头始终集中指向三纲。早在19世纪80年代，康有为便开始对三纲表示不满并有所触动。他认为，中国的“尊君卑臣，重男轻女”“恐非义理之至也”；中国的“臣妇之道，抑之极矣”。他相信，“物理抑之甚者必伸”，因此，上述观念、准则将来必变（《康

子内外篇·人我篇》)。甲午战争前后，宋恕也在他的论著中发表过一些抨击封建礼教的文字，特别对妇女受压制深表同情。1895 年，严复初登政治舞台，即分析了中西文化、价值观念的差异，其中第一条便是：“中国最重三纲，而西人首明平等。”（《论世变之亟》）他实际上是说，三纲与平等是截然对立的，今日既提倡平等自由，就必须推倒三纲。而谭嗣同的《仁学》，则对三纲作了最为猛烈的抨击。

谭嗣同对中国封建旧道德的抨击、清算，不仅言词最尖锐激烈，而且颇有理论深度，因而影响最大。他首先深刻指出，以三纲五伦为核心的中国旧道德，其根本弊端在于它“强遏自然之天乐，尽失自主之权利”（《思纬壹壸台短书·报贝元徵》)。就是说，中国旧道德所维护的是等级不平等，于是，臣、子、妻、卑、幼者遂丧失了独立自主的人格。这种不平等的人际关系势必充满紧张、冷酷，于是也就失却了人间“自然之天乐”。进而他指出，三纲并不是什么神圣永恒的“天理”，而是统治者为了“钳制天下”而制造的“钳制之器”，是君桎臣、官轭民、父压子、夫困妻的工具（《仁学》八)。这就深刻揭示了三纲维护封建专制统治的本质。他又对封建纲常名教的作用、危害作了揭露：

名之所在，不惟关其口，使不敢昌言，乃并锢其心，使不敢涉想。(《仁学》三十七)

三纲之慑人，足以破其胆而杀其灵魂。(同上)

他指出，由于两千年来封建统治者的长期提倡、宣扬，结果人皆“奉腐儒古老之谬说为天经地义”，三纲五伦已在不知不觉之中成为人们的内心信念，并形成强大的社会舆论。人们对它“敬若天命而不敢渝”，不敢对它稍有背离以至稍有异念，它已成为一副套在中国人身上的沉重的精神枷锁，难以挣脱的精神网罗。正因为如此，一切“独夫民贼固甚乐三纲之名”，以作为“愚黔首之术”。他写道：

> 夫彼君主犹是耳目手足，非有两头四目，而智力出于人人也，亦果何所恃以虐四万万之众哉？则赖乎早有三纲五伦字样，能制人之身者，兼能制人之心。(《仁学》三十)

他认为，三纲五伦的作用、危害主要在于它“制人之心”，使人虽身受其制却又自觉受制，因此它一直受到封建统治者的提倡。这说明，他对封建道德的社会功能是有深刻认识的。这些分析、议论远远超过了当年戴震“后儒以理杀人”的笼统说法，具有鲜明的近代启蒙意义。

谭嗣同认为，在三纲五伦之中，“君臣一伦尤为黑暗否塞，无复人理”（同上），因此他以较多笔墨重点批判君臣一伦。谭嗣同首先用“契约论”的观点解释了君主、国家的产生以及君、臣、民的关系。由此，他得出了“君末民本”“君也者，为民办事者也”、民可立君亦可废君等一系列结论。这就揭穿了君权神授的迷信，从而瓦解了君为臣纲的理论基础。自然，最早介绍这一理论的是严复，他的贡献更大。君为臣纲的具体要求是忠，而谭却对“忠”作了这样的说明：

> 古者之所谓忠，以实之谓忠也。下之事上当从实，上之待下乃不当以实乎？则忠者共辞也，交尽之道也，岂专责之臣下乎？(《仁学》三十二)

就是说，忠是相互的，而不是单方面、片面的义务。他对那种“专责之臣下”的忠是否定的。他又强调，忠要看对象，对那种不看对象的愚忠他更是否定的。他说："君为独夫民贼，而犹以忠事之，是辅桀也，是助纣也。其心中乎、不中乎？呜呼，三代以下之忠臣，其不为辅桀助纣者几希！"（《仁学》三十二）这番前无古人的大胆议论，一针见血地揭示了中国封建专制时代的忠的本质。

对父为子纲、夫为妻纲，谭嗣同也作了揭露、批判。他说：

至于父子之名，则真以为天之所合，卷舌而不敢议。不知天合者，泥于体魄之言也，不见灵魂也。子为天之子，父亦为天之子，父非人所得而袭取也，平等也。（《仁学》三十七）

他以为，就体魄言，子固为父所生，但就灵魂说，父与子都是天之子，地位应该平等，"父以名压子"是不应该的。固然，谭关于父子平等的理论论证并不充分，但他对自古以来人们"卷舌而不敢议"的父为子纲提出异议，公开主张父子人格平等，这在当时是非常大胆的，对于瓦解封建纲常礼教具有重大意义。

他又说："男女同为天地之菁英，同有无量之盛德大业"，因此，重男轻女乃是"至暴乱无理之法也"（《仁学》十）。

他指出，封建时代的所谓夫妻，"本非两情相愿，而强合漠不相关之人，絷之终身，以为夫妇"，而丈夫又以夫为妻纲为护符压制妻子，夫"所以遇其妇者，将不以人类齿"，"直于室家施申韩，闺闼为岸狱"（《仁学》）三十七），实在是极其残忍的。这些言论都表现了谭嗣同对封建纲常礼教的极度憎恶和坚决反对的态度。

康有为在《大同书》中也对三纲作了猛烈抨击。他写道：

若夫名分之限禁，体制之迫压，托于义理以为桎梏，比之囚于囹圄尚有甚焉。君臣也，夫妇也，乱世人道所号为大经也，此非天之所立，人之所为也。而君之专制其国，鱼肉其臣民，视若虫沙，恣其残暴。夫之专制其家，鱼肉其妻孥，视若奴婢，恣其凌暴。在为君为夫则乐矣，其如为臣民为妻者何！（《大同书》甲部第五章）

即父子天性，鞠育劬劳，然人非人能为，人天所生也，托藉父母生体而为人，非父母所得专也，人人直隶于天，无人能间制之。盖一人身有一人身之自立，无私属焉。（同上）

他认为，独立、自主、平等“此为人类之公理”（《孟子微》卷一），三纲所以必须否定，就在于它抹煞人人独立、自主、平等之权。和谭一样，康也认为，三纲并非天经地义的神圣准则，而是“人之所为”，它“创于强者”，是强者“自便而凌弱者”的工具，只是因为“大势既成，压制既久，遂为道义”（《大同书》甲部绪言）罢了。在《大同书》中，康有为又以大量篇幅抨击男尊女卑观念，强烈呼吁实现男女平等。这些言论一般论著多有摘引，兹不赘述。概言之，戊戌时期维新派对封建纲常名教的猛烈抨击和深刻揭露，进一步显示了戊戌思潮的民主主义性质。

在戊戌时期，维新派思想家不仅公开否定三纲，抨击名教，而且从理论上论证了道德革命的必要与合理。在漫长的中国古代，统治者及其思想家为了维护封建统治秩序，他们极力神化封建纲常，将它说成是天经地义、神圣永恒的准则。显然，这种道德不变论不仅是道德革命的障碍，也是整个社会变革和近代化进程的障碍。在戊戌时期，维新派反复宣传“变者古今之公理也”的变易哲学，正是对道德不变论的严重挑战。谭嗣同继承王夫之的道器观，认为“道不离乎器”，道应随器的变化而变化，提出了“器既变道安得独不变”的质问，实际上即是对道德不变论的否定。而在当时，明确对道德不变论从理论上予以否定的则是梁启超。

梁启超以为，“利群”是道德的根本精神，这是“亘万古而无变”的；但是，不同时代、不同国家，文明发展程度不同的群体，其公共利益是不相同的，如何利群的具体要求是各不相同的。因此，道德也是各不相同的。比如，在远古时代，“野蛮之人或以妇女公有为道德，或以奴隶非人为道德”（《新民说·论公德》），而今天文明人则不如此。即使在同一时代，不同政治体制的国家，道德也不尽相同。一般说来，“私德之条目变迁较少，公德之条目变迁尤多。”（同上）他总结说：

> 道德之精神，未有不自一群之利益而生者……此理放诸四海而准，俟诸百世而不惑者也。至共道德之外形，则随其群之进步以为比例差，群之文野不同，则其所以为利益者不同，而其所以为道德者亦自不同。德也者，非一成不变者也。（同上）

他指出，道德并非“数千年前之古人所能立一定格式，以范围天下万世者也”。那种“以为道德者日月经天，江河行地，自无始以来不增不减”（同上）的认识是错误的。梁启超的这些分析和结论有力地驳斥了道德不变论，辨明了以新道德取代旧道德的必然性、合理性，对当时正在进行的道德革命是有力的推动。

三、"道德革命"（下）：对新道德的提倡

"破"是为了"立"。在戊戌时期维新派思想家批判封建旧道德是为了建立资产阶级新道德。

在《仁学》中，谭嗣同一方面猛烈抨击三纲，一方面又肯定五伦中的朋友一伦。他说，朋友之伦"一曰平等，二曰自由，三曰节宣惟意，总括其义曰不失自主之权"（《仁学》三十八），认为朋友一伦体现了平等、自由、自主的精神。因此，他主张以朋友之道"为四伦之圭臬"，其余四伦"咸以朋友之道贯之"（同上），即用朋友之道的精神建立新型的人际关系。显然，他所要建立的新道德是以平等、自由、自主为准则的。稍后，康有为也说："人人独立，人人平等，人人自主，人人不相侵犯，人人交相亲爱，此为人类之公理。"（《孟子微》卷一）他期望建立一种独立、平等、自主、相互亲爱的新型人际关系和新道德。其实，这些就是西方近代所提倡的自由、平等、博爱。这三者乃是戊戌时期维新派以及后来资产阶级革命派共同的道德准则和道德理想①。

维新派思想家发动道德革命，是要建立一种与新的生产关系、生活方式，新的经济、政治相适应的新型人际关系。他们的主观愿望是想处理好群己、公私、人我关系，而他们处理这些关系的基本出发点是许多西方资产阶级思想家所提倡的"合理利己主义"，其理论基础则是"求乐免苦"的人性论和伦理观。

① 后来，革命派的蔡元培明确认为："何谓公民道德？曰法兰西之革命也，所标揭者曰自由、平等、亲爱，道德之要旨，尽于是矣。"（《对于教育方针之意见》）

流行于中国近代的“求乐免苦”人性论、伦理观，固然是继承发挥了中国古代“生之谓性”“食色性也”这类古老朴素的人性论，但主要是吸取、接受了西方的快乐论、幸福论、功利主义。最早介绍西方这一学说的是严复。他写道：

有叩于复者曰：人道以苦乐为究竟乎？以善恶为究竟乎？应之曰：以苦乐为究竟，而善恶以苦乐之广狭为分，乐者为善，苦者为恶，苦乐者所视以定善恶者也……人道所为，皆背苦而趋乐，必有所乐，始名为善，彰彰明矣。(《天演论》导言十八按语)

严复认为，“背苦趋乐”是人的共同欲望，是人生的目标、人道的宗旨。苦乐不仅是判别善恶的标准，而且，“吾不知可乐之外，所谓美者果何状也”（同上）。就是说，善与美都是建立在乐的基础上的。这种崭新的伦理观迅速在当时中国思想界产生广泛影响，为众多新学家所接受，而对此作了系统阐发的则是康有为。康有为说，人是有知觉的动物，人与外界“触遇”时必然会产生适宜与不适宜的感觉，“适且宜者神魂为之乐”，“不适不宜者则神魂为之苦”；“适宜者受之，不适宜者拒之”（《大同书》甲部绪言）。因此，“普天之下，有生之徒，皆以求乐免苦而已，无他道矣”（同上）。人的个性虽有不同，但“可断断言之曰：人道无求苦去乐者也”（同上）。

康有为认为，人的一切行为都是受求乐免苦动机支配的，它是人们各种行为的总动力。因此，求乐免苦的欲求是人类社会历史的轴心。人类正是在求乐免苦动机的支配、驱使下，不断为满足自己的欲求而奋斗、追求，从而推动了社会历史的进步。人类社会的礼乐政教、伦理道德，都是为满足人们求乐免苦的需求而建立起来的，“其术不过为人增益其乐而已”（同上）。此外，是否满足人们求乐免苦的需求又是区分是非善恶的唯一标准。他说：“立法创教，令人有乐而无苦，善之善者也；能令人乐多苦少，善而未尽善者也；令人苦多乐少，不善者也。”（同上）总之，他试图以求乐免苦来解释说明人类社会和历史的一切方面。所以，梁启超把康氏的哲学归为“主乐派哲学”。

将求乐免苦看做是人的共同本性，就本质而言属于抽象的自然人性论。但在当时的中国，这种人性论、伦理观则具有鲜明的反封建战斗性。这表现在，它充分肯定了人的自然权利，肯定了人追求物质幸福的道德意义，充分体现了对人的关注，它的矛头直接指向封建禁欲主义。严、康等人既将求乐免苦视为人的共同本性，就势必要对人的种种生理、物质欲求作充分肯定。康有为曾反复强调：

凡有血气之伦必有欲，有欲则莫不纵之。若无欲，则惟死耳。（《康子内外篇·不忍篇》）

人生而有欲，天之性哉！（《大同书》甲部第五章）

为肯定欲的正当、合理，他又把“天理人欲”的说法颠倒过来。他认为，“人有形而后有智，有智而后有理”，可见，“理者，人之所立”，因此，“理者，人理也”，而人的“耳目百体”乃“天所先与”，“婴儿无知，已有欲焉”，可见，“欲者，天也”（《康子内外篇·理气篇》）。他的结论是：不是天理、人欲，而是人理、天欲。这两种说法虽只是两个字位置的颠倒，但却鲜明地表明了两种伦理观的对立。因此，他一再谴责宋儒“束缚疲敝生民之气”，“使民情不欢，民气不昌，非孔子道也”（《孟子微》卷四）。谭嗣同也曾说：“世俗小儒，以天理为善，以人欲为恶，不知无人欲尚安得有天理……天理，善也；人欲，亦善也。”（《仁学》九）在戊戌时期，一些维新派思想家正是以这种伦理观为武器，揭露了封建纲常名教、封建专制制度的反动性，吹响了人的解放的号角。

在西方，快乐主义存在着感性快乐主义、理性快乐主义、个人快乐主义、利他快乐主义等不同的流派。而在中国，维新派思想家则将这几种快乐主义作了综合处理，使之熔于一炉。他们既讲感性之乐又讲理性之乐，既讲个人之乐又讲群体之乐。康有为等人在展开作具体论述时，并没有把人性仅仅看做是自然性、生物性，没有把感性欲求看做是人的唯一本质。他们又进一步探索了人与动物的根本区别，并在此基础上对欲和乐作了进一步的说明。

康有为认为：“人道之异于禽兽者全在智。”（《康子内外篇·仁智篇》）由于人具有特有的理智，因此人能对自己的欲望行为作自觉节制、调整，使之通过正确途径，向正确方向宣泄、发展。有欲虽是人的本性，但懂得自觉节欲却是人与禽兽的根本区别。所以，他虽对人之欲作了充分肯定，但同时又反对纵欲而主张合理节欲，以为“欲无可尽，则当节之”（《大同书》甲部第五章）。他指出，人作为社会动物，如果在群体中只知利己、一味纵欲，必然要侵犯他人的权益、自由，终将破坏社会群体的安宁。为了社会全体成员求乐免苦的共同需要，并保证自身长久的快乐，人们就应自觉节欲。提倡节欲、反对纵欲，这也是其他维新派人士的共同主张，这反映了新兴的中国资产阶级试图建立一种新的和谐的社会秩序的愿望。

与节欲相联系，他们又进一步探讨了人们如何在理智指导下，正确地求乐免苦的问题。对此，他们提出了如下有价值的观点：其一，精神快乐高于、重于肉体的感官的快乐；其二，将来长远的快乐高于、重于目前短暂的快乐；其三，在谋求个人快乐的同时要兼顾社会公众之乐。

对于后者，他们有更多论述。康有为指出，人作为社会动物，个人的祸福利害从根本上说是和社会群体的祸福利害联结在一起的。“其进化耶则相与共进，退化耶则相与共退；其乐耶相与共其乐，其苦耶相与共其苦，诚如电之无不相通矣，如气之无不相周矣。”（《大同书》甲部绪言）因此，人们就不应只顾自己独乐。进而，他们又认为，为了兼顾社会公众之乐，人们还应发扬“自苦以乐人”的精神。他们既将求乐免苦视为人的共同本性，同时又提倡“自苦以乐人”，这不能不说是一个矛盾。对于这一矛盾，他们是这样解决的，这就是将“自苦以乐人”也视之为乐，这便是“智性快乐”“心魂之乐”，即以满足他人和公众的快乐当做是自己精神上的大乐。他们认为，这才是“高尚之乐”。这一思想明显是受了中国古代儒家把实现道德理性看做是人生最大快乐的思想的影响。概言之，维新派思想家所宣传的求乐免苦伦理观充满了理性主义精神，这就保证了他们所倡导、发动的道德革命能够向着比较正确、健康的方向发展。

在戊戌时期，维新派思想家所以综合、调和各派快乐主义，使所求之乐具有全面的内容，目的是为了更好地协调群己、公私、人我关系。于是，我们看到，他们既提倡利己，又强调利群，并力图使二者统一。因为苦乐是个体的自我感受，求乐免苦是自我的求乐免苦，是从自我出发的，由此势必引出利己是人的天性的结论。但是，由于所求之乐又含有群体快乐以及“自苦以乐人”的高尚的精神快乐，因此，他们又反对纯粹的、极端的利己主义，而又提倡利群、为公、爱他。在处理群己、公私、人我关系时，他们所倡导的乃是当时西方颇流行的“合理利己主义”，其主要宣传者是梁启超。

维新思想家肯定人的本性是利己的。梁启超宣称：“利己者，人之性也。”（《论立法权》，《饮冰室合集·文集》之九）他又引用日本近代哲学家加藤弘之的话，认为“人类只有爱己心耳，更无爱他心”（《乐利主义泰斗边沁之学说》，《饮冰室合集·文集》十三）。他说，中国自古以来将“为我也，利己也，私也”视为恶德是错误的，这些不仅不应谴责，而且应予提倡（《十种德性相反相成义》，《饮冰室合集·文集》之五）。为此，他多方论证了提倡“利己之德”的必要。

首先，他认为利己心乃是推动社会发展的动力。这是因为，从积极方面来说，只有利己才能调动人们的积极性，激发个体的活力；而只有激发个体的活力，才能激发社会群体的活力，推动社会的繁荣进步。他很赞同《天演论》中的一段话：“克己太深，而自营尽泯者，其群必败。”（导言十四，《恕败》）他认为“私亦为人类所由存”，因此过分限制个人利益，过分束缚个体的“自营”行为，群体必将衰败（《与严幼陵先生书》，《饮冰室合集·文集》之一）。而从消极方面说，只有通过利己、“自营”而实现人人自利，才能减轻他人和社会的负担。他认为，一个人人“不自助而望人之助我，不自利而欲人之利我”的社会是注定没有前途的（《十种德性相反相成义》）。他的结论是：“芸芸万类，平等竞存于天演界中，其能利己者必优而胜，其不能利己者必劣而败。”（同上）此外，他又说：“人而无利己之思想者，则必放弃其权利，弛掷其责任”（同上），只有利己才能养成强烈、自觉的权利和义务观念，而这正是兴民权所需要的。有见于利己主义曾是西方资本主义发展、繁荣的杠杆，梁启超一度曾将利己主义视之为拯救、振兴中国的一副药方。他说，西方资产阶级的利己主义学说，“其理论之完备，实有足以助人群之发达，进国民之文明”，因此，“今日不独发明墨翟之学足以救中国，即发明杨朱之学亦足以救中国”（同上）。

梁启超肯定并提倡利己，从根本上说是为了论证资本主义私有制的合理性。它反映了新兴的中国资产阶级要求冲破封建束缚，自由发展资本主义，实现自己权利利益的强烈愿望；也反映了他们试图以利己来激发民族活力，刺激社会发展的愿望。它为资本主义在中国的发展起了鸣锣开道的作用，在当时的历史环境下是具有反封建的进步意义的。但是，利己主义作为一种观念意识，它是私有制的产物，将它说成是人类的天性，这反映了剥削阶级的偏见。

值得我们注意的是，梁启超等人虽肯定、提倡利己，但并没有鼓吹纯粹的、极端的利己主义，不鼓励人们不择手段、不计后果、肆无忌惮地追逐个人私利。相反，他们始终希望人们从自己长远的、根本的利益出发，把个人利益与社会群体利益结合起来，因此，他们又要求人们“开明自营”“自利利他”“利己而不偏私”，提倡一种“知有爱他之利己”。这些正是他们对西方“合理利己主义”的不同表述。

如何处理群己、公私、人我之间的利益关系？在戊戌时期具有代表性的主张有两种，其一是以严复为代表的公私两利说。严复引亚当·斯密的话说：

> 大利所存，必其两益。损人利己非也，损己利人亦非；损下益上非也，损上益下亦非。（《天演论》导言十四按语）

他认为，对于人己、上下，损害任何一方都是不当的，只有双方两利、各不受损，才是最圆满的。所以，他多次强调：“两利为真利”“独利必不利”（《天演论》导言十八、论十六按语）。

其次以梁启超为代表，认为当群己、公私利益发生矛盾时，个人私利应服从公利。梁启超说：“团体之公益与个人之私利，时相枘凿而不可得兼也。”（《论中国国民之品格》，《饮冰室合集·文集》十四）要想不侵犯、不损害任何一方，在现实生活中是难以办到的。他明确主张，在两者发生冲突时，个人应“不惜牺牲其私益之一部分以拥护公益，其甚者或乃牺牲其现在私益之全部分以拥护未来公益”（《新民说·论合群》）。基于这一认识，他明确认为：“道德之立，所以利群也”，“道德之精神，未有不自一群之利益而生者”，“有益于群者为善，无益于群者为恶”（《新民说·论公德》）。他将利群视为道德的本质和判断善恶的标准，可见对于利群他是高度重视的。此外，谭嗣同也认为，由“仁——通”引发的乃是“自利利他”精神（《仁学》四）。而康有为的基本主张与梁相同。

严复、梁启超的具体主张虽有差异，但基本精神是相同的，这就是力图协调利己与利群的矛盾，并使二者统一。所不同的是，严的两利说是消极地不侵犯公利，而梁则取积极维护的态度。相比之下，严的两利说带有理想主义色彩，故梁的利群说在当时影响更大。需要补充说明的是，严在提倡两利说后也曾主张舍己为群[①]，可见，利群说在当时的影响是不小的。

在20世纪开头的数年中，梁启超在一些著名论著中，大量宣传的是利群，他从各个方面反复论证了利群的必要与重要。

首先，他从人的社会性论证了利群的必要。社会的分工和交换决定了个人对社会的依附性，对此梁启超是有深刻认识的。他说：

> 凡人不能以一身而独立于世界也，于是乎有群。其处于一群之中而与侪侣共营生存也，势不能独享利益，而不顾侪侣之有害与否。（《十种德性相反相成义》）

---

① 1898年严复在准备给光绪皇帝的上书中曾说：“西人讲群学者，所以称必有为群舍己之人，而后群强而化进也。”（《拟上皇帝书》）

就是说，必须顾及他人和群体的利益是由人的社会性所决定的。由于社会生存是个人生存的首要条件，所以他又说："身与群校，群大身小，诎身伸群，人治之大经也。"（《新民说·论自由》）

其次，他又从当时救亡图存、自强保种的紧迫需要来论证利群的重要。他说："以物竞天择之公理衡之，则其合群之力愈坚而大者，愈能占优胜权于世界上。"（《十种德性相反相成义》）在当时全球剧烈的生存竞争中，其胜负主要取决于"群之结合力"。"群之结合力"怎样才能强大？"必其一群之人，常肯诎身而就群，捐小我而卫大我"（《中国积弱溯源论》），发扬利群精神。在戊戌时期，维新派始终将挽救国家危亡、谋求民族振兴置于头等重要的位置，这就决定了他们必然要提倡利群。

再次，他更多强调了个人利益与群体利益的一致性，认为利群乃是利己最合理、最有效的方法、途径。他反复说：

> 善能利己者，必先利其群，而后己之利亦从而进焉。以一家论，则我之家兴，我必蒙其福；我之家替，我必受其祸。以一国论，则国之强也，生长于其国者罔不强；国之亡也，生长于其国者罔不亡。故真能爱己者，不得不推此心以爱家、爱国，不得不推此心以爱家人、爱国人。（《十种德性相反相成义》）

梁启超曾反复指出，采取纯粹的、极端的利己主义态度，以损人、损公的方式不择手段地谋取个人私利是愚蠢的。最终不仅不能实现反而损害个人长远的、根本的利益。因此，具有长远眼光，真正懂得维护个人利益的人，是能自觉利群的。他相信，随着社会发展，人类文明日进，民智大开，将会有越来越多的人认识到这一点，从而"以同国同类之苦乐为苦乐”，将私利与公益统一起来。

以上反映了梁启超试图协调群己、公私、人我关系的良好愿望和苦心。不过，他所追求的两者统一，归根结底最终是统一于利己。在他看来，人们所以要爱他，是因为“苟不爱他，则我之利益遂不可得”（《乐利主义泰斗边沁之学说》）；所以要利群，是因为“非利群则不能利己”（《新民说·论国家思想》）；所以要为公，是因为“公益不进”，我之利益也将受损。他曾引日本学者加藤弘之的话，将爱他心说成是“变相的爱己心”（《十种德性相反相成义》）。这些都说明，在梁启超的伦理观中，利己是出发点和归宿。

不过，我们也应看到，梁启超本人始终将他的伦理观归之为利群，他大力宣传、提倡的也是利群。在此过程中，他又大力提倡爱国主义，呼吁树立社会责任感，培养公德观念。为此，他严厉谴责了极端利己主义，以及中国人中的“自了主义”“独善其身主义”。希望人人都关心国家命运、民族前途、社会公益和他人疾苦，做一个对国家、社会、他人有益的人。这些对振奋民族精神，激发爱国主义热忱，树立新的道德精神风貌，都曾产生过不可忽视的积极影响。对此，应予以充分肯定和正确评价。

梁启超等人时而讲利己，时而重利群，其中的矛盾和苦心是可以理解的。通过中西道德对比和对中西国情的了解，他们既发现了中国旧道德的弊端，也发现了西方道德所存在的问题。他们觉察到，中国的封建伦理道德抑制个体的积极性、能动性，久而久之遂使社会群体的活力日益萎缩。为了通过激发个体的活力进而增进社会群体的活力，所以他们肯定并提倡利己。但他们又发现，在西方利己主义、个人主义虽然激发了个体活力，可是它的恶性发展又造成人们漠视公益、损害公利，西方曾流行的纯粹利己主义的危害也是至为明显的。于是他们又提倡利群，他们的主观愿望是试图建立一种更合理的新道德，但由于时代和阶级的局限，他们未能完成这一任务。此外，他们所以在利己与利群之间时而陷入矛盾、两难，从根本上说，也是由中国近代所面临的双重解放任务所决定的（详见本书第三章第七题）。

四、“诗界革命”和“小说界革命”，提倡白话文和推广“官话”

在抨击旧道德、提倡新道德的同时，一些维新派思想家又着手改造旧文学、建设新文学。他们的目的，是想让新文学反映新时代的新生活，表达新兴资产阶级的意愿要求，为变革中国的伟大事业讴歌呐喊，以文学的手段、力量去影响民族的精神生活，推动中国近代化的进程。

在所谓“文学革命”中，发动最早的是“诗界革命”。“诗界革命”的口号是梁启超1899年12月在赴夏威夷的海途中提出来的。但据梁说，1896—1897年，夏曾佑、谭嗣同和他自己即已开始新诗创作的尝试。其实，在此之前，黄遵宪的诗歌创作便已明显呈现新的特点，而且已对诗歌改革初步提出一些有价值的意见。早在1868年，黄遵宪就批评了旧诗坛拟古、复古的倾向，主张“我手写我口，古岂能拘牵”（《杂感》）。到1891年，他又从理论上进一步批判了这种倾向，主张“弃去古人之糟粕，而不为古人所束缚”，大胆去写“古人未有之物、未辟之境”（《人境庐诗草·自序》），这实际上是戊戌时期诗界革命的先声。

在诗界革命的开始阶段，维新派诗人对此作了简单幼稚、形式主义的理解，所追求的主要是用词之新，以为输入各种新学、西学名词，即是革新。这一时期他们所作的新诗，有的通篇“怪话”，一般人无法看懂；有的是生硬插入新名词[①]，如同“以金星动物入地球”（梁启超：《夏威夷游记》，《饮冰室合集·专集》二十二），很不协调；有的则“渐成七字句之语录，不甚肖诗矣”（同上）。正如梁启超所说：“此类之诗，当时沾沾自喜，然必非诗之佳者，无俟言也。”（《饮冰室诗话》六十二，《饮冰室合集·文集》四十五上）不过这些问题很快便被他们自己发觉了。1899 年年底，梁启超对前一段的新诗创作作了一番回顾、总结，并提出了今后的方向。他说：

今日不作诗则已，若作诗，必为诗界之哥伦布、玛赛郎（麦哲伦）然后可……欲为诗界之哥伦布、玛赛郎，不可不备三长：第一要新意境，第二要新语句，而又须以古人之风格入之，然后成其为新诗。（《夏威夷游记》）

他又说：

革命者，当革其精神，非革其形式。吾党近好言诗界革命，虽然，若以堆积满纸新名词为革命，是又满洲政府变法维新之类也。能以旧风格含新意境，斯可举革命之实矣。苟能尔尔，则虽间杂一二新名词，亦不为病。（《饮冰室诗话》六十三）

---

① 如谭嗣同的诗：“纲伦梏以喀私德，法会极于巴力门。”（《金陵听说法诗》）“三言不识乃鸡鸣……漫共龙蛙争寸土。”（《赠梁卓如诗》四首之一）夏曾佑的诗：“有人雄起琉璃海，兽魄蛙魂龙所徒。”（转见梁启超：《夏威夷游记》）

在另一处，他又曾提出“熔铸新理想以入旧风格”（同上书，四）。这样，他们便从对新名词的追求转向对“新意境”“新理想”的追求，明确了诗界革命的方向、宗旨。简言之，维新派的诗界革命，就是使旧体诗运用新的词语，蕴涵新的意境，表达资产阶级的新思想、新观念、新追求，反映新的时代精神，让诗歌为救亡、维新事业服务。

当时，被维新派诗人熔铸入旧体诗的“新理想”“新意境”，其一，是强烈的爱国主义精神和民族主义意识，他们在愤怒谴责帝国主义疯狂侵略的同时又热情讴歌了祖国的伟大，并对她的振兴充满了信心；其二，他们又通过诗歌向民众宣传西学、新学，更鲜明地表现了新的特点；其三，他们还通过诗歌向人们介绍从西方传入的新事物（如电报、照相、火车、轮船），以及在国外的新见闻（如黄遵宪的《苏彝士运河》《登巴黎铁塔》等）。此外，他们的新诗还揭露了清朝反动腐朽的统治，对人民的悲惨处境表示了同情。维新派的新诗在形式上也有所革新。虽然，他们所写的还是旧体诗，但格式比较自由，诗句颇为散文化，反映了一种解放精神。在语言上，他们则主张以俗语、白话入诗。

总之，以黄遵宪为杰出代表的维新派新诗，题材广泛，领域开阔，意境新奇，气势宏伟，感情激昂，形式自由，富有创造性和近代气息，表现了新时代、新阶级的新风貌。他们的诗歌创作是直接为救亡图存、变法维新、振兴中华的历史任务服务的，这一传统对后人曾产生了积极影响。

维新派思想家在提倡诗界革命后不久，又鼓吹“小说界革命”。和前者相比，后者更受重视。所以如此，是因为他们认为，小说对社会、对人群的影响更大，是“开民智”和“新民”更有力、更有效的工具。

早在维新运动之初，他们中一些人便开始重视小说的社会作用。1897 年夏曾佑和严复即认为：小说“其入人之深，行世之远，几几出于经史之上，而天下之人心风俗，遂不免为说部所持。”（《国闻报馆附印说部缘起》）[①] 举例来说，“曹、刘、诸葛传于罗贯中之演义，而不传于陈寿之志。宋、吴、杨、武传于施耐庵之《水浒传》，而不传于《宋史》。”（同上）可见其作用影响之大。不仅中国，外国也是如此，“欧美、东瀛，其开化之时，往往得小说之助”（同上）。稍后，康有为也认为，小说具有比经史更大、更广的教化功能，应充分利用小说的这一功能来开发民智，推动社会变革。他说：

今日急务，其小说乎？仅识字之人，有不读经，无有不读小说者。故六经不能教，当以小说教之；正史不能入，当以小说入之；语录不能谕，当以小说谕之；律例不能治，当以小说治之……今中国识字人寡，深通文学之人尤寡，经义史故亟宜译小说而讲通之。（《日本书目志》卷十四）

康有为认为，鉴于中国“识字人寡”的国情，发挥小说的教化功能就更显重要。梁启超非常赞同康有为的这一主张。他指出，从中国来说，“《水浒》《三国》《红楼》之类，读者反多于六经”（《变法通议·论幼学》，《饮冰室合集·文集》之一）；从外国来说，“彼美、英、德、法、奥、意、日本各国政界之日进，则政治小说为功最高焉”（《译印政治小说序》，《饮冰室合集·文集》之三）。这些都告诉人们，应充分重视并发挥小说的社会功能。

那么，小说何以会有这么大的作用和影响？如何正确利用小说的这

① 关于这篇文章的作者，阿英和《中国近代文论选》的编者认为是严复与夏曾佑。而《严复集》的编者王栻认为，此文“不是严复做的，而可能出自夏曾佑的手笔”（《严复集》第二册，第440页）。录此备考。

种作用和影响，使之有益于人群、社会呢？1902 年，梁启超发表了《论小说与群治之关系》一文，对此作了较为系统的探讨阐述，并正式提出了“小说革命”的口号。这篇文章可以看做是中国近代小说革命的宣言书，由此拉开了小说革命的帷幕。

梁启超认为，小说所以会具有如此巨大的作用和影响，是因为“小说为文学之最上乘”，具有“熏”“浸”“刺”“提”四种“不可思议之力”。[①] 它能深刻影响人的精神，对人的心灵产生强烈的刺激，使之为其所移、所化、所染，从而起到“支配人道”的作用。他指出，小说“有此四力而用之于善，则可以福亿兆人；有此四力而用之于恶，则可以毒万千载”（《论小说与群治之关系》，《饮冰室合集·文集》之十）。其内容不同，作用与影响是截然相反的。他认为，中国的旧小说多数内容不健康，因而所造成的影响是消极、不良的。中国传统的“状元宰相思想”“佳人才子思想”“江湖盗贼思想”“妖巫狐鬼思想”，以及“奴颜婢膝”“寡廉鲜耻”“轻弃信义”“权谋诡诈”“苛刻凉薄”等坏的习气、品质，都来源于旧小说。他甚至认为，旧小说的种种坏影响，乃是“吾国群治腐败之总根源”（同上）。因此，他的结论是，当时中国要想“改良群治”，要想“新民”，都“必自小说界革命始”（同上）。他说：

> 欲新一国之民，不可不新一国之小说。故欲新道德，必新小说；欲新宗教，必新小说；欲新政治，必新小说；欲新风俗，必新小说；欲新学艺，必新小说；乃至欲新人心、欲新人格，必新小说。（同上）

在他看来，小说革命乃是当时变革社会，提高人民素质，全面推进

① 何谓熏、浸、刺、提以及小说革命的详情，可参阅拙著《中国近代的文化革命》（黑龙江教育出版社 1992 年版）第三章第二题。

文化领域的革命的关键一环，把它提到不能再高的高度。

梁启超关于小说革命的主张，迅即得到一些“新学小生”的响应。一些人踊跃投入创作新小说、翻译外国小说的活动中。小说革命的倡导、参与者也从维新派扩大到革命派。于是，在20世纪初，中国又出现了一股“文学救国”的思潮。在中国文坛，小说的创作与翻译出现了空前繁荣的局面。

所谓小说革命，简言之就是克服旧小说之弊，创作一种反映新的时代精神、新的社会需要的新型小说，使其为“改良社会”“开通民智”“涵养民德”、塑造新民服务。本着这一精神宗旨，20世纪初的一些新型知识分子（从维新派到后来的革命派）所创作的新小说，的确具有新的特色。由于他们把小说看做是救亡与变革的宣传工具，因此他们的新小说大都是紧紧为现实斗争、社会需要服务的，带有明显的政治目的，具有鲜明的政治色彩，爱国主义和民主主义是这一时期许多新小说的主题。由于他们大都是抱着“忧时愤世”之心从事创作，因此他们的新小说大多立足现实，大胆针砭时弊，触及、探索各类社会现实问题，具有鲜明的批判现实主义倾向。政治小说、谴责小说成为这时期小说的主流。此外，一些有心人还借鉴了西方的文艺理论和小说创作技法，在小说的写作技巧上也有所创新。他们所翻译的西方小说（一些是西方名著），更使国人耳目一新。总的说来，他们的新小说对于普及思想启蒙，激励人们投身救亡与变革事业，以及对中国文学的近代化，都曾产生了积极影响。

经过梁启超等人的大力鼓吹，小说在文学中的地位大大提高，扭转了国人长期来重诗文、轻小说的倾向，造成了后来小说创作和翻译的繁荣。经过梁启超等人的宣传，小说的社会功能更受人们的重视，这也对后来产生了积极影响。由于新小说创作的繁荣，对正在兴起的白话文的推广也起了积极作用。

但是，他们的新小说所存在的问题也是明显的。他们中许多人把小说完全看做是贯彻政治意图的宣传工具，忽视了小说的艺术性和其自身的规律、特点。不少人完全是出于政治目的和需要而创作小说（如梁启超本人），他们的政治热情高于文学热情，甚至只有政治热情而无文学热情。因此，他们的新小说不少缺乏艺术性，一些小说实际上是以小说的形式写成的宣传品。这说明，当时刚诞生的资产阶级新文学还不成熟，尚处于幼稚阶段。

梁启超等人所以高度重视小说的社会功能，进而发动小说革命，是直接受了西方的启发。他们看到，西方从文艺复兴、启蒙运动，直到19世纪，一批文学名著对于思想启蒙、观念更新、社会变革和时代精神的建立，曾起了不可低估的作用。于是，他们也致力于小说创作，指望能收到西方那样的效果。但是，作为一个刚诞生的不成熟阶级的政治代表，他们不论在理论上还是在文学上的积累都是浅薄的。加之他们急功近利、急于求成，一心指望收到立竿见影的效果，他们的不成功是必然的。

这里可以梁启超为例。1902年，梁创办了中国第一份新体小说刊物《新小说》，并亲自创作了新小说《新中国未来记》。他公开申明，他所以写这部小说，乃是“专欲发表区区政见，以就正于爱国达识之君子”（该书《绪言》，《饮冰室合集·专集》八十九）。因此，这部小说实则是梁启超宣传他改良主义政治主张的政见书。书中第三回竟用了一万数千字的篇幅，以两人争辩的形式系统表述了梁反对革命的理由，其艺术性就可想而知了。对于这一问题，梁在写作过程中即已觉察，他坦白承认：

此编今初成两三回，一复读之，似说部非说部，似稗史非稗史，似论著非论著，不知成何种文体，自顾良自失笑……编中往往多载法律、章程、演说、论文等。连篇累牍，毫无趣味，知无以餍读者之望矣。(《新中国未来记》)

这说明，梁启超心里是很清楚的，一部好的小说应做到思想性与艺术性的高度统一，缺乏艺术性，“毫无趣味”的小说是无法赢得读者的。但那时，他在小说创作领域尚属初出茅庐，全无经验，所以明知如此也未能使之圆满。关于小说的思想性、政治性与艺术性如何统一，以及小说自身的规律、特点，后来人们作了进一步探讨，并在实践中不断得到更好地解决。这些已超出本书论述的范围，这里不作评介。

在19世纪末，个别维新派思想家还注意到了戏剧的教化功能。宋恕曾说，戏剧“感人最速，入人最深，盖即古乐教之遗也”（《六字课斋卑议［初稿］·乐教章》）。因此，他建议对旧剧本作一番清理，“选其大指不诡于正者，删改疵累”（同上），使之发挥正面的教化功能。这可视为后来“戏剧改良”的先声。

在戊戌时期，一些维新派人士还曾提出废除文言文、提倡白话文的主张。在“百日维新”前梁启超便指出，“今人文字与语言离”使人“以读书为难事”，不利于开民智，因此他主张“专用俚语，广著群书”（《变法通议·论幼学》）。不久，裘廷梁对此作了比较系统的论述，他认为，“文言之害，靡独商受之、农受之、工受之、童子受之”，而且“服方领、习矩步”的文人也深受其害；与文言文相比，白话文具有“省日力”“便幼学”等八益。他的结论是：“愚天下之具，莫文言若；智天下之具，莫白话若”；要想开民智、兴实学，普及教育，就应“崇白话而废文言”。他主张，“一切学堂功课书”以及“农书、商书、工艺书"，"皆用白话编辑"，使白话文逐步普及（《论白话为维新之本》，见《辛亥革命前十年间时论选集》第一卷第38～42页）。他将推广、普及白话文视为"维新之本"，对它是高度重视的。为此，他创办了中国第一份白话报——《无锡白话报》。白话文取代文言文是中国文化发展史上一件影响巨大的大事。虽然白话文的普及推广是"五四"时期的事，但维新派的倡导之功是值得重视的。

值得我们重视的还有维新派关于推广"官话"的主张，早在19世纪80年代，康有为就曾提出了这一建议。他指出，长期以来中国语音极不统一，"北方有北话，南方有南话"，而且，"同为北话，燕、齐、秦、晋、陈、豫各各不同。同为南话，而吴、越、徽、皖、楚、粤各各不同"。这不仅给各地民众的交流带来严重不便，而且也影响全国人心的统一和国家的强盛。他说，印度"其文字六十四种，语言八百余种，是以弱亡，不能联会齐一人心故也"。言下之意，中国欲避免弱亡当统一语音。他说："雍正八年，以闽广人不通官话，令于四城开正音馆教之，著令举贡生童不能官语者，不准考试，以三年为限"，"此诚王者整齐民风之政也"（均见《教学通义·言语》）。这是值得今天效法的。后来，另一维新派人士王照也主张在全国推广"京话"。

此外，谭嗣同还曾提出了"改象形字为谐声"的主张（《仁学》三十九），这可视为近代文字改革的先声。

上述主张进一步反映了维新派试图对中国传统文化进行全面改造的愿望，进一步证明了他们所发动的文化批判与重建运动是在相当广泛的领域同时展开的。

五、“史界革命”

维新派思想家所从事的文化批判与重构工作，几乎是在文化领域中的各个主要部门同时展开的。在进行道德革命、诗界革命、小说界革命的同时，1902 年梁启超又提倡“史界革命”。这反映出维新派当时对文化批判与重构是寄以很大希望，因而高度重视的。

在“西学东渐”的过程中也传入了西方史学，19 世纪后期曾翻译出版了一批“西史”。于是，一些有心人开始对中西史学、史书的异同作对比。在“百日维新”前梁启超即曾指出，西史为“民史”，中史为“君史”，而西方的民史才是“史裁之正轨”（《变法通议·论译书》，《饮冰室合集·文集》之一）。实际上这时他已得出中国旧史学必须改造的结论。通过借鉴“西史”，梁启超首先系统而深刻地揭露了中国旧史学的种种弊端。1902 年，在《新史学》一文中，他把中国旧史所存在的种种问题归纳为四弊、二病、三恶果。

梁启超认为，中国旧史学从根本方面来说，普遍存在四弊。一、“知有朝廷而不知有国家”。中国旧史家都认为，“天下者，君主一人之天下。故其为史也，不过叙某朝以何而得之，以何而治之，以何而失之而已，舍此则非所闻也”。结果，所谓二十四史其实只是“二十四姓之家谱”，只是二十四姓相互争夺、血腥残杀的“相斫书”。二、“知有个人而不知有群体”。中国旧史所记载的，只是“一人一姓之事”，这样的史书其实只是“合无数之墓志铭而成者耳”，它并不能反映中华民族群体的经历。三、“知有陈迹而不知有今务”。按中国旧例，“非鼎革之后，则一朝之史不能出现”，于是，中国旧史所记，皆前朝陈迹，从不反映本朝当代之事，使人知古而不知今。四、“知有事实而不知有理想”。中国旧史“但呆然曰某日有甲事，某日有乙事”，至于“此事之何以生”，“影响于他事或他日者若何”皆“莫能言也”。它无法起到“鉴既往，示将来”的作用，难以成为“益民智之具”。

而就写作来说，中国旧史则存在两大通病。一、“能铺叙而不能别裁”。中国旧史所记，通篇是“某日册封皇子也，某日某大臣死也”等“邻猫生子”之类的事。《资治通鉴》在中国旧史中“别择最称精善”，但它所记的事，“有用者亦不过十之二三耳”，其他史书可想而知。中国旧史籍虽然汗牛充栋，浩如烟海，但有价值的史料并不多。二、“能因袭而不能创作”。在中国古代史家中，仅司马迁、杜佑、郑樵、司马光、袁枢、黄宗羲等人具有创造性，其余皆只能因袭，缺乏创造。具体来说，自“《史记》以后，而二十一部皆刻画《史记》；《通典》以后，而八部皆摹仿《通典》”。由于以上种种弊病，中国旧史书必然要给读者带来“难读”“难别择”“无感触”等三大恶果。（以上引文均见《新史学》，《饮冰室合集·文集》之九）

梁启超对中国旧史家最重视的“正统”之辩是深恶痛绝的。在《新史学》一文中，他专辟一题，集中分析这一问题。他指出，所谓“正统”论所维护的乃是封建的君统，它是为帝王私天下服务的，是同民权对立的。他说：

中国史家之谬，未有过于言正统者也。言正统，以为天下不可一日无君也，于是乎有统；又以为天无二日、民无二王也，于是乎有正统……夫统之云者，始于霸者之私天下，而又惧民之不吾认也，乃为是说以钳制之曰：此天之所以与我者，吾生而有特别之权利，非他人所能几也……统之既立，然后任其作威作福，恣睢蛮野，而不得谓之不义，而人民之稍强立不挠者，乃得坐之以不忠不敬、大逆无道诸恶名，以锄之、摧之，此统之名所由立也。

梁启超认为："统也者，在国非在君也，在众人非在一人也。舍国而求诸君，舍众人而求诸一人，必无统之可言，更无正之可言。"（同上）他对维护封建君统的正统论是坚决否定的。与此相联系，梁启超又反对中国长期来以帝王年号纪年的传统。他说："吾中国向以帝王称号为纪，一帝王死辄易其符号，此为最野蛮之法，于考史者最不便"，"故此法必当废弃"（《中国史叙论》，《饮冰室合集·文集》之六）。他主张，应以孔子诞生作中国纪元，这在当时是十分大胆的主张。

在20世纪初，梁启超对中国的旧史学作了一次比较全面、系统的清算。由于梁启超站在新的立场、新的高度，用新的观点方法来观察分析问题，因此他的许多议论是前无古人的，他的许多揭露、批评是切中要害的。他对中国旧史学所存在的根本问题，如帝王中心、王朝体系、正统观念、英雄史观等都有不同程度的批判。而且，他尖锐地揭示了旧史学为封建君主专制服务的本质。梁启超对封建旧史学的批判，是自觉地为反封建的斗争服务的，因而具有鲜明的、强烈的民主主义气息。他的批判为新史学在中国的建立扫清了道路，清除了障碍。

梁启超认为，史学并不是对人类社会可有可无的东西，它对人群的进化、民族的兴衰有巨大作用。但由于中国旧史学存在种种弊端，它不能"令兹学之功德普及于国民"，因此必须立即着手对它改造，在史学领域进行一场"革命"。他说："呜呼，史界革命不起，则吾国遂不可救，悠悠万事，惟此为大！"（《新史学》）那么，如何改造旧史学、建设新史学？新史学与旧史学的主要区别是什么？它的特点和任务是什么？梁启超提出了一些原则性的意见，粗加归纳，大致有以下几点：

第一，新史学应“有益于群治”，为今人提供活动之“资鉴”。他说：“历史者，以过去之进化，导未来之进化者也。”（《新史学》）即通过研究历史，“求得前此进化之公理、公例，而使后人循其理、率其例，以增幸福于无疆也”（同上）。今天的新史家应向这个方向努力。他又认为，史学对群治之益，还表现在它是激发爱国主义、民族主义精神的最有力的工具。他说：

史学者，学问之最博大而最切要者也，国民之明镜也，爱国心之源泉也。今日欧洲民族主义所以发达，列国所以日进文明，史学之功居其半焉。（同上）

梁启超指出，当时中国民族危机空前深重，正是亟须提倡爱国主义、民族主义之时，因此就应大力改造、发展史学，充分利用史学这一工具。他说：“今日欲提倡民族主义，使我四万万同胞强立于此优胜劣败之世界乎？则本国史学一科，实为无老无少、无男无女、无智无愚、无贤无不肖所皆当从事，视之如渴饮饥食，一刻不容缓者也。”（同上）虽然，梁在一些场合不适当地夸大了史学的地位和作用，但他坚持史学应面向现实，为今人所用，大方向是正确的。

第二，新史学应考察、研究“国民全部之经历”。梁启超认为，新史学与旧史学的根本区别在于：

前者史家，不过记述人间一二有权力者兴亡隆替之事，虽名为史，实不过一人一家之谱牒。近世史家，必探察人间全体之运动进步，即国民全部之经历及其相互之关系。（《中国史叙论》）

梁启超认为，史学的任务应是“叙述人群进化之现象”。这是因为，“人类进化云者，一群之进也，非一人之进也”。所以，历史“所重者在一群，非在一人也”(《新史学》)。今天史学革命的任务，就是要变“君史”为“民史”，变帝王的家谱、将相的传记为“国民全部经历”的记录。与之相应，史的读者也由帝王和少数统治者变为国民。

第三，新史学不应是历史事实的简单罗列、呆板记录，而应探索、叙述人群进化的“公理”“公例”。梁启超认为，新史学与旧史学的另一区别是：

> 前者史家，不过记载事实，近世史家，必说明事实之关系，与其原因结果。(《中国史叙论》)

梁启超指出，史学所以能为今人提供“资鉴”，推动人群进化，就在于它能提供人群进化的“公理”“公例”，说明人类活动的因果关系。仅简单罗列现象、呆板记录事实的史书是没有多大意义的。故“善为史者，必研究人群进化之现象，而求其公理、公例之所在”(《新史学》)，这也是今天史学革命的一项重要任务。

后来，他又补充说，新史学尚应力戒主观，并运用西方新的科学方法。以上这些，是梁启超改造中国旧史学、建设新史学的纲领，也是中国资产阶级史学理论的精华，它曾对中国近现代史学产生过重要影响。

梁启超不仅对中国的史学改造作了重要理论贡献，而且又曾满怀激情，着手新史的编纂工作。在1901年，梁即曾“欲草一《中国通史》，以助爱国思想之发达”，但由于忙于政治活动，以及编务繁重，无法脱身，到1902年时“犹未能成十之二”(《三十自述》，《饮冰室合集·文集》十一）。直到他逝世此书亦未能写成，这是很可惜的。这一时期维新派思想家撰成的新史有夏曾佑的《中学中国历史教科书》（后改名为《中国古代史》）等。

梁启超所发动的“史界革命”，得到了其他维新派思想家的赞同、拥护。1902 年，严复在读了《新民丛报》前三期之后，致函梁启超说：“三篇所载，皆极有关系文字，而鄙诚所尤爱者，则第一期之《新史学》。”（《与梁启超书》二）同时，他在写给张元济的信中又说：“近见卓如《新民丛报》第一册，甚有意思，其论史学尤为石破天惊之作，为近世治此学者所不可不知。”（《与张元济书》十四）严复对《新史学》等文的高度评价，实际上即是对史学革命的充分肯定。由此可见，一些维新派思想家虽然没有直接投身于史学革命，但他们对此是支持、拥护的。

六、哲学变革

处于大动荡、大转折、大变革之中的中国近代，是一个比过去更需要哲学的时代。新兴的中国资产阶级迫切需要新的哲学帮助自己认识世界、改造世界，为资本主义变革作理论论证。因此，维新派思想家对哲学变革始终十分重视。虽然，当时他们没有把这项工作称之为“革命”，但它所产生的影响是巨大、深远的。可以说，哲学变革乃是当时文化领域其他“革命”的基础和先导，它为其他“革命”提供了理论武器。它不仅推动了文化领域的革命，也推动了整个社会变革的进程。

在维新派思想家中，最先从事哲学变革的是康有为。康有为在萌发变法维新之志后，出于寻找新的理论武器以认识、改造世界的渴望，即对哲学问题给予了高度重视。早在 19 世纪 80 年代，他便站在新的立场，按照新的社会政治需要，开始清理中国传统哲学、学术，并初步接受西学，试图建构新的哲学体系。他曾认真作过一番“合经子之奥言，探儒佛之微旨，参中西之新理，穷天人之赜变，搜合诸教，披析大地，剖析今故，穷察后来”（《康南海自编年谱》光绪十年）的理论思考。他在那时所著的《康子内外篇》中，即曾对“天地人物之理”提出许多新见，此书可看做是中国近代新哲学的萌芽。不过，近代哲学变革的广泛、深入展开是在严复介绍西学之后。

中国哲学走向近代化，是深受西方哲学影响的。吸取、引进西方哲学，进而试图实现中西哲学的融合，是维新派所从事的哲学变革的重要内容。在中国近代，“介绍西洋哲学的，要推侯官严复为第一”（蔡元培：《五十年来中国之哲学》）。严复所介绍的，主要是英国近代哲学。严复在英国留学期间即留心哲学，深受西方哲学的影响。1895 年严复登上政治舞台，在最初发表的几篇著名论文中即谈到西方哲学，谈到西方哲学对西方民族精神的影响，并简要列举了中西在某些哲学基本观点上的明显差异。他说：

中西事理，其最不同而断乎不可合者，莫大于中之人好古而忽今，西之人力今以胜古。中之人以一治一乱、一盛一衰为天行人事之自然，西之人以日进无疆，既盛不可复衰、既治不可复乱，为学术政化之极则……其于为学也，中国夸多识，而西人尊新知。其于祸灾也，中国委天数，而西人恃人力。（《论世变之亟》）

这段话虽然简括，但却首次点出了中西哲学在历史观、认识论和自然观上的主要差异，使国人对西方哲学的一些主要精神有了一个初步了解，由此引发了国人对西方哲学、中西哲学对比的兴趣。梁启超东渡日本后，也很重视学习并介绍西方哲学。他依据日本译文所作的一批“西儒学案”和文章，涉及面甚广，“其意义有如给中国人提供一部西方近代哲学简史”（贺麟：《康德黑格尔哲学东渐记》，《中国哲学》第二辑）。

西方哲学特别是西方近代哲学的传入，给中国思想、学术界带来了新的世界观和方法论，新的思维方式和思想资料，新的哲学观念、范畴和价值标准，使国人耳目一新。这就为中国的哲学变革提供了武器和借鉴，给中国哲学输入了新的血液。在戊戌时期，严复、梁启超等人所介绍的西方哲学和学说，主要是进化论和社会达尔文主义、英国近代的唯物主义经验论和实证主义、西方逻辑学、德国的康德、尼采哲学、地理环境决定论等。应该说，严复等人对西方哲学的介绍是有选择的，而其主要标准，一是中国社会变革的需要，二是中国学术变革（即批判旧学、建立新学）的需要。维新派所以高度重视、普遍拥护进化论，是为了以此为武器，从哲理上论证在中国实行资本主义变革的必要性、合理性、紧迫性。至于经验论、逻辑学的引进，则主要是出于改造旧学、建立新学的需要。梁启超等人的愿望与理想，是想融会中西哲学，建构新的哲学。但是，由于当时西方哲学还刚刚传入，而对中国传统哲学作科学清理也刚刚开始，因此，他们无论是对西方哲学还是对中国传统哲学，基本上尚处于若明若暗的状况。所以，他们所建构的新哲学尚称不上是中西复合体，而是一种中与西、新与旧的杂拌，带有明显“不中不西，即中即西”的特点。他们在其他文化领域的产品也带有这种特点。

西方近代自然科学的传入，也对中国近代的哲学变革、新哲学的建立产生了不可忽视的影响。康有为、谭嗣同等人青年时代都曾对刚刚传入的西方近代自然科学有很浓厚的兴趣，大量阅读了这方面的译书。至于严复，更是较系统地学习过近代自然科学。严复早就指出，作为一名新型学者，必须学习并具备名、数、力、质、天、地、生、心诸学科知识。他们不仅努力学习自然科学，又力图将其引入哲学。梁启超曾说，谭嗣同"《仁学》之作"，是"欲将科学、哲学、宗教冶为一炉"（《清代学术概论》二十七）。其实，其他维新派思想家也曾试图将科学与哲学"冶为一炉"，并做了很大的努力。

通过接受近代自然科学，维新派的思想家们大大增长了新知，扩大了视野，认识产生了飞跃。康有为、谭嗣同等人都曾谈过他们的收获和感受。概言之，西方近代化自然科学的传入，为中国近代的哲学变革提供了科学基础，是中国哲学走向近代化的重要动力之一。它使中国哲学的天道观、变易观、物质观，以至认识论、方法论都产生了不同程度的变革。此外，科学的世界观也使人们的人生观和价值取向发生新变化。但是，总的说来，维新派思想家的自然科学知识相对而言依然贫乏，因此他们并未能使科学、哲学"冶为一炉"。而且，由于他们的哲学多具唯心论倾向，他们又曾对某些自然科学知识作无端附会和神秘解释（比如康、谭以以太、电、磁来说明"不忍人之心"、仁）。

近代的哲学变革乃是中国哲学的自我更新，因此，对中国传统哲学进行批判继承是近代哲学变革的中心一环。立新势必要破旧，维新派思想家们在锻铸新的哲学武器时，势必要对中国传统哲学下一番清理改造的工夫。由于程朱理学长期居于官方哲学的地位，它日益明显地成为新思想、新学说传播的障碍，因此它自然成为维新派思想家在哲学变革中的主要批判对象。康、严、谭、梁、宋等人先后对程朱理学的理气、道器、理欲观、唯心主义先验论和历史观中的不变论作了分析批判，同时谴责了理学空疏的学风，揭露了它为封建专制统治服务的本质。随着对中国传统文化清理的深入，梁启超等人又逐渐把矛头指向孔子和儒学，并迅速得到响应。这样，在 20 世纪初的中国文化思想领域，就不仅打破了程朱理学的垄断，而且开始动摇了两千年来儒学独尊的地位。于是，中国哲学便从经学形式下解放出来，这就为中国哲学走向近代化清除了一大障碍。

维新派在建构新哲学的过程中，同时也挖掘、吸取、继承了中国传统哲学的遗产。而且，由于当时多数人尚不很熟悉西方哲学，他们更多是着力从传统哲学中吸取养料，挖掘可资利用的成分。在中国传统哲学中，受到维新派思想家重视、喜好的是朴素辩证法思想和变易发展的历史观、佛学和陆王心学。此外，古代的朴素唯物论和无神论也曾经为他们所重视。如果说在西学中对维新派影响最大的是进化论，那么，在中国传统哲学中对他们影响最大的则是朴素辩证法思想和变易发展的历史观。因此，中西合璧的进化史观是戊戌时期新哲学中最有生气、最引人注目、影响最大的内容。佛学与陆王心学所以受到维新派的重视，是因为他们试图从中找到推动变法维新的精神动力。而且，陆王学派提倡“自作主宰”“自信自立”，以及他们怀疑、反对旧权威的精神，也符合当时的时代潮流和新兴资产阶级追求个性解放、思想自由的需要。此外，日本明治维新的倡导者多喜佛学与心学，也使他们越发倾心于此。

康、严、谭、梁等维新派思想家所以先后关注、倾心于哲学，进而倡导哲学变革，是为了回答“中国向何处去”这一大问题。他们所建构的新哲学，正是要从哲理上回答这一问题。因此，他们的哲学是紧紧为正在进行中的社会变革，为救亡图存，为振兴中华的伟大事业服务的。比如，他们的进化史观对于呼唤变法维新的风雨，以至推动中国近代化的进程，无疑起了重要作用。如果说紧紧为现实斗争服务，是维新派新哲学的突出优点，那么，杂乱、粗浅、未能达到成熟发展的水平则是它明显的不足。所以如此，是由中国特殊的国情所决定的。在戊戌时期，中国的资产阶级才刚刚诞生，但严峻的客观形势却迫使他们不得不立即投入到紧迫的政治斗争。为了救亡与变革的急迫需要，维新派思想家紧张地从古今中外的思想资料中去吸取养料、寻找依据，来不及细致地消化、整理、提炼、创新，就匆促地建构自己的理论体系。他们对自然、社会、历史尚缺乏比较深入的观察、反思就仓促作哲学概括。他们的思想、理论积累实在是很单薄的。这样一来，他们的哲学就势必要杂乱、粗浅、不成熟。此外，因强调哲学（以至整个新文化）为现实斗争服务，他们中多数人存在一种急功近利的情绪。他们所以关注哲学和哲学变革，往往主要是出于政治热情、政治需要。当时，王国维曾说，康有为、谭嗣同等人，“于学术非有固有之兴味，不过以之为政治上之手段”。即使是严复，“其兴味之所存，不存于纯粹哲学”，其学风是“非哲学的”（《静庵文集·论近年之学术界》）。王国维的批评不免带有偏见，但他所指出的问题是存在的。这种情形也妨碍了维新派所倡导的哲学变革的深入。

此外，维新派的新哲学，从总体上看，又带有明显的主观唯心论的倾向。对此，本书第九章将作较详细的论述，这里从略。

七、戊戌“文化革命”的积极影响与不足

19 世纪末 20 世纪初，维新派思想家在中国文化领域所发动的“革命”说明他们对改造、变革中国的伟大事业是具有战略眼光和全面观念的。他们所发动的这场“革命”，几乎是在文化思想领域全面展开的，

这反映了他们既对文化与政治、经济的有机联系有相当认识，同时又对文化领域各主要部门之间的有机联系有一定认识。在这场文化思想运动中，他们既重务虚，又重务实；既从事理论探讨、宣传发动，又重视具体、实际的文化建设工作，这就使这场运动收到了相当的实效，打下了深深的烙印。虽然，就近代的“文化革命”而言，戊戌时期尚只是拉开了帷幕，但它造成的影响是巨大的。

作为对中国传统文化第一次全面的清理、改造，第一次全面的再认识、再评价，它成功地查明、清除了一些不适应新的经济、政治，不利于资本主义变革，阻碍近代化进程，与时代潮流、时代精神相抵触的糟粕，并使国人对中国传统文化开始有新的认识。

作为新学与旧学、资产阶级新文化与封建旧文化的大规模全面交锋，它取得了对旧文化的初步胜利。这一胜利就为近代“文化革命”的进一步深入、新文化的成长壮大起了扫清道路的作用。

作为中西文化的交流融合运动，它对西方近代文化作了更全面的输入。它不再将西学限定在“用”的地位、层面，明确提出东西文明“结婚”的主张，这无疑有利于中西文化的进一步交流。它既反对盲目排外，又反对民族虚无主义，这也有利于中西文化交流向正确的方向发展。

作为一次文化重建运动，它给当时中国的文化思想领域注入了新的血液，带来了新的生机、活力，初步形成了具有近代意识的文化思想体系，使中国文化面貌开始更新，新的文化格局开始形成。

作为一次历史性的观念变革，它虽未能完全实现“变数千年之学说，改四百兆之脑质”的目标，但它不论在破旧还是立新方面都产生了深刻影响。

概言之，它有力地推动了中国近代社会变革和近代化的进程，从一个重要方面再次显现了戊戌思潮的进步性和积极影响。

这场思想文化运动充分显示了维新派思想家们可贵的批判精神与创新精神。这种批判、创新精神曾深深地影响了此后的几代中国先进分子，成为后人宝贵的精神财富。但是，由戊戌思潮整体的不成熟性所决定，这场思想文化运动所存在的问题也是明显的。就批判与创新而言，它带有重“破”轻“立”、重批判轻继承的倾向。因受唯心主义意识决定论、文化决定论的影响，不少维新派时而过高估计文化革新的作用。因急于想收到他们所希望的那种社会效果，他们在学风上显得浮躁，所作的工作是不深入的。这场文化运动总的说来显得肤浅，缺乏应有的深度。它涉及面虽广，但不少只是作了浅层次的触动。它虽提出了不少问题，但并未能逐一解决。后来，梁启超曾感叹“晚清思想界之粗率浅薄”与“晚清西洋思想之运动”，“垂二十年卒不能得一健实之基础”（《清代学术概论》二十六、二十九），这是符合实际的①。

① 这些方面的表现可参阅拙著《中国近代的文化革命》（黑龙江教育出版社，1992 年版）的“结语”部分。

第七章

文化批判与重构之三：关于建立宗教的主张

中国是一个缺乏宗教传统的国家。中国的传统文化，主流是非宗教的。总的说来，宗教在中国的影响历来不大。可是，在戊戌时期宗教却受到一些维新派思想家的高度关注。这种情形的出现，与西方文化、西方宗教的传入、冲击有直接关系。通过接触西方文化、西方宗教，以及对西方社会的初步了解，他们深深地感到宗教在西方文化和社会生活中占有极为重要的地位。进而他们认为，有无宗教传统是中西文化的又一差异，甚至是中西强弱的又一原因。于是，他们把提倡宗教看做是当时文化重构的重要内容，甚至指望通过它推动中国社会的发展进步，致中国于富强。这样，在中国近代又出现了“宗教救国论”。总的说来，他们的宗教热情是由非宗教的动因激发起来的。

至于提倡何种宗教，他们的具体主张并不一致。康有为主张保卫、复兴中国的“孔教”，在全国范围建立孔教会。谭嗣同既主张对“孔教”进行改革，但更倾心于佛教。梁启超则否认孔子之教是宗教，而主张提倡佛教。自然，也并不是所有的维新派思想家都产生宗教热情、提倡宗教，比如，提倡科学主义的严复对此就不热心。

在戊戌时期，维新派对宗教所表现出的热情，从又一个侧面反映了他们对文化重建的关注，也说明他们对文化重建工作有比较全面的考虑。同时还说明，为了推动中国社会的发展进步，致中国于富强，他们是试图调动一切手段的。

由于中国社会始终缺乏宗教的根基，维新派提倡宗教的主张就不免带有无源之水、无本之木的味道。而且，这一主张同已开始兴起的科学主义是不合拍的。所以，它在当时的中国社会，影响不算很大。但值得注意的是，经过一些维新派思想家的呼吁、提倡，宗教的社会功能却受到了人们的重视。所以，稍后又出现了革命派章太炎的《建立宗教论》，以及他对佛教更狂热的赞扬、提倡。章太炎的这些主张与维新派的宗教热情是一脉相承的。从维新派的康、谭、梁直到革命派的章太炎，无不试图在中国建立宗教、发挥宗教的社会功能，这一文化现象值得我们重视。

一、对宗教的关注

在提倡宗教的几位维新派思想家中，只有康有为早年便有宗教思想和宗教热情。据他的自编年谱记载，因出于对旧学和那种“日埋故纸堆中”生活的厌弃，他22岁时（1879年）曾隐居广州西樵山白云洞，“专讲道佛之书，养神明，弃渣滓”，并产生过一些神秘的体验（《康南海自编年谱》光绪五年）。后来，梁启超概括说：“先生幼受孔学，及屏居西樵，潜心佛藏，大彻大悟。出游后，又读耶氏之书，故宗教思想特盛。常毅然以绍述诸圣，普度众生为己任”（《南海康先生传》第六章，《饮冰室合集·文集》之六）。但是，谭嗣同、梁启超等人青年时代并无宗教思想和宗教热情。甲午前，谭嗣同曾批判佛学是“灭裂天地，等诸声光之幻，以求合所谓空寂”的唯心主义宇宙观（《石菊影庐笔识·思篇》十四）。1895年，又主张“毁天下寺观庙宇诸不在祀典之列者”以兴办学堂（《思纬壹壺台短书·报贝元徵》）。而梁启超自称：“吾畴昔论学，最不喜宗教，以其偏于迷信而为真理障也。”（《论宗教家与哲学家之长短得失》，《饮冰室合集·文集》之九）据谭嗣同说，唐才常先前也“不通佛学”。

一些原本“不喜宗教”的人何以一变而提倡宗教，而且如此热心？重要原因是受了西方文化和西方宗教的影响、感染，而其直接动机是欲对中国文化做更进一步的改造，并通过这一改造达到国家富强的目的。

许多维新派思想家不仅喜好西学，而且同一些西方传教士有颇为密切的交往，因而又接触“西教”。他们对西方文化、社会、宗教了解越多，就越认识到基督教在西方文化和社会中具有重要地位。在他们看来，西方文明的高度发达，西方人独特的精神风貌、价值观念和理想追求，都与基督教有密切关系，宗教信念乃是西方文化的精神源头。梁启超曾一再说：“耶稣教于欧洲文明，甚有关系焉”（《论教育当定宗旨》，《饮冰室合集·文集》之十），西方“近世无量之文明，因之以发。”（同上）他们又特别感到，西方的道德习俗与基督教的关系尤为密切。谭嗣同说，西方“人人悬一教主于心目之前，而不敢纷驰于无定，道德所以一，风俗所以同也”（《书简·上欧阳中鹄》十）。“彼教灵魂之说足以竦动其心，遂亹亹于善也”（同上）。唐才常也认为，西方基督教徒，大都“坚忍不拔，蹈汤火如饴”，很有墨家那种“摩顶放踵以利天下”的精神；而且，西方因有教会“联属之”，于是“气类日昌”。中国因无教会组织、宣传，结果“家自为教，人自为心”，以至“人心日溃”（《各国政教公理总论·教会》）。从利玛窦等人开始，一批西方传教士不远万里，冒着巨大风险来华传教，以至老死于此，这种因信仰而带来的巨大精神力量更给他们以深刻印象。由此，他们得出了这样的结论：“欧美人之以信仰景教而致强。”（梁启超：《论佛教与群治之关系》，《饮冰室合集·文集》之十）在他们看来，是否信教是中西文化的又一重要差异，而这一差异又直接关系到中西的强弱兴衰。正是有见于此，他们从“不喜宗教”转而提倡宗教。同维新派所作的一切努力一样，他们提倡宗教同样也是为了使中国走向富强。可见，富强始终是维新派念兹在兹、魂萦梦绕的追求。

在维新派思想家中，较早对宗教问题作理论阐述的是谭嗣同。如前所说，在甲午之前谭嗣同是抨击佛学的。1896 年春，思想处于极度苦闷之中的谭嗣同，抱着“愿遍见世间硕德多闻之士，虚心受教”的心情，从武昌出发，开始了“北游访学”。他经由上海，北上天津、北京，最后回到南京。在半年时间里，他先后结识、访问了英国传教士傅兰雅、美国传教士李佳白、“讲佛学者”吴雁舟、夏曾佑和南京佛学大师杨文会等。在天津，他还参加了“在理教”。于是，他的思想发生了巨大变化。在此之后遂“昼夜精治佛咒”，发愿“欲以心度一切苦恼众生”，写成《仁学》一书。按照梁启超的说法，《仁学》是欲“冶哲学、科学、宗教于一炉”。在《仁学》中，他的确用了不少笔墨，论述了宗教问题。

谭嗣同认为，宗教的作用主要表现在：其一，使民众有所“系属”，即有所归依；其二，使民众有所“慰藉而启悟之”，即为民众提供一精神家园，使其得到精神上的慰藉，进而使精神得以升华。这样便能收到“道德一，风俗同”的效果（《仁学》四十）。为深入说明宗教的社会作用，他反复说明了“学”“政”“教”三者的关系。他说：

> 一曰学，二曰政，三曰教……教则总括政与学而精言其理。（《书简·上欧阳中鹄》十）
>
> 教不行而政敝，政敝而学亡。故言政言学，苟不言教，则等于无用，其政术学术，亦或反为杀人之具。（《仁学》四十一）
>
> 教能包政、学，而政、学不能包教。（《仁学》四十八）

他认为，宗教能为政治、学术提供基本价值取向，因此它是政、学的灵魂和根本。它规定了政、学的方向，对政、学起统率作用；对政、学而言，教是最高者。他的结论是：“教之大，为天下所不能逃。”（同上）“不论何教，于民皆有益，总胜于今之摈弃愚贱于教外，全然不去理会也。”（《书简·上欧阳中鹄》十）在他看来，西方所以富强，与长期信奉基督教有直接关系，近邻“日本变法之易，繁惟佛教隐为助力”（《仁学》三十九），而中国所以衰微不振，则同“无教”有很大关系，因此提倡宗教乃是当务之急。

谭嗣同又进而分析了宗教的起源，并预测宗教的未来前途，提出了一些颇有价值的观点。他认为，宗教只是人类社会发展到一定阶段的产物。当人类初生的“洪荒太古”时代，“无教主，亦无君主”，后来才“渐有教主、君主”。到“据乱世”，“君主始横肆，教主乃不得不出而剂其平”（《仁学》四十八）。而随着人类文明高度发展，“人人可有教主之德，而教主废”，“不惟无教主，乃至无教”（同上）。到人类社会发展到高级阶段，宗教终将自行消亡。他又说：“有恶劣之众生，而后有神圣之教主。”（同上）就是说，因为有恶方需要宗教去恶，因为有“君主横肆”，教主才出来“剂其平”，谋求社会的平等与公正。他的用意在于说明，当时的中国既然尚处在“君主横肆”“众生恶劣”的据乱世，那么提倡宗教、发挥宗教的社会功能就是很必要和重要的了。

对宗教的功能、作用，以及当时中国之所以必须提倡宗教的原因作了比较系统论述的是梁启超。虽然，梁的议论发表较晚（1902 年），但它的影响更大。

对于宗教的功能作用，梁启超是从比较宗教家与哲学家的“长短得失”说起并展开的。他认为：“言穷理则宗教家不如哲学家，言治事则哲学家不如宗教家。”（《论宗教家与哲学家之长短得失》，《饮冰室合集·文集》之九）善“治事”乃是宗教之所长。“历史上英雄豪杰，能成大业轰轰一世者，殆有宗教思想之人多”（同上），便有力地证明了这一点。他说，在西方，“再造英国”的克伦威尔，“再造法国”的女杰贞德，美国最伟大的两大总统华盛顿与林肯，“孕育意大利”的玛志尼、加富尔等人，所以历千难、成大功，名垂青史，皆“宗教思想为之也”。日本明治维新的发动、倡导者西乡隆盛等人，“所以蹈白刃而不悔，前者仆后者继者”，亦“宗教思想为之也”。中国维新派的两大杰出代表康有为、谭嗣同，虽富哲学思想，然“其所以能震撼宇宙，唤起全社会之风潮，则不恃哲学，而仍恃宗教思想之为之也”（同上）。

梁启超进而指出，宗教“何以宜于治事”，是由于以下五因：其一，“无宗教思想则无统一”。宗教能通过统一的信仰使民众“精神结集于一团”，达到思想上的统一与团结，它具有强大的凝聚力。其二，“无宗教思想则无希望”。宗教讲灵魂、重未来，教人将希望寄托于此二者，视之为“安身立命之地”。因为轻肉体，便能激发人们“任一切事”的勇气。其三，“无宗教思想则无解脱”。宗教教人将现实世界与肉体视为虚幻，这就使人得以彻底解脱，从根本上放弃对声色、货利、名位的沾恋、追求，使人一无牵挂，从而自觉舍身救世。其四，“无宗教思想则无忌惮”。基督教的“末日审判”说、佛教的因果报应说使人因惧“收恶果于明日”而不敢“造恶业于今日”，因有忌惮而自觉约束自己。其五，“无宗教思想则无魄力”。宗教认为灵魂不灭，这就使人不畏死亡，从而养成人们“雄强刚猛”的大无畏精神（均同上）。

概言之，“哲学贵疑，宗教贵信”。虽然信有正信与迷信，但不论其正与迷，“苟既信矣，则必至诚；至诚则能任重，能致远，能感人，能动物。”（同上）此外，宗教又能使人自觉“克制情欲，使吾心不为顽躯浊壳所困”（《新民说·论自由》）。这些都是与英雄人格相统一的。当时的中国，为了救亡与振兴，正要求人们不计个人得失，敢于任事，勇于牺牲，发扬坚韧不拔、百折不挠的精神。他认为，这些都可以从宗教思想、宗教精神中获得。所以他说：“宗教者，铸造国民脑质之药料也。”（《论支那宗教改革》，《饮冰室合集·文集》之三）

在20世纪初，梁启超虽大力提倡宗教，但他从不自命为宗教家，因此，他对宗教的作用、影响作了极为客观、全面的分析。从一开始他便指出，宗教是既有其长又有其短的。他说："宗教与迷信常相为缘"，"一有迷信，则真理必掩于半面，迷信相续，则人智遂不可得进，世运遂不可得进。"（《论宗教家与哲学家之长短得失》）此外，宗教还存在"窒人思想自由""持门户以排外"等弊端（《保教非所以尊孔论》，《饮冰室合集·文集》之九）。他还指出："科学之力日盛，则迷信之力日衰；自由之界日张，则神权之界日缩。"（同上）随着世界日趋文明进步，宗教将日趋萎缩。应该说，这些议论是清醒的、正确的。但是，他揭示这些，并非是要否定在中国提倡宗教的必要。

梁启超认为，宗教虽存在明显的问题，但当时的中国却又必须提倡宗教。这是由当时人类文明程度、特别是当时中国的文明程度所决定的。他写道：

吾祖国前途有一大问题，曰："中国群治当以无信仰而获进乎？抑当以有信仰而获进乎？"是也。信仰必根于宗教。宗教非文明之极则也，虽然，今日之世界，其去完全文明，尚下数十级，于是乎宗教遂为天地间不可少之一物。（《论佛教与群治之关系》，《饮冰室合集·文集》之十）

对于"以教育代宗教"说，梁启超是不以为然的。他认为，即使此说可以成立，也只可施之于文明发达的国家。当时的中国，新教育才刚刚起步，完全缺乏以教育代宗教的条件。他的最终结论是，在当时的中国，"信仰问题终不可以不讲"（《论佛教与群治之关系》，《饮冰室合集·文集》之十）。为增强说服力，他又以日本为例证。他说，日本三十年来学习西方虽有成效，但也存在明显问题，这便是"民智大进而民德反下”。日本“所以虽受西人之学而效不及彼者”（《论宗教家与哲学家之长短得失》），原因正在于忽视了宗教的作用。后起的中国应吸取这一教训。

可贵的是梁启超在提倡宗教的同时始终不曾忽视宗教的弊端。为了既用其长又去其短，他一方面提倡宗教，另一方面又主张容纳反宗教的无神论者。他认为，“一国之中，不可无信仰宗教之人，亦不可无摧坏宗教之人”，且二者“不必以操术之殊而相非也”（同上）。基于此，他又主张“政教分离”，不赞成国内有强大的宗教势力（光绪二十八年四月《与夫子大人书》，《梁启超年谱长编》第277页）。这些议论更清楚地证明，梁启超是站在政治家、思想家，而不是站在狂热的宗教家的立场来提倡宗教的。

二、出于非宗教动因的宗教热情，拟建新宗教的特点

维新派思想家清醒地看到，中国自古以来就是一个缺乏宗教根基，多数民众缺少宗教热忱的国家。而且，除康有为外，多数维新派思想家早年多“不喜宗教”。那么，他们为什么硬要在缺乏宗教根基的中国提倡宗教？他们中多数人对宗教为什么由不喜而喜？他们为什么又在启蒙运动刚刚兴起之时提倡与启蒙并不是很协调的宗教呢？显然，这些都不是出于纯宗教的原因，而是由非宗教的激情所引发而起的。他们所关注的与其说是狭义的宗教，毋宁说是广义的中国文化以至中国的富强；与其说是宗教问题，毋宁说是新民德、新民，增强民族凝聚力，捍卫本土

文化等问题。通过接触西方文化、西方文明，他们看到了宗教的社会功能；有见于中国“无教”，他们便试图弥补中国文化的这一“不足”。

任何宗教无不自我神化、自建迷信，以求得民众对它的绝对信仰。然而梁启超等人在提倡宗教的同时却又反复揭示它的种种问题，并预言它不会永世长存，这实在不像是宗教家的话。而在实际当中，他们所关注的主要是宗教的社会功能，而对宗教自身的问题如宗教仪则、组织和宗教生活等并无多大兴趣。如前所引，王国维曾批评康、谭等人“于学术上非有固有之兴味，不过以之为政治上之手段”，可以说，在宗教问题上也有类似情形。

还有一点值得我们重视，这就是维新派思想家在提倡宗教的同时又鼓动宗教改革。他们曾一再称赞马丁·路德的宗教改革，将它视为西方近代文明的“祖母”，是近代西方政治、学术进步的“原动力”。他们所肯定的乃是改革后的新教，因此他们又一再呼唤中国出现路德式的人物。这说明，他们所提倡的乃是一种符合中国新兴资产阶级需要，有利于中国社会变革和近代化的宗教。大致说来，他们所提倡、所拟建立的宗教，具有如下特点：

其一，他们所提倡的是一种“应用”型即实用型的宗教。梁启超曾将谭嗣同的佛学称之为“应用佛学”（《论佛教与群治之关系》），意思是说谭试图用佛学来激励“成仁取义”的精神，以推动维新事业，目的在于应用。其实，他们所提倡、所拟建立的宗教都带有明显的应用性，是为政治、为现实需要服务的。在他们心目中，宗教只是一种工具、手段。概言之，他们是要通过宗教“统一民志”“统一国民精神”，收到“一其心，一其力”的效果；是要建立一种新的人生观、生死观，让人们摆脱外界的束缚和对外物的依恋，激发人们“舍身救世”的精神；是为了摆脱文化危机进而摆脱民族危机，最终使中国走向富强。

其二，他们所提倡的是一种道德宗教。对于宗教的社会功能，他们更看重的是它的教化功能。他们是着重从教化之教来理解、提倡宗教的。基督教在西方社会的教化功能给他们留下了深刻印象，即使是对宗教不太感兴趣的严复，对此也曾述及，认为它能增进民德。他们很重视宗教的戒律，梁启超说："凡诸教门，无论大小，莫不有戒，戒也者进民德之一最大法门也。"（《论宗教家与哲学家之长短得失》）可见，他们讲应用，更主要是想用宗教去提高全民的道德水准。梁启超所列种种宗教思想和宗教精神，其实正是他这一时期所提倡、向往的理想人生态度和理想人格。总的说来，他们所强调的是宗教的德性而非神性。

其三，他们所提倡的是本土的、民族主义的宗教。他们所以提倡宗教，既是看到了基督教在西方的社会功能，也是因为受了基督教势力在华日益扩张的刺激与逼迫。他们的这一举动既是学习西方，也是为了抵御西方的文化扩张，捍卫中国的本土文化。梁启超曾说："保教之论何自起乎？惧耶教之侵入，而思所以抵制之也。"（《保教非所以尊孔论》）陈宝箴在给光绪皇帝的奏折中也说，康有为所以"推崇孔子为教主"，欲建孔教，是"欲与天主耶稣，比权量力"（《奏厘正学术造就人才折》，《戊戌变法》第二册，第358页）。这是符合实际的。维新派思想家虽与西方教士有交往，并通过他们接触"西教"，但他们在提倡宗教时，没有一个人主张接受、传播基督教。他们或是主张复兴"孔教"，或是主张复兴久已中国化的佛教，所要建立的乃是纯粹的本土宗教、民族主义的宗教①。

① "东渐"的基督教不仅受到中国，也受到亚洲其他国家的排拒。在这一时期，锡兰（斯里兰卡）、印度、日本、越南、朝鲜等国的佛教徒曾发动了佛教复兴运动，以抵制基督教，并与中国佛教徒有联系。参见高瑞泉主编：《中国近代社会思潮》（华东师范大学出版社，1996年版）第418～419页。

其四，他们所提倡的又是一种不具有强烈的排它性、相对宽容的宗教。任何宗教都具有强烈的排它性，从古至今宗教之争所以屡屡不绝，甚至因此而血流遍地，原因正在于此。但一些维新派思想家在提倡宗教的同时又主张信仰自由。梁启超说：“（康）先生之言宗教也，主信仰自由，不专崇一宗排斥外道，常持三圣一体，诸教平等之论。”（《南海康先生传》第六章）而梁启超本人则更进一步，他甚至认为“一国之中”“亦不可无摧坏宗教之人”。所以如此，一方面是为了贯彻这一时期他们所提倡的思想自由，同时也是为了避免同已传入的西方基督教发生尖锐的对立和冲突。这也进一步反映，他们并无强烈的宗教意识和宗教情感。

最后需要说明的是，一些维新派思想家出于非宗教的动因，试图在缺乏宗教传统的中国建立宗教，并想让它发挥西方基督教那样的社会功能，这显然是空想，是注定不能成功的。

三、康有为建立孔教的主张

如前所说，在维新派思想家中只有康有为在早年便关注宗教，具有宗教热情。他曾“搜合诸教”，对佛、道以至“耶氏之书”均作过一番研究，并有一定心得。可是，他在戊戌时期大力提倡宗教，急切要求建立孔教，同样主要是出于非宗教的动因。梁启超后来曾说，康所以尊孔子为教主，是因为他“误认欧洲之尊景教为治强之本，故恒欲侪孔子于基督”（《清代学术概论》二十三，《饮冰室合集·专集》三十四）。黄遵宪也说：“南海见二百年前天主教之盛，以为泰西富强由于行教，遂欲尊我孔子以敌之。”（《致饮冰主人书》，见《梁启超年谱长编》第280页）此外，陈宝箴也有类似说法：“康有为当海禁大开之时，见欧洲各国尊崇教皇，执持国政，以为外国强盛之故，实由于此。”（《奏厘正学术造就人才折》，《戊戌变法》第二册第358页）这些说法大体符合实情，康在戊戌时期所表现出的宗教热情同样是出于非宗教的动因，其最终目的在于致中国于富强。他的保教是与保国、保种紧紧连在一起的，三者是一个完整口号。

对于宗教，康有为“常持三圣一体，诸教平等之论”（梁启超：《南海康先生传》第六章）。因此，他对佛教、基督教都有所肯定、称赞。据梁启超说：“先生于佛教，尤为受用者也。先生由阳明学以入佛学，故最得力于禅宗。”“先生之修养实在于是，先生之受用实在于是。”（同上）可见，佛教对康的影响甚深。康有为早年曾说：“圣人之教，顺人之情，阳教也；佛氏之教，逆人之情，阴教也。”可是天不能有阳无阴，所以，“二教者终始相亲，有无相生”（《康子内外篇·性学篇》），是相辅相成，相互补充的。对于基督教，他既有批评也有肯定。他认为：“耶教言灵魂界之事，其圆满不如佛；言人间世之事，其精备不如孔子。然其所长者，在直捷、在专纯，单标一义，深切著明，曰人类同胞也，曰人类平等也，皆上原于真理，而下切于实用，于救众生最有效焉。”（梁启超：《南海康先生传》第六章）他对基督教人类同胞、人类平等的思想是十分欣赏的。但是，在戊戌维新前后，他极力提倡的却不是佛教，也不是基督教，而是“孔教”。所以如此，是由于以下原因：

首先，这是从中国国情出发而作的选择。对此，梁启超曾作了很好的说明。他说：

先生之布教于中国也，专以孔教，不以佛耶，非有所吐弃，实民俗历史之关系，不得不然也。(同上)

诸教虽各有所长，然按历史、因民性，必当以孔教治中国。(同上书，第八章)

梁启超又具体解释说，康所以提倡宗教，是为了“统一国民之精神”，而“欲从而统一之，非择一举国人所同戴而诚服者，则不足以结合其感情，而光大其本性”（同上书，第六章)。孔子在中国久已是举国公认的圣人，是思想、文化领域的最高权威，因此，尊戴孔子为教主最易得到国人的认同，最易统一中国人的精神。

其次，康有为所以提倡孔教，是为了抵制西方日益严重的文化宗教扩张，捍卫中国的本土文化。自鸦片战争后，中国所面临的来自西方的挑战，不仅是军事的、经济的、政治的，还有文化的。而就文化挑战、冲突、危机而言，给国人带来直接刺激的是西方基督教的日益深入的渗透、扩张。西方诸教会以武力、强权为后盾，在中国各地无孔不入地渗透，最终显然是欲使中国“西化”，让中国人自觉接受西方所安排的秩序。正像后来章太炎所说，他们教人崇拜上帝，实是崇拜“西帝”。对于西方的这种图谋，康有为是有清醒认识的。他认为，西方传教是“欲以教易人之民，其后以争教取人之国。”（《请商定教案法律，厘正科举文体，听天下乡邑增设文庙，以尊圣师而保大教折》，《杰士上书汇录》卷二）他又指出：“外夷邪教……煽惑吾民，直省之间，拜堂棋布，而吾每县仅有孔子一庙，岂不可痛哉！”（《上清帝第二书》）在当时的中国，西方宗教已渐占优势。早在1891年，他便预言，西方列强“以国力行其教，必将毁吾学宫而为拜堂，取吾制义而发挥《新约》，从者诱以科第，不从者绝以戮辱，此又非秦始坑儒比也。”（《答朱蓉生书》）

这种文化侵略，后果实堪忧虑。正是出于这一估计，进而为了改变这种局面，他大力提倡孔教。显然，康有为提倡孔教，明显具有抵御西方的文化、宗教扩张，捍卫中国本土文化、挽救中国文化危机的意图，具有鲜明的民族主义色彩。

再次，康有为所以看中孔教，也是因为孔教属“人道教”，因而最有益于“人道”。他说，“耶、佛、回诸教皆言神”，属“神道教”，而孔子之教则为“人道教”，它的宗旨是“明人伦以正人道”（《陕西孔教会讲演》），故对人最为有益。虽然，康关于“人道教”的说法明确提出是在辛亥革命以后，但在此之前他便有这一思想。试图更好地发挥“教”的教化功能，这也是康有为提倡孔教的重要原因。

这里需要说明的是，孔子之教是否具有宗教性质、是否属于宗教，直到今天学术界仍有争论。对此，大多数人持否定态度。但康有为始终视孔子之教为宗教也并非全然无因，这是因为后来的儒家、儒学的确具有一些宗教色彩。其一，长期来孔子已成为中国的“至圣先师”，两千年来中国“咸以孔子之是非为是非”（李贽：《藏书·世纪列传总目前论》），对孔子的思想言论只准尊信，不容怀疑，这显然具有信仰主义色彩；其二，与之相应，长期来孔子已被人为地神化，从京师到各府州县均有孔庙（文庙），而且有一套法定的祭祀典礼，孔子在中国的地位实际上已等同于神；其三，孔子本人虽“不语怪、力、乱、神”（《论语·述而》），对鬼神取慎重的存疑态度，但后代儒家和统治者却提倡“神道设教”，并将它当做统治、教化民众的重要手段。正因为如此，中国长期来将儒与释、道并列，合称“三教”。鉴于上述事实，所以康有为将孔子之教看做是宗教。

不过，仅凭上述几点是难以充分发挥孔子之教的宗教功能的。为将孔子之教改造为一种与佛、耶、回诸教相似的宗教，康有为从一开始便

"以神秘性说孔子"，对孔子大加神化，硬将孔子打扮成一位宗教教主。早在1891年，他即宣称"孔子为创教之圣"（《答朱蓉生书》），后来他又常引纬书无端神化孔子。他宣称，孔子乃"黑帝降精"而生，"为神明，为圣王，为万世作师，为万民作保，为大地教主"，以"救民愚"（《孔子改制考·序》）。又说："盖天不能言，使孔子代发之。故孔子之言，非孔子言也，天之言也；孔子之制与义，非孔子也，天之制与义也。"（《春秋董氏学》卷五）既然孔子为天帝所生所降，是天的代言人，其学说实则是天的意志，自然人人必须尊崇，是理所当然的"大地教主"。康有为既欲将孔子之教变为宗教，势必要神化孔子，这是合乎逻辑的必然之举。但是，他所采用的手段无疑过于简单粗糙。这些出自于纬书的荒诞言辞在科学主义已开始流行的近代中国是不会有什么效果的。

为使孔子之教发挥他所期望的社会功能，康有为不仅神化孔子，又对孔子和孔子之教按自己的意图、需要作了一番改造、重塑。他在提倡孔教的同时又进行所谓"孔教复原"的工作，并"以孔教复原为第一著手"（梁启超:《南海康先生传》第六章）。对此，本书已在第五章作了评介，这里不再重复。概言之，康有为的意图是不仅要把孔子之教改造为宗教，而且要改造为一种符合新兴中国资产阶级的需要，为变法维新事业服务的新宗教，是一种具有浓厚政治色彩的新宗教。

为将孔子之教改造为宗教，康有为一再主张并要求在全国各地建立孔教的组织系统，并切实展开传教，布道活动。在戊戌维新时，康有为念念不忘的一件大事，便是一再要求皇帝立即建立孔教组织。早在《公车上书》中，他便向光绪皇帝建议：

今宜亟立道学一科，其有讲学大儒，发明孔子之道者，不论资格，并加征礼，量授国子之官，或备学政之选。其举人愿入道学科者，得为州县教官。其诸生愿入道学科者，为讲学生，皆分到乡落，讲明孔子之道……并令乡落淫祠，悉改为孔子庙，其各善堂会馆，俱令独祀孔子，庶以化导愚民，扶圣教而塞异端。(《上清帝第二书》)

在“百日维新”开始后，他又上书光绪皇帝，建议设立孔教会，总会总理由衍圣公担任，下设“督办”“会办”，各省、府、州、县设立分会，推举有学行的士人充当“分办”。在此之后他一直没有放弃这一主张，辛亥革命后又变本加厉作鼓吹，并正式建立了孔教会的组织。这些已越出本书范围，就不作评介了。

四、谭嗣同以佛为主融合儒佛的主张

“仁——通”是谭嗣同思想体系中的基本观念。基于这一观念，他强调佛、孔、耶三教相通。他认为，各教都有“相同之公理二：曰慈悲，曰灵魂”(《仁学》十三)。佛、孔、耶三教无不讲灵魂，也无不讲慈悲。同时他又认为，这三教创立时，教主都是企图变不平等为平等。这便是所谓“三教不同，同于变；变不同，同于平等”(《仁学》二十七)。可见，三教在基本点上是相通的。所以，他曾说，对三教的教主，“吾拜其一，则皆拜之矣”(《仁学》二十八)。

和康有为一样，谭嗣同也将孔子之教看做是宗教。作为中国人，他自然要关注孔教。他认为，原始孔教的宗旨具有鲜明的平等、民主精神，它原本可以“遍治地球”，在世界流传，如同今天的耶教。可是，后世的儒者和统治者败坏了孔教，也削弱了孔教，使它的影响面越来越小。这主要表现在：其一，和西方人人得礼拜于教堂不同，中国只准“官中学中人”祭拜孔子，“至不堪，亦必纳数十金鬻一国子监生，始赖以骏奔执事于其间”，而将广大的“农夫野老”完全排拒于孔庙“门墙之外”。结果，不仅使孔教的影响不及于民间，而且使民众势必以为“孔子庙，一势利场而已矣”，“如此，又安望其教之行哉!”（《仁学》四十）。其二，“西人之尊耶稣也，不问何种学问，必归功于耶稣”，而中国后世儒者羞称事功，轻忽学问，不讲刑名、“兵陈”，也不讲“果报轮回”，将这些均排斥在孔教之外。结果就使“孔子之道，日削日小，几无措足之地”（同上），最终势必给异教让出地盘。更为严重的是，后世儒者又使孔教变质，使它完全失去原先的平等、民主精神。今天的孔教早已不是它的原貌（详见本书第五章）。从上述议论可以看出，谭嗣同对孔教存有一种复杂的矛盾心情：既欲保存光大，又对它严重不满。因此，他发出了“吾甚祝孔教之有路德也”的呼声（《仁学》三十），期望对孔教进行一番改革，使之复原、新生。

但是，谭嗣同1896年“北游访学”之后，主要是接受了佛教的影响。在此之后，他“昼夜精持佛咒，不少间断”（《书简·上欧阳中鹄》十），沉湎其中。因此，他虽讲三教相通，但又强调佛教博大精深，包罗万象，最为伟大。他说：

佛教纯者极纯，广者极广，不可为典要。惟教所适，极地球上所有群教群经诸子百家，虚如名理，实如格致，以及希夷不可闻见，为人思力所仅能到，乃至思力所必不能到，无不异量而兼容，殊条而共贯……佛教能治无量无边不可说不可说之日球星球，尽虚空界无量无边不可说不可说之微尘世界。尽虚空界，何况此区区一地球？（《仁学》三十九）

所以，他一再说："佛教大矣，孔次之，耶为小"（《仁学》二十七），"佛能统孔、耶"（《仁学·自叙》），"言佛教则地球之教可合而为一"（《仁学》三十九）。他甚至提出所谓"西学佛源"说，竟认为"西学皆源于佛学"（《仁学》十七）。他试图以佛教、佛学统一、囊括世界的一切宗教、一切学说，他对于佛实在是狂热得很。

对于佛教、怫学，谭嗣同虽然讲得十分虚玄，但他所提倡的实际上是梁启超所说的"应用佛学"。所谓应用佛学即是入世佛学，旨在救世救民。他所以看重佛教，主要是看中它的救世功能。他认为，佛教的救世功能主要表现在下面两方面：对精英阶层、知识阶层来说，佛教可使人树立以物质世界和人的肉体为虚幻的宇宙观，改变他们对自我和外部世界的根本态度。因为接受了"生固非生，灭亦非灭""身为不死之物"的理论，"然后好生恶死之惑可祛也"（《仁学》十三），这样便能激发杀身成仁、舍身取义的精神，勇于舍身救世。通过佛学，尚可激励、增长"心力"，进而感化他人，做到"以心挽劫"。对于广大的"愚夫愚妇"来说，佛教的因果报应和轮回说则可使人不敢作恶，积极为善，从而使人心风俗日趋于良。应作说明的是，谭嗣同即使崇佛之后，对各种世俗迷信依然持否定态度。他认为，"妄拟鬼神之体魄，至以土木肖之"，进而衍生出各色迷信活动，实则是重体魄、轻灵魂的表现，与佛教宗旨并不相符。而"皆泥于体魄，转使灵魂之义晦昧而不彰"（《仁学》十四），是不可取的。这反映，谭所提倡的佛教，与世俗带有明显鬼神迷信色彩的佛教是有区别的。

谭嗣同提倡的佛教不仅是"应用"型的，而且又渗透了儒学的精神。为此，他一再证明孔与佛相通。他说："《大学》盖唯识之宗也。"《大学》的八条目"与四法界合也"，而朱熹所补的格致传，"实用《华严》之五教”。他认为，只要人们“好学深思”，细心体悟，就不难发现“六经未有不与佛经合者也”（均见《仁学》二十六）。他还主张将孔教的精神“附于佛教以行其精意”（《书简·上欧阳中鹄》十）。可见，他所提倡的佛教又是一种藏有儒家精神、与儒相通的佛教。所以我们看到，谭虽高扬佛教，但他所著书仍名曰《仁学》，明确以仁为“天地万物之源”。如果说当年宋儒是援佛入儒，那么，谭嗣同则主要是援儒入佛、将儒“附于佛教”，这一位置的颠倒从一个侧面反映了儒学在近代地位的变化。

谭嗣同提倡佛学主旨在于救世救民。他在提倡佛教的同时又否定世俗迷信，并又援儒入佛，欲借佛教行儒家之“精意”。这些都说明，他所提倡的佛教是道德型的。

五、梁启超否定孔教为宗教和对佛教的高度赞扬

虽然，从一开始梁启超便对其师康有为“以神秘性说孔子”不满，但当“保教”口号提出后，他也曾是拥护者。他曾戏称，他“亦此旗下之一小卒徒也”（《保教非所以尊孔论》，《饮冰室合集·文集》之九）。不过，不久他就受严复“教不可保，而亦不必保”说的影响，对“保教”说发生怀疑、动摇。酝酿至1902年，他终于发表专文，公开驳斥保教说，反对其师康有为建立孔教的主张。梁启超首先否认孔子是创教的教主。他说：

孔子未尝如耶稣之自号为化身帝子，孔子未尝如佛之自称统属天龙，孔子未尝使人于吾言之外皆不可信，于吾教之外皆不可从。孔子，人也，先圣也，先师也，非天也，非鬼也，非神也。（同上）

他认为："孔子者，哲学家、经世家、教育家，而非宗教家也。"（同上）这就如实地恢复了孔子的本来面貌。

进而，他对什么是宗教作了如下说明：

西人所谓宗教者，专指迷信宗仰而言，其权力范围，乃在躯壳界之外，以灵魂为根据，以礼拜为仪式，以脱离尘世为目的，以涅槃天国为究竟，以来世祸福为法门。诸教虽有精粗大小之不同，而其概则一也。（《保教非所以尊孔论》，《饮冰室合集·文集》之九）①

梁启超的这种说法尽管不很全面、准确，但大体概括了宗教的一些基本特征。他认为，孔子"所教者，专在世界国家之事，伦理道德之原，无迷信，无礼拜，不禁怀疑，不仇外道"（同上），根本不具有宗教的那些性质、特征，与宗教全然对不上号。他明确认为：

孔教者，教育之教也，非宗教之教也。其为教也，主于实行，不主于信仰。（《论佛教与群治之关系》，《饮冰室合集·文集》之十）

① 在此稍前，严复也曾对宗教作了说明。他说："西国所谓教者，其文曰鲁黎礼整。考其故训，盖犹释氏皈依之义矣。故凡世间所立而称教者，则必有鬼神之事，祷祠之文，又必有所持受约束，而联之以为宗门徒党之众。异夫此者，则非今西人之所谓教也。"（《原富》部戊篇一按语）可见，严复也不认为孔子之教是宗教。

他指出，硬要把孔教变为宗教，且“事事摹仿佛耶”，这不仅行不通，而且是对孔子和孔子之教的歪曲，“诬孔子不已甚耶”，他又进而指出，今天硬变孔教为宗教，还会造成以下弊端：一、尊孔子为教主、定孔教为国教，势必“阻人思想自由之路”，不利于思想解放；二、若定孔教为国教，“强民使从”，必将引发教争，“为国民分裂之厉阶”，“吾国将自此多事矣”；三、一旦打出“保教”旗帜必将使日益加剧的“教案”更加频繁，“有妨外交”（均见《保教非所以尊孔论》）。因此，他对保教说反对甚力。

梁启超反对变孔教为宗教并不表明他反对在中国建立宗教。相反，如前所说，他当时乃是提倡建立宗教最积极的一员。他断言，在当时只有使民众树立信仰方能推动中国社会的进步。他又强调，在一个“畴昔无信仰之国而欲求一新信仰”，则应“求之于最高尚者”（《论佛教与群治之关系》）。那么，哪一种宗教信仰是“最高尚”的呢？他坚定地认为，在现有各教中佛教是最好的。他一再让人们相信：“信仰他教或有流弊，而佛教决无流弊也。”（同上）所以如此，是因为佛教信仰具有如下特点：

其一，“佛教之信仰乃智信而非迷信”。其他宗教乃是让教徒“强信”“盲信”，而佛教充满“哲学学理”，它是让人“积真智求真信”，所以“信而不迷”①。

其二，“佛教之信仰乃兼善而非独善”。佛教反对“独觉”而主张普度众生，“故舍己救人之大业，惟佛教足以当之矣”。

其三，“佛教之信仰乃入世而非厌世”。佛教不是“厌世教”，它虽也讲天堂，但所指“非有形之天堂，而无形之天堂；非他界之天堂，而

① 这与他“宗教与迷信常相为缘”的观点是矛盾的。

本心之天堂。”它是不与人隔绝的，这同基督教“与人绝之天国”有明显的高下之分。

其四，“佛教之信仰乃无量而非有限”。佛教认为善恶“报诸永劫”，所以它的灵魂说优于其他宗教，尤其胜于基督教的“末日审判”说。

其五，“佛教之信仰乃平等而非差别”。他教均“率众生以受治于一尊之下”，而佛教“使人人皆与佛平等”。

其六，“佛教之信仰乃自力而非他力”。佛教的因果报应说使人懂得“自作自受”的道理，最有利于勉人为善（均同上）。

梁启超称谭嗣同的佛学是“应用佛学”，其实他所提倡的佛学、佛教具有更鲜明的应用性，充满了入世精神。他所以热心提倡佛教是为了给变法维新、给中国的近代化事业寻找一种精神支柱，提供一种精神动力。他认为，佛学与佛教可以发挥以下功能：

首先，佛教“器世虚假，躯壳无常”的世界观、人生观可以使人“勇猛精进”。梁启超说：“人之所以不能成大业者，大率由为外境界之所束缚也。声焉，色焉，货利焉，妻孥焉，名誉焉，在在皆可沾恋。一有沾恋，则每遇一事之来也，虽认为责任之所不容诿，而于彼乎、于此乎，一一计度之”（《宗教家与哲学家之长短得失》），势必瞻前顾后，逡巡不前。而佛教指出，“此器世间者，业障之所成耳”，是虚幻不实的。人们一旦接受并树立这种世界观，自能摆脱对外间的一切“沾恋”，“得此法门，则自在游行，无罣无碍，舍身救世，直行所无事矣。”（同上）他又说：“今夫众生之大蔽，莫甚乎有我之见存。有我之见存，则因私利而生计较，因计较而生罣碍，因墨碍而生恐怖，驯至一事不敢办，一言不敢发。充其极也，乃至见孺子入井而不怵惕，闻伶榻之呻吟而不动心”，“于是乎大不仁之事起焉”（《仁学序》），《饮冰室合集·文集》之三)。而佛教认为，我的肉身乃“四大之所合耳”[1]，它并无自性，同样是虚幻的。人们一旦认识到“我之一身”“如此其虚幻”，自然会激发“舍其身以为众生之牺牲”的精神（同上），产生大无畏的勇气。这样一种勇气，是只有宗教特别是佛教才能培养出来的。

其次，佛教的因果报应说可以勉人向善，并进而推动社会群体的进步。佛教的业报说认为，善因造善果，恶因造恶果，“今之所造，即后之所承，一因一果之间，其应如响，其印如符，丝毫不能假借”（《论宗教家与哲学家之长短得失》）。而且，因为“业力不灭”，这种因果关系将“递引于无穷”。梁启超认为，佛教的业报说最“切于人事，征于实用”（《论佛教与群治之关系》），它使人懂得“自作自受”道理，从而对自己的言行取更加审慎、负责的态度。它不仅可以使人为“救吾本身之堕落”而造善因，而且使人为救社会的堕落而造善因。他相信，只要人人皆明业报之理，便能自觉造善因，善因“递续不断，而吾国遂可以进化而无穷”（同上）。就是说，佛教的业报说不仅有利于完善自我，也有利于完善社会，推动社会的文明进步。

梁启超曾说，其师康有为“往往以己意进退佛说”（《清代学术概论》三十）。其实，戊戌时几位崇佛的维新派思想家，大都“以己意进退佛说”。后来，梁启超曾明确说：“隋唐之佛教，非复印度之佛教，而今后复活之佛教亦必非复隋唐之佛教。”（同上书，三十三）他们所提倡的乃是一种“新佛教”，实际上是进行了一场“佛教上之宗教改革”（同上）。显然，他们所提倡的佛教具有鲜明的时代性，它不仅被赋予了平等精神，而且被赋予了新的时代使命。他们所以提倡这种新的

[1] 佛教认为，地水火风是构成万物、世界的四大元素，故称四大。依据近代化学的元素说，梁又说：“我之一身，分合六十四原质中之各质组织而成。”（《仁学序》）两说是同一意思。

佛教，是为了向国人提供一种宗教的世界观、人生观，激励国人积极向善，舍身救世，为推动变法维新和中国的社会进步服务。梁启超曾说，他们所以提倡佛教是为了解决国人“精神上之饥饿”（同上）。应该说，那个时代国人存在“精神上之饥饿”是事实，但试图用佛教、佛学作主要食粮，那是错了。

最后需要说明的是，梁启超虽然深爱西学，但他对基督教始终缺乏好感，评价不高。他同样反对基督教在中国的流行。他的理由主要是：一、“景教与我民族之感情，枘凿已久”，西方传教士以及一些“教民”的横暴久已引起国人的反感、愤慨，频频发生于各地的“教案”便证明了这一点；二、基督教是西方列强的侵略工具，“数强国利用之以为钓饵，稍不谨而末流之祸将不测也”，对此不能不有所警惕；三、基督教的教义“非有甚深微妙，可以涵盖万有，鼓铸群生者”（均见《论佛教与群治之关系》），它并不高明，并不能对提升中国人的精神起到多大作用。概言之，梁启超反对基督教在中国的传播，而极力提倡佛教，同样含有捍卫中国本土文化的意图。

第八章

经济近代化的种种设想

中国“今日所大患者，贫弱也”（康有为：《上清帝第四书》），这不仅是维新派的认识和估计，也是当时大多数中国人的共同认识和估计。要求改变这种局面，既是维新派的奋斗目标，也是当时一切忧国之士的共同愿望。自鸦片战争后，几代中国人无不在追求实现国家的富强。起初，洋务派重在“求强”，但不久他们便发现，不“求富”是无法“求强”的。于是，他们又提出“求富”的口号。早期维新派对此有更深刻的认识，作了更多的分析。此后，“国非富不强”“能富而后能强”便成为中国一切变革者的共识。所以，在《公车上书》中康有为明确指出：“变之之法，富国为先”，对实现“富国”表示了高度重视。

可以这样说，自古以来国家最高统治者无不期望“国富”。但是，他们心中的“国富”只是国家府库的充盈。维新派思想家则明确认为，国富是建立在社会经济发展、人民富裕的基础上的，只有民富才能实现国富。宋恕说：“自古及今，未有十室九空而不酿乱，家给人足而不成治者也。”所以，“海外望国”无不“极力求富而藏之于民”（《六字课斋卑议［印本］·民瘼篇·患贫章》）。康有为认为：“百姓匮乏，国无以为富也。”（《上清帝第二书》）严复则说：“所谓富强云者，质而言之，不外利民云尔。”（《原强修订稿》）可见，由实现民富而达到国富是维新派的共同主张。

维新派又指出，处于当时的历史时代、历史环境，民富只有通过发展资本主义经济、建立资本主义生产方式的途径来实现。中国必须从以农立国转变为以工商立国或以工立国，及时告别农业文明迈向工业文明。早在甲午战争前，一些早期维新派思想家便先后指出，西方之所以富强，不仅在于政治上实现了议会民主制，还在于它们在经济上“以工商立国”。两者相辅相成，缺一不可。到戊戌时期，这一认识就更为明确。维新派在呼吁政治制度变革的同时，又提出了经济制度、经济结构变革的任务。对于经济近代化在整个近代化过程中的地位作用，他们中多数人是有所认识的。

从维新运动一开始，维新派便很关注经济问题。1895 年 5 月，在著名的《公车上书》中，康有为就提出了他的经济纲领。在他所创办的《中外纪闻》中，要求发展近代经济的文章占有重要比例，涉及发展近代工矿、商务、交通、农业、邮政以及货币诸问题①。此后，在"百日维新"期间，康有为所上奏折，常谈经济问题，而在光绪皇帝颁发的新政上谕中，有关经济问题的比重也很可观。可见，要求实现经济近代化也是戊戌思潮的重要内容。

这里需要说明的是，在戊戌时期多数维新派思想家还刚刚接触西学，而相比之下，他们对西方经济学说的了解则更少。因此，他们中多数人的经济思想理论深度是不够的。

一、告别农业文明，迈向工业文明的呼吁

维新运动一开始，维新派的领袖人物便提出了自己的经济纲领。在《公车上书》中，康有为比较系统地提出了一套"富国之法"与"养民之法"。"富国之法有六：曰钞法，曰铁路，曰机器轮舟，曰工矿，曰铸银，曰邮政。""养民之法：一曰务农，二曰劝工，三曰惠商，四曰恤穷。"在《上清帝第三书》中，他又重复了这些主张，可见其对经济

① 参见汤志钧：《戊戌变法史》（人民出版社 1984 年版）第 130 页。

的重视程度。接着，1895 年秋，谭嗣同在给贝元徵的长信中，也提出了他的经济主张。主要内容是："尽开中国所有之矿"，"多修铁路，多造浅水轮船"，"商务则设商部，集商会，立商总，开公司，招民股"，"精求工艺制造"，"兴保险，建官银行"，"岁始豫算，岁终决算"，"讲求植物学，以裨农政，以丰材木"，"讲求动物学，以蕃马政，以溥畜牧"，"续电线，创邮便局以理邮政"等（《思纬壹壶台短书·报贝元徵》）。他们的主张虽然涉及许多方面，但核心是兴办近代工矿交通事业，发展商品经济，采用机器生产，即从农业文明迈向工业文明，走出中世纪的自然经济，实现经济近代化。

在《公车上书》中，康有为提出了"以商立国"的口号，并指出这是形势使然，不得不尔。他说：

> 凡一统之世，必以农立国，可靖民心；并争之世，必以商立国，可侔敌利。易之则困敝矣。（《上清帝第二书》）

这里，康有为所说的"商"是一个宽泛、含混的概念，并非单指狭义的商业，实际上是指近代商品经济。他认为，鸦片战争前中国处于闭关锁国的"一统之世"，可以以农立国，而在战后，中国国门洞开，已被推进世界资本主义经济的旋涡，处于列国"并争之世"，继续以农立国已行不通。在新的时代，经济侵略已成为列强扩张、侔他人之利的主要手段。对一国而言，经济是否发达、商品竞争能力是否强劲至关重要。这就决定了中国必须以商立国。如果不自觉、主动实现这一转变，国家势必"困敝"。他又说："古之灭国以兵，人皆知之；今之灭国以商，人皆忽之。以兵灭人，国亡而民犹存；以商灭人，民亡而国随之。中国之受毙，盖在此也。"（同上）在他看来，相比之下列强的军事侵略是次要的，更值得重视的倒是它们对中国的商品倾销、经济侵略，这足以使中国“受毙”。为了抵御西方的经济侵略，中国就必须发展本国的商品经济。

1897年梁启超也指出：“通商者，天地自然之理，人之所藉以自存也”，中国自古以来那种“不相往来”，“货钱不流”，“以锁港谢客为务”的封建自然经济乃是“吾中国受病之所在”（《史记货殖列传今义》，《饮冰室合集·文集》之二）。这些都反映出要求改造中国以农立国的自然经济，发展近代商品经济，乃是当时维新派的共同愿望。

继康有为“以商立国”之后，梁启超又设想中国“他日必以工立国”（《变法通议·论译书》，《饮冰室合集·文集》之一）。联系这一时期维新派对机器生产的向往，这里梁实际上是提出了在中国实现工业化的理想。以上这些，是戊戌时期维新派经济纲领根本精神之所在。

“以商立国”“以工立国”并不是维新派首次提出的新口号，在此之前，早期维新派即已提出这些主张。但是，由于维新派掌握了进化论这一新的理论武器，他们更自觉地认识到从农业文明向工业文明进步的历史必然性，并对此作了初步的理论说明。从此，这一观念被越来越多的中国人认识，成为人们共同的理想追求。依据进化论，一些维新派思想家指出，人类社会的政治、经济都是按一定规律，依次向前发展进化的。就经济而言，大致是按渔猎—畜牧—耕桑—工商的次第向前递进的。湖南维新志士樊锥认为：

世界之文明愈进，工业之权力愈放，骎至万国一工国也。（《劝湘工》）

他指出，工业化乃是全球发展的必然趋势。对此，康有为有更多论述。在一处他说：“据乱世为大农之世”，“升平世为大工之世”（《春秋笔削大义微言考》卷二）。在另一处又说：“夫野蛮之世尚质，太平之世尚文。尚质故重农，足食斯已矣。尚文故重工，精奇瑰丽，惊犹鬼神，日新不穷，则人情所好也。故太平之世无所尚，所最尚者工而已；太平之世无所尊高，所尊高者工之创新器而已。”（《大同书》庚部第八章）这里具体说法虽不同，但都认为尚工是世界历史趋势。维新派的这一认识不仅是依据进化史观，同时也是出于对西方资本主义发展史、近代化史有更为深入的了解。从瓦特开始的西方工业革命所取得的巨大成就，给他们以极其深刻的印象，使他们惊羡不已。樊锥说，美国“八十余年，产业积多四十余倍”，英国“八十余年，产业积多六七倍”，日本“二十余年，产业积多数倍”，皆“工为之也”（《劝湘工》）。由此他们认为，西方所走的工业化的道路，也应是全人类的共同道路，中国要摆脱贫穷落后，赶上西方，就必须及早实现工业化。

西方的工业化乃是机械化大生产，所谓工业化实则是机械化。对此，中国近代的变革者们是有深刻认识的。早在19世纪60年代，洋务派便开始引进西方近代机械。而早期维新派更明确提出“用机器殖财养民”。维新派既要求实现工业化，他们自然更急切地提倡使用机器，并建立本国的机器制造业。谭嗣同对机器生产的优越性作了这样的说明：

> 假而有货焉，百人为之不足，用机器则一人一日为之有余，是货百饶于人也。一人百日为之不足，用机器则一人一日为之有余，是货百饶于日也。日愈益省，货愈益饶，民愈益富。饶十则富十倍，饶百则富百倍。（《仁学》二十一）

他认为，使用机器将大大节省产品所需的劳动时间，大大增加产品的产量，从而极大地增长社会的物质财富。其实，这里所讲的实际上是如何提高生产力的问题。对此，梁启超作了更为明确、简洁的说明。他说，“民所衣食之原”的多寡，“不以地为界，不以人为界，不以日为界，当以力为界。凡欲加力使大，莫如机器”（《史记货殖列传今义》）。就是说，社会物质财富的多寡，并不完全取决于土地大小、人口多寡和劳动时间的多少，而主要取决于生产力的高低，而提高生产力的关键则在于实现机械化。一旦广泛使用机器，就会极大提高社会生产力，从而收到“一亩所出，能养百人”,“一日所作工，能给百日食”的效果（同上），于是社会便日益富裕。

正是有见于此，梁启超得出了“机器固为富国第一义”，“舍机器之外而即无术以致富”的结论（《复刘古愚山长书》,《饮冰室合集·文集》之三）。而谭嗣同则大声疾呼“机器固不容缓矣”（《仁学》二十一）。他呼吁：“有矿焉，建学兴机器以开之，凡辟山、通道、浚川、凿险咸视此。有田焉，建学兴机器以耕之，凡材木、水利、畜牧、蚕织咸视此。有工焉，建学兴机器以代之，凡攻金、攻木、造纸、造糠咸视此。”（同上）在工、农、矿、交通等部门普通使用机器。他们又进一步指出，作为一个大国，中国的机械化不能仰仗、依赖他人，必须设法“自造各种机器”（唐才常:《拟自造各种机器遏洋货利权议》），建立本国的机器制造业，逐步做到“各国之船械无一不能造，各国之器用无一不愈精”（谭嗣同:《思纬壹壹台短书·报贝元徵》）。

西方的工业化、机械化以至整个近代化是以科学技术的发展为前提和动力的。对此，维新派思想家同样有正确认识。严复指出，西方“制器之备”“舟车之神”等都源于科学（《原强修订稿》）。康有为认为，“立科以奖智学”是西方所以富强的重要原因（《上清帝第四书》）。他说：“泰西之强，不在军兵炮械之末，而在其士人之学、新法之书。凡一名一器，莫不有学”，举凡“农工商矿，皆以专门之士为之。此其所以开辟地球，横绝宇内也”（《日本书目志序》）。没有各种专门之学作指导，农工商矿各业是无法发展、无法近代化的。为发展本国的科技，他们先后提出翻译西方科技著作，普及近代自然科学知识和科技教育，奖励科学成就和科技发明等建议。

从农业文明到工业文明，从古代自然经济到近代商品经济，这是巨大的社会变革。要实现这一伟大转折不可不辅之以社会成员的观念变革。对此，维新派也作了不少工作。长期的农业经济造成了中国人根深蒂固的重农轻商、以至鄙商的观念。这种观念不仅使人将农视之为本，将商视之为末，而且又使人认为，以农致富是正当、光荣的，以商致富是不光彩的。这种观念显然是实现经济转型的一大障碍。维新派视工商为立国之本，要求政府采取切实措施予以保护、奖掖，提高工商业者的地位，正是对这一观念的冲击。唐才常指出，西方所以富强，是由于“西人雅重商民，多方护持”的结果。西方不仅不“歧视商民”，而且“倚为性命”，“恃商民为元气”。在西方，凡“有大役，必使议政院与商民杂议，然后施行”，商民的社会地位是很高的。考诸中国古籍，圣贤对于士农工商各业也“无畸轻畸重之心”，重农而抑商乃是“周衰道微”之后的事（均见《历代商政与欧洲各国同异考》）。证之西方，考诸古籍，国人应纠正歧视商民与商务的错误观念。

与这一观念相联系的尚有鄙薄技艺的观念，它也是实现工业化、机械化的障碍，因而也受到维新派的抨击。黄遵宪指出，“开辟之初”，圣人的贡献无非是“立宫室，制衣服，作器用”，“此皆后世所视为工艺之事，而古人以其开物成务，尊为圣人”。可见，“后世士大夫喜言空理，视一切工艺为卑卑无足道”是不符合圣人之道的。而对照西方，它们所以富强正由于“崇尚工艺”，中国士人应有省悟，改变自己的观念（《日本国志》卷四十）。中国古代轻视功利的传统观念也是发展经济、实现经济近代化的障碍。对此，谭嗣同作了有力批驳。他说，“今日又有一种议论，谓圣贤不当计利害”，其实，利害“关四百兆生灵之身家性命”，若不计利害，等于是让四亿民众“自生自死”，显然，“开辟以来，无此忍心之圣贤”。从《论语》《孟子》的记载看，孔与孟“又何尝不计利害”？种种记载证明，“小民之一利一害，无日不往来于圣贤寝兴寤寐之中”，深受圣贤关注。今天的士人，不应“高谈空虚无证之文与道”，而应“讲求维持挽救农工商贾之道”（《兴算学议・上欧阳中鹄书》）。

就实现工业化、机械化而言，当时还遇到一种思想障碍，即不少人在制造“机器夺民之利”的舆论，它曾使许多手工劳动者对机器抱排拒态度。对此，维新派人士也作了解释说明。首先，他们指出，只有发展经济才能从根本上利民，而广泛采用机器正是为了迅速发展经济，从这一根本点上说，使用机器正是为了利民。其次，广泛使用机器势必将不断开辟生产领域，为扩大再生产提供条件，最终只会提供更多的就业机会，“利源必推行日广，岂有失业坐废之虞?”（谭嗣同：《仁学》二十一）谭嗣同举例说：“汉阳铁政局似争铁匠之利矣，然所造皆铁匠所不能造之物，所雇工役又皆即铁匠，余杂役及煤铁各矿山所用人以千万计。”“武昌机器缫丝局似争蚕妇之利矣，然自此育蚕者将日多，且雇用女工以千计。”（《思纬壹壶台短书・报贝元徵》）这些分析是有说服力的。

中国实现经济转型和近代化的主导力量乃是新兴的民族资产阶级。它们是否自觉意识到自己的历史使命，是否形成独立的社会势力是至关重要的。作为这一阶级的代言人，维新派思想家一方面呼吁提高工商业者的地位，一方面又号召、启发他们认识自己的力量，并组织起来。戊戌时期维新派大力提倡成立商会、组织公司，重要目的正在于此。唐才常期望工商业者通过“设大商会”等办法“联络一气”，形成组织。他认为，一旦商会普遍建立，工商业者“联合众力”，则“既可抵御外洋，又可控制政府，诚支那立国之根基也”。他又指出，只有工商业者“联络一气，魄力充足，隐然足与政府相抗，而后商务一途可以步英美各国之后尘”，才能得以充分发展（均见《砭旧危言》）。应该说，在这个问题上唐才常的想法是高人一筹的，它反映了中国民族资产阶级的阶级自觉，是值得我们重视的。

二、建设近代交通与近代农业

维新派思想家主张“以商立国”“以工立国”，旨在改造自然经济，发展商品经济，实现工业化，促成经济转型，并不表明他们对农业和其他经济部门的轻忽。相反，他们对各经济部门的内在联系、相互作用是有比较正确认识的。他们曾先后指出：

西人言富国学者，以农、矿、工、商分为四门。农者地面之物也，矿者地中之物也，工者取地面、地中之物而制成致用也，商者以制成致用之物，流通于天下也。四者相需，缺一不可。（梁启超：《史记货殖列传今义》，《饮冰室合集·文集》之二）

商之源在矿，商之本在农，商之用在工，商之气在路。（康有为：《条陈商务折》）

这些说明，他们对工、商、农、交、矿各业在经济发展中的地位作用及其相互联系是有比较全面的认识的。

商品经济与自然经济的重大区别在于它对市场的需要。商品流通对商品经济的发展具有重大意义。康有为把“路”看做是“商之气”正是要说明，只有交通发达才能打通原料收购和产品销售的渠道，加速运转，使整个社会经济得以血脉畅通。对于交通近代化的重要性，维新派是有足够认识的。在“百日维新”前梁启超便指出，当时中国商务的发展面临三大阻力，其中第一条便是交通原始落后。他写道：“何谓阻力？铁路不通，内河轮船不行，市镇中马路不修。故西人一日可运之货，我至以十日或半月始克运。运费视物之本价，动增数倍，而道中存积，顷刻坏损，以至百货不能出境。”（《史记货殖列传今义》）在此之前康有为也说：“铁路未开，运货为难……作货者人四百，而运货者人六百，生之者少，食之者多。”（《上清帝第二书》）他们都认为，交通落后势必延长流通环节、转运过程的时间，增加产品的成本，严重妨碍社会经济的发展。因此，他们对于交通的近代化给予了高度重视。在当时，近代化的交通工具主要是火车与轮船。对这两者的优越性，谭嗣同作了这样的说明：

有万里之程焉，轮船十日可达，铁道则三四日。苟无二者，动需累月经年，犹不可必至。此累月经年之中，仕宦废其政事，工商滞其货殖，学子荒其艺文，佣走隳其生计……有轮船铁路，则举无虑此。一日可兼十数日之程，则一年可办十数年之事。（《仁学》二十四）

就是说，一旦实现交通近代化，不仅大有利于商品流通，而且会全面提高社会各方面的效率。在此之前，康有为也认为修筑铁路可以收多方之益。他说：

可缩万里为咫尺，合旬月于昼夜，便于运兵，便于运械，便于赈荒，便于漕运，便于百司走集，便于庶士通学，便于商贾运货，便于负担谋生，便于通言语、一风俗……莫如铁路。(《上清帝第二书》)

后来，严复也说："铁路如人身之脉络，无脉络，则人身之气血不行，而枯瘘之疾至；无铁路，则邦国之利源不广，而贫弱之患兴。""欧洲之富强，非黄白之多为之也，黑铁之盛为之也。第非铁路，则黑铁又乌从而盛乎？方铁路之未大通也，欧美两洲所产铁，岁不过二百万顿而已，至今岁产乃二十倍此而有余。"只有铁路大通，"由是产宏民富，民富而文明之治以兴"，"国无铁路，则通商惠工为空谈"，"是故，使中国而不求富强则亦已耳，必求富强，其要著发端，在开铁路"（均见《路矿议》）。

正是基于这些认识，梁启超甚至认为："今日时事，非俟铁路大兴之后，则凡百无可言者。"（光绪十八年除夕《复汪穰卿同年书》，《梁启超年谱长编》第29页）竟认为修筑铁路乃是中国社会变革的前提、起点。谭嗣同也说："今日之世界，铁路之世界也。有铁路则存，无则亡；多铁路则强，寡则弱。"（《论湘粤铁路之益》）就是说，一个国家交通发达与否乃是该国近代化程度的标志，因而也是该国强弱与否的标志。在提出经济近代化任务之初，维新派便高度重视交通的近代化，这无疑是很有价值的思想。后来孙中山重视交通建设的思想与此是一脉相承的。

基于"天下百物皆出于农"（康有为"《上清帝第二书》）的古老观念，维新派从未轻农，而通过对西方资本主义经济的观察，他们又进一步懂得，如果农业生产没有剩余，工商业也就没有存在和发展的基础；不使广大农民逐步富裕起来，商品市场也就难以扩大。因此，他们对中国农业的近代化同样是高度重视的。

维新派思想家认为，中国要想使农业得以发展，就必须学习西方先进的农业科学技术，以西法、西艺务农。为此，他们曾多次论及农机、水利、肥料、选种、农药、土壤改良、开荒诸问题。康有为写道：西方农业，"刈禾则一人可兼数百工，播种则一日可以三百亩。择种一粒，可收一万八百粒……瘠壤变为腴壤，小种变为大种，一熟可为数熟。"（同上）他们对西方先进的农业技术是十分羡慕的。为实现农业的近代化，他们又提倡翻译西方农学书籍，建立农学会、农业学堂，创办农报。概言之，对于农业近代化问题，维新派谈得较多的是以机械化为中心的农业技术近代化。

然而，就农业近代化而言，更重要的应是农村生产关系从封建主义到资本主义的变革。对此，维新派思想家们虽有涉及，但重视是不够的。他们中个别人曾对封建土地所有制、地主对农民的剥削有所谴责。比如，康有为曾说："田主率非自耕，多为佃户，出租既贵，水旱非时，终岁劳动，胼手胝足，举家兼勤，不足事畜……甚者鬻子以偿租税，菜色褛衣，其困苦有不忍言者。"（《大同书》庚部第一章）显然，这种剥削关系严重阻碍农业生产的发展。他又说，中国农村"人各得小区之地，难于用机器以为耕"（同上），也不利于实现农业机械化。但是，他们并没有正面提出对封建土地所有制进行变革。虽然，在《大同书》中，康有为曾提出"举天下之田地皆为公有"的原则和理想（同上书，第七章），但那是将来大同极乐世界的事，并非现实纲领。相反，在现实中他们是维护封建土地所有制的，这在稍后他们与革命派的论战中暴露得十分明显。维新派既不敢触动封建土地所有制，那么他们提倡农业技术近代化的实际意义就势必要打折扣了。维新派的主观愿望是想实现农业近代化，但他们既不敢触动土地问题，这一愿望是难以实现的。和后来以孙中山为首的革命派相比，维新派在这一问题上的立场、主张显然是落后的。

三、提倡自由主义的经济政策

维新派思想家十分赞赏西方的经济自由主义，将它看做是中国经济发展的指导思想。他们认为，中国要想振兴工商，实现民富、国富，达到经济近代化，就必须奉行自由主义的经济政策。对西方的经济自由主义作介绍的是严复。他说：

自由贸易非他，尽其国地利、民力二者出货之能，恣贾商之公平为竞，以使物产极于至廉而已……使民举手触禁、移足犯科者，皆使物产腾贵而反乎前效者也。（《原富》部丁篇七按语）

他指出，自由主义经济政策的基本精神是不让国家政权过多干预经济，使商品经济尽量摆脱政治权力的控制，使经济得以自由发展。这是严复的一贯思想。1895 年，他刚一登上政治舞台，便简要说明了富强与自由的关系：

富强者，不外利民之政也，而必自民之能自利始；能自利自能自由始……（《原强》）

他认为，由于社会财富是人民生产、创造的，因此，国富基于民富；欲使国富就必须调动民众发展经济即谋利的积极性，激发民众创造物质财富的活力。为此，就必须使民众享有自由，能自由地从事经济活动。自由既是富民、利民之道，也是国家富强之道。依据亚当·斯密的古典经济学，严复在《原富》一书的按语中，又对此作了更多说明。他说：

> 财者，民力之所出。欲其力所出之至多，必使廓然自由，悉绝束缚拘滞而后可……民力之自由既侵，其收成自狭。（《原富》部丁篇四按语）

他一再强调，“国家去一禁制，市廛增一鼓舞之神”（《原富》部丁篇七按语），经济的发展、物质财富的增长，是与自由度成正比的，为加速经济发展，就必须使民“廓然自由”。在他看来，实行自由主义的经济政策乃是刺激、推动中国经济发展的唯一良方。

亚当·斯密和严复的经济自由主义无疑符合要求摆脱束缚限制，自由兴办企业的新兴中国资产阶级的需要，因而受到维新派的普遍拥护，成为他们的共同主张。谭嗣同也曾说：“一旦衔勒去，民权兴，得以从容谋议，各遂其生，各均其利，杼轴繁而悬鹑之衣绝，工作盛而仰屋之叹消。”（《仁学》二十二）他也认为，只有去“衔勒”，使民众能自由发展经济，生产才能发展，经济才能繁荣（“杼轴繁”“工作盛”），人民才能免于贫困（“悬鹑之衣绝”“仰屋之叹消”）。

维新派鼓吹经济自由主义有明显的针对性，旨在反对清朝政府和洋务派官僚对民族资本主义工商业的种种束缚、限制。在当时，清朝政府出于“求强、求富”的需要，虽初步意识到兴办近代企业的重要，但它仍限制民间企业的发展，奉行的依然是“困商”“剥商”政策。洋务派在中国首建民用近代企业虽有功劳，但他们一直坚持官办、官督商办、官商合办，并力图维持他们手中这类企业的垄断地位。比如，李鸿章在创办上海机器织布局时，便上奏要求：“十年之内，只准华商附股搭办，不准另行设局。”（《试办机器织布局折》，《李文忠公全集·奏稿》卷四十三）为冲破这些束缚和垄断，维新派曾一再提出抗议。康有为在《公车上书》中写道：“机器厂可兴作业，小轮舟可便通达。今各省皆为厉禁，致吾技艺不能日新，制作不能日富，机器不能日精，用器、兵器皆多窳败，徒使洋货流行，而禁吾民制造，是自蹙其国也。官中作厂，率多偷减，敷衍欺饰，难望致精，则吾军械安有起色?”（《上清帝第二书》）因此，他请求一切企业（包括军事工业）均“宜纵民为之，并加保护”（同上）。

在戊戌时期，维新派提倡经济自由主义，首先是为了争取民间办厂、办企业的自由权和自主权。他们先后指出：

西人于矿务、铁路及诸制造，不问官民，止要我有山、有地、有钱，即可由我随意开办，官即予以自主之权，绝不来相禁阻。一人获利，踵者纷出，率作兴事，争先恐后。不防民之贪，转因而鼓舞其气，使皆思出而任事，是以趋利若鸷禽猛兽之发，其民日富，其国势亦勃兴焉。（谭嗣同：《秋雨年华之馆丛脞书》卷一，《报唐才常书》）

民间之事宜听民办，操刀代斫，必至伤手……以官侵商，固未有不败者也。若民间自为兴办。则闾市相习，无患欺诈，事权自操，无患侵没。大利所在，万众所趋，不召自来，不求自至，踊跃赴利，惟恐后时，患不举事，奚虑不集哉！（麦孟华：《公司》）

凡事之可以公司民办者，宜一切诿之于民，而为上者特谨其无扰足矣。(严复:《路矿议》)

他们认为，只有允许民间自由办厂，并给予自主权，才能充分激发民间潜在的经济活力，刺激社会财富迅速转化为资本，从而生产日益增多的社会财富，使国家走向富强。那种限制民间企业的政策，乃是一种“自蹙其国”、自我扼杀的经济政策，徒然为洋货让出市场，必须予以纠正。当时的情形是，由于长期经济凋敝，中国社会无业“穷民”甚多，拥有巨大的劳动力资源。中国虽贫，但散之于民间的财富也很可观。维新派思想家认为，只要奉行自由主义经济政策，即可将散于民间的财富转化为资本，再与社会闲散劳动力相结合，中国经济的前景是乐观的。

维新派不仅要求清朝政府允许私人自由创办企业，又呼吁清朝政府废除种种不利于民族资本主义经济发展的政策，进而采取“奖工艺，惠商贾”的政策，保护民族工商业的发展。为此，他们先后提出裁撤厘卡、废除厘金，“减出口之税以扩商务”（康有为:《上清帝第二书》）等建议。又提出设立商部、商会，开商学，译商书，出商报，定商律等措施。在“百日维新”期间，光绪皇帝所颁布的新政上谕，多少采纳了维新派的这些建议。

四、论“尚奢”与开源

对于如何发展生产，繁荣经济，激发社会的经济活力，维新派思想家作了较为全面的思索。许多人认为，阻碍中国工商业以至整个经济发展的，不仅在于清朝政府的限制政策以及洋务派的垄断，还在于中国社会长期来的“崇俭”观念，以及与之相应的只重节流，不重开源的保守经济思想。在其影响下，中国人往往以获得最基本的生活需求为满足，不去致力于扩大再生产，对进一步发展经济缺乏热情。富人宁肯窖藏财富也不肯冒险投资于工商业。在他们看来，这种无形的阻力较之有形的阻力危害更大。于是，以谭嗣同为代表的一些维新派思想家对“崇俭黜奢”、只重节流的传统观念展开了猛烈抨击，大力提倡“尚奢”与开源。

随着中国商品经济的缓慢发展，在此之前即已有人有限度地提倡“尚奢”，其代表人物是魏源。他说：

> 俭，美德也；禁奢崇俭，美政也。然可以励上，不可以律下；可以训贫，不可以规富。（《默觚下·治篇十四》）

他认为，奢对于贫民来说是“非分”之事，对他们必须强调“守本”、知足，以杜绝其“觊觎”“攘夺”之心，所以必须以崇俭“训贫”。而上层统治者（特别是君主）如果太奢，则必然对下榨取太甚，加重民众负担，所以也应用崇俭来“励上”。但是，“禁奢崇俭”对于不处上位的富人是不适用的。这是因为富人们越是追求“车马”“衣裳”“酒食鼓瑟”之乐，贫民才有营生可干，经济才能发展。如果要求他们崇俭，那么，“俭生爱，爱生吝，吝生贪，贪生刻”，则“彼贫民安所仰给乎”（同上）。魏源的上述思想可视为戊戌时“尚奢”说的理论先驱，但维新派的“尚奢”说显然更具近代色彩，理论更为完备。

崇俭是中国古代各家的共同主张。儒家始终视俭为美德。《墨子》

专有《节用》一篇，抨击奢侈，提倡节俭。而《老子》则将俭列为“三宝”之一（六十七章）。谭嗣同因为崇尚墨子，又力图维护孔学，因此，他在反对崇俭时将矛头完全指向老子。他写道：

李耳之术之乱中国也，柔静其易知矣。若夫力足以杀尽地球含生之类，胥天地鬼神以沦陷于不仁，而卒无一人能少知其非者，则曰“俭”。（《仁学》二十）

在他看来，“崇俭”的危害是极大的。对“崇俭”之害，他和梁启超、康有为等作了系统说明。

其一，“崇俭”说让人们轻视对物质文明的追求，一味“崇俭”最终势必造成人民愚陋、人道退化。谭嗣同说：“愈俭则愈陋，民智不兴，物产凋窳”，“俭至于极，莫如禽兽。”（同上）将俭推向极端，势必使人类回到禽兽生活。康有为认为，求乐免苦的欲求才是推动人类文明进步的动力，“若尚俭”，则“器用窳而不精，智慧室而不开，人生苦而不乐”（《论语注》卷七），“实令人道退化”（同上书卷二）。

其二，一味“崇俭”，则人人皆以最低限度生活水准为满足，因而不思进取，养成懒惰习性。梁启超说，如果人们有两钱即可度日，于是，“彼其人于两钱之外无所求，一日所操作，但求能易两钱则亦已矣。虽充其人与地之力，可以日致百钱或万钱，彼勿顾也。何也？已无所用之，而徒劳苦何为也”（《史记货殖列传今义》，《饮冰室合集·文集》之二）。

其三，极端的“崇俭”说不利于生产的发展，最终势必造成社会经济的萎缩、国家的贫弱。谭嗣同指出，一旦人们以最低限度生活水准为满足，势必要造成这样的局面：“衣布枲足矣，而遣使劝蚕丝胡为者？

岂非导之奢乎？则蚕桑宜禁矣。通有无足矣，而开矿取金银胡为者？岂非示之汰乎？则金银宜禁矣……凡开物成务，利用前民，励材奖能，通商惠工，一切制度文为，经营区画，皆当废绝。”（《仁学》二十）这样地“辗转相苦，辗转相累”，终将“人人俭而人人贫”（同上）。梁启超也指出，崇俭说不仅使人“藏货于己”，而且“弃货于地”，因此，“举国尚俭，则举国之地利日堙月塞，驯至穷蹙不可终日”。他认为，“东方诸国之瘠亡，盖以此也”（《史记货殖列传今义》）。

其四，极端的崇俭不仅使人吝于消费，也不肯投资于生产领域，造成“财泉滞而不流”的局面（康有为：《论语注》卷七）。最极端的表现则是众多富者窖藏财富，使活财变为死财，无法发挥其作用。梁启超说，富者藏财阻塞了财富的流通，结果是“一处壅之，则全局受其害矣”。他谴责说，那些窖藏财富的“癖钱之奴、守财之虏”，“壅全国之财，绝廛市之气，此真世界之蟊贼，天下之罪人也”（《史记货殖列传今义》）。

其五，在“崇俭”观念的指导下，富者只知聚敛财富，既不肯用于消费也不肯投资于生产，使生产规模无从扩大，这就使广大“穷民”难以就业。谭嗣同说：“今日节一食，天下必有受其饥者；明白缩一衣，天下必有受其寒者。”（《仁学》二十）就是说，由于消费减少势必造成生产衰退，最终影响生产者的利益。结果就使贫富悬殊日益增大。

既然“崇俭”的危害如此之大，因此他们大力提倡“尚奢”。谭嗣同说：

私天下者尚俭，其财偏以壅，壅故乱。公天下者尚奢，其财均以流，流故平。（《仁学》二十二）

他认为，尚俭使财富藏于个人而不投入社会，因为财富不能流通（“壅”），于是生产不能发展，贫者难以谋生，势必酿乱。相反，尚奢是使财富通过消费与投资而流入社会，得以广泛流通（“流”），势必促进生产发展，经济繁荣，使人人普遍受益。因此，这两种截然相反的主张实质上反映了“私天下”与“公天下”的分歧。他又说，尚奢不仅使人人的生理需求、物质欲望得到满足，做到“尽人之性”，而且又使自然资源得以充分开发、物质财富得以充分利用，又做到“尽物之性”。既尽人之性，又尽物之性便是“治平”（《仁学》二十二）。康有为又曾说：“世愈文明，则尚奢愈甚。”（《论语注》卷三）认为尚奢与文明进化成正比。可见，他们对于“奢”是充分肯定的。

在这里，谭嗣同等人所说的“尚俭”与“尚奢”，实际上是指封闭的封建自然经济与开放的资本主义商品经济下，两种不同的消费方式、生活方式与生产方式的分歧。正如梁启超所说：“俭者亦上古不得已之陋俗。”（《史记货殖列传今义》）他们所反对的尚俭，实际上是指落后的封建自然经济下，以获得最低限度生活需求为满足的生活态度，以简单再生产为满足，不追求扩大再生产的经济观念，以及与之相联系的那种否定物质幸福道德意义的伦理道德观念。它是封建自然经济条件下，生产力水平低下，仅能维持简单再生产状况的反映。而所谓尚奢，则是资本主义商品经济、工业文明下的另一种消费方式、生活方式和生产方式。这时，由于扩大再生产不仅成为可能，而且成为推动生产的必要手段和人们的追求目标，人们不再以获取最低限度的生活需求为满足，于是人们对消费与生产、消费与积累的关系产生了新的认识。他们提倡尚奢，实际上是要实现中国经济的近代化、资本主义化。谭嗣同等人尚奢，并不是教人无端浪费、任意挥霍①。他们是期望人们：其一，改变传统的生活方式和消费观念，致力于生活、消费水平的提高；其二，改变传统的保财方式，学习西方的致富之道，将财富投资于新式企业，变死财为活财，进而获取更大利润。这实际上是鼓励中国的地主、旧式商人、高利贷者以及一切有财力者向资产阶级转化。

对于后一点，他们的期望是很殷切的。谭嗣同盼望："大富则为大厂，中富附焉，或别为分厂。富而能设机器厂，穷民赖以养，物产赖以盈，钱币赖以流通，己之富亦赖以扩充而愈厚。"（《仁学》二十一）他认为，这样对人对己、于国于民都是有利的。梁启超也期望，富者"出其财以兴工艺贸易"；"以富者之财、贫者之力合而用之，以取无量之财于地"，从而实现"两有所益"（《史记货殖列传今义》）。在他们看来，中国的富者们一旦树立了新的俭奢观，有了这样的积极性与自觉，中国的新式工商业就能迅速发展，中国的经济就大有希望了。

概言之，在当时谭嗣同等人着重是要说明、解决生产与消费、开源与节流的关系。他们是希望以消费促生产，变简单再生产为扩大再生产，变重节流为重开源。对于开源与节流的关系，谭嗣同作了这样的说明：

源日开而日亨，流日节而日困。始之以困人，终必困乎己。犹大旱之岁，土山焦、金石流，惟画守蹄涔②之涓涓，谓可私于己，果可施于己乎？则孰若浚清渠，激洪波，引稽天之泽，苏渺莽之原，人皆蒙惠，而己固在其中矣。（《仁学》二十一）

① 谭嗣同在给夫人李闰的信中曾有"必须节俭"的叮嘱（见《书简·致李闰》一）。

② 牛蹄踏成小洼里的雨水，比喻极少的水。

因此，他呼吁："理财者毋言节流也，开源而已。"（同上）他认为，在开源、节流二者中，开源是根本，是积极的态度，应给予高度重视。显然，他所说的开源，主要是使用机器，发展资本主义工商业，进行扩大再生产。

从上面的介绍可以看出，谭嗣同等人的俭奢观、开源节流观，在当时对于帮助中国人突破小生产者的狭隘眼界，摆脱自然经济的束缚，跳出传统的保守经济观念的窠臼，树立近代经济观念，实现经济的近代化都是有贡献的。但是，他们以"尚俭"与"尚奢"来概括两种经济观念的分歧，很容易造成误解，显然有欠准确。他们片面强调消费，似乎消费越多越高越好，这很容易引导人们忽视积累。与之相联系，对俭不作分析全然否定，无疑带有片面性。他们重开源是正确的，但由此而否定节流，认为流"日节日困"，同样是片面的。

相比之下，严复的认识比较全面。由于严复对西方资本主义经济以及经济学说均有更多了解，因此他在谭嗣同等人之前，即已看出中国传统经济观念所存在的问题。1895 年，他在列举中西观念差异时即曾指出："其于财用也，中国重节流，而西人重开源；中国追淳朴，而西人求欢虞。"（《论世变之亟》）对于中国传统的消极的"保富"思想，他是反对的。他指出，消极的"保富"实际上是"滞财"，结果使财富成为"不生不息之积聚"，使其价值无从发挥。中国、印度等东方国家所以贫乏，"害端在此"。因此，"滞财之致贫，其害烈于侈靡"（《原富》部乙篇二按语）。他又认为，人们所以"孜孜以求富"是为了"享用"，生产的目的在于消费。"藉曰不用，则务富之本旨荒矣"，如不消费也就失去了生产的宗旨。而且，如不消费，"则物产丰盈之后，民将漫然止足，而所以励其求益之情者，不其废乎？"（《原富》部乙篇三按语）就是说，生产而不消费，就不能刺激生产进一步发展。这些都反映，严复对中国传统的、消极的“崇俭”是持否定态度的。但他又不赞成那种尚奢说。他指出，“甚啬支费”、一味崇俭，不讲“享用”以至“无享用”固然错误，但“专尚支费”，以为消费越多越好，也是不正确的。前者如同将打下的粮食全部留作种子，后者如同将打下的粮食全部吃光，“二者皆讥”，都不正确（《原富》部乙篇三按语）。正确的做法应是处理好资本与支出、积累与消费的关系，在两者之间“相酌剂为盈虚”（同上）。严复的这些议论纠正了谭嗣同等人矫枉过正而造成的片面性。

五、论“商战”

中国是在帝国主义列强的疯狂侵略下，在中国已沦为列强半殖民地的历史条件下提出发展民族资本主义经济、实现经济近代化的历史任务的。当中国的先进分子提出这一历史任务时，中国已经沦为帝国主义列强的商品市场和原料产地，中国的广大市场已被“洋货”所占领。对此，康有为作了颇为具体、详尽的说明：

今外国鸦片之耗我，岁凡三千三百万，此则人尽痛恨之，岂知洋纱、洋布，岁耗凡五千三百万。洋布之外，用物如洋绸、洋缎、洋呢、漳绒、羽纱、毡毯、手巾、花边、钮扣、针、线、伞、灯、颜料、箱箧、磁器、牙刷、牙粉、胰皂、火油，食物若咖啡、吕宋烟、夏湾拿烟、纸卷烟、鼻烟、洋酒、火腿、洋肉脯、洋饼、洋糖、洋盐、药水、丸粉、洋干果、洋水果，及煤、铁、铅、铜、马口铁、材料、木器、钟表、日规、寒暑表、风雨针、电气灯、自来水、玻璃镜、照相片、玩好

淫巧之具，家置户有，人多好之，乃至新疆、西藏亦皆销流，耗我以万万计。(《上清帝第二书》)

这份清单虽然琐细，但却详明，它表明，西方的各种商品已无不在中国倾销，它已全面占领了包括边疆地区在内的广大中国市场，已经达到了“家置户有”的程度。据梁启超统计，在1888—1902年，中国外贸逆差累计达七亿海关两，年均四千万海关两（见《生计学学说沿革小史》，《饮冰室合集·文集》十二）。和当时清朝政府年财政收入七八千万相比，这个数字无疑是惊人的。这一统计数字更清楚地揭示了当时西方对华商品倾销的严重程度。谭嗣同又进而指出，《马关条约》的签订，又使列强获得更多权益，“至于遍地通商，免税免厘，兴创机局，制造土货，其祸之烈，直无办法”。中国已经到了“无短篱之不撤，有一网而俱尽”的地步（《思纬壹壶台短书·报贝元徵》）。显然，帝国主义的经济侵略乃是中国发展民族资本主义经济、实现经济近代化的重大障碍，不排除这一障碍，中国的民族资本主义就难以立足，中国的经济就难以近代化，所谓民富、国富都是无从谈起的。对此，从早期维新派到康、梁、谭、严都是有清醒认识的。

维新派思想家将帝国主义的经济侵略称之为“以商灭人之国”。对它的狠毒，他们多有揭露。谭嗣同和康有为先后指出：

西人……以商为战，足以灭人之国于无形，其计至巧而至毒……岁取中国八千万，视国家岁入犹赢一千万，且无国家之费用，是商务一端已远胜于作中国之木那克①。迨至膏血竭尽，四百兆之人民，僵仆流

① monarch的音译，即君主。

离，自不能逃其掌握。（同上）

> 昔之国战以兵，今之国战以商。战以兵则明夺其土地，战以商则阴吸其精华……若阴吸精华，日月侵削，举十八省衣其衣、食其食、器其器，而举国立尽矣。（康有为：《日本书目志》卷九）

20世纪初，《新民丛报》的一篇文章又直接使用了“经济侵略”一语。它认为，经济侵略乃“列国共同之手段也”，“经济上之侵略，较之政治上之侵略，其为祸乃更烈”，中国将“亡于列国共同之经济侵略之手矣”（雨尘子：《论世界经济竞争之大势》，转见《辛亥革命前十年间时论选集》第一卷上册第203页）。谭嗣同认为，“今之矿务、商务，已成中西不两立、不并存之势”（《思纬壹壸台短书·报贝元徵》），形势极为尖锐、严峻。要想发展本国工商、本国经济，就必须抵制西方经济侵略，舍此别无它图。

维新派思想家清醒地认识到，对于帝国主义的经济侵略，是无法以“闭关绝市”、武力驱逐等简单手段所能排拒的，唯一有效的手段只能是即以其人之道，还治其人之身，与它们进行“商战”。谭嗣同说：“今欲闭关绝市，既终天地无此一日，则不能不奋兴商务，即以其人之矛转刺其人之盾，岂一战能了者乎？”（同上）他的看法是：“以矿务、商务力与之争，即今之下手处。”（同上）对于如何开展“商战”，他们提出了一些具体设想。康有为主张：

> 广纺织以敌洋布，造用物以敌洋货。上海造纸，关东卷烟，景德镇制窑，苏杭织造，北地开葡萄园以酿酒，山东制野蚕茧以成丝，江北改土棉而纺纱，南方广蔗园而制糖，皆与洋货比较，精妙华彩，务溢其上。又令吾领事探其所好，投其所欲，更出新制，且以夺其利，非止敌

其货而已。(《上清帝第二书》)

他们的目标是：第一步，首先抵制西方商品在中国的倾销，将其挤出中国市场，使中国市场变为中国商品的市场；第二步，希望向国外输出自己的产品，使中国产品在世界市场占有一席之地。于是，有人提出了“于欧美大都市，设立中国公司”的主张（汪康年：《论华民宜速筹自相保护之法》）。可见，就主观愿望而言，他们的抱负是很大的。

所谓“商战”，就是经济竞争、贸易竞争。要想在商战中获胜，首先必须增强自己的经济实力，在经济上变弱为强。维新派大力呼吁社会财富转化为资本，民间自由兴办企业，实现工业化和农业、交通的近代化，奖励科技发明，提高产品质量，降低产品成本，目的正在于此。他们又指出，增强经济实力固然是商战之本，但逐步取消帝国主义在华的经济特权，限制其经济侵略，也很重要，两者应同时进行。谭嗣同曾建议：“每逢换约之年，渐改订约章中之大有损者，援万国公法，止许海口及边口通商，不得阑入腹地”，并“夺回税务司包办海关之权”（《思纬壹壹台短书·报贝元徵》）。而其中，最重要的是取消协定关税，实行保护税制。他建议，中国应实行“出口免税，入口重税”，“加重洋货进口之税”（同上）的保护税制。除谭外，其他人也有类似主张。黄遵宪也认为，“欲他人之产勿入我国，则重征进口货税。”（《日本国志》卷二十）他们都认为，实行保护关税是同西方进行商战的重要措施。

但是，随着西方经济自由主义学说的传入，一些维新派又接受了自由贸易的理论，否定了保护关税政策。提倡保护关税最力的谭嗣同首先放弃了自己一年多前的主张，在《仁学》一书中他又批评、指责保护关税政策。依据他的“仁——通”说特别是“中外通”说，他又认为：“通商者，相仁之道也，两利之道也，客固利，主尤利也。西人商于中国，以其货物仁我，亦欲购我之货物以仁彼。”（《仁学》二十三）因此，不仅闭关绝市的政策违背了“仁——通”原则，“重税外人之货，以阴拒其来”的保护关税政策也违背了这一原则。他又认为，保护关税政策乃是“西人之旧学”，仅靠重税并不能排拒外国商品之来，“匪惟理不可也，势亦不行”（同上）。他又说，处于“缩千程于咫尺，玩地球若股掌，梯山航海，如履户阈”的新时代，欲隔绝中外的经济往来是绝对不可能的，中国欲想在地球村立足，与各国相仁、相通，就只有“奖工艺，惠商贾，速制造，蕃货物，而尤扼重于开矿”（同上），迅速增长本国的经济实力。

梁启超也说，“西国旧制，每有重收进口税，欲以保本国商务者”，但“明于富国者皆知其非，以为此实病国之道也”。这种政策势必造成“自困”。他又举英国1846年“大开海禁”之后，“一切商务岁增惟倍”的例子来反证保护关税之害（《史记货殖列传今义》）。对此作了较多理论说明的是严复。依据亚当·斯密的自由贸易论，他认为，包括保护关税在内的“保商”政策，“名曰保之，实则困之，虽有一时一家之获，而一国长久之利所失滋多”，最终势必“阻遏国中商业之发达”（《原富·译事例言》）。他也举英国实行“无遮通商”政策后经济贸易大发展的例子，来论证自由贸易之益。

从长远来说，自由贸易的确有助于一国的生产和发展。这是因为，在国际竞争的压力下，就不得不去努力提高本国产品的质量，降低产品的成本，生产更新更好的产品。就此而言，保护贸易、保护关税政策的确具有不利于本国生产发展的一面。然而，是否实行保护贸易、保护关税政策又必须考虑具体的国情，从具体国情出发。当时的中国，已沦为西方的商品市场，而本国的民族资本主义经济则刚刚诞生，一时无法全凭自身的经济实力同外国竞争。而且，凭借不平等条约，西方列强又在华拥有诸多特权，实际上是在同中国进行不平等的竞争。基于这一基本国情，中国实行保护关税显然是必要的。谭嗣同、梁启超、严复等人不察中国国情，照搬西方经济理论，反对保护关税政策，客观上无疑有利于西方的经济侵略而不利于本国民族资本主义工商业的发展，实属不当。

总的说来，对于西方的学说理论，维新派思想家多能从中国的实际需要出发，作选择或改造而用之。这是应该肯定的。不过，不察中国国情，简单照搬的情况也是存在的，这里便是一例。

第九章

为寻求救亡和变革的动力而呼唤“心力”

处于伟大变革、历史转折之中的中国近代，是一个需要全民奋起的时代，是一个考验中华民族意志力的时代。对此，维新派思想家是有体悟的。

几年的变法维新实践，既使维新派受到鼓舞也使他们深感局势的严峻。《公车上书》后维新运动迅速高涨，特别是光绪皇帝诏定国是、决心变法，使他们受到鼓舞。但是，这中间上书不达、强学会被查禁、保国会累遭弹劾、新政谕旨有令不行，特别是“百日维新”迅速失败等遭遇，又使他们深感维新变法困难重重、阻力极大和自身力量的弱小。在康有为等人看来，他们以“布衣”身份向皇帝上书，终于掀起全国规模的运动，靠的是自心的“热力”“爱力”、意志力，而欲排除阻力，取得变法维新的成功，就需要进一步激发自己以至国人的意志、情感力量和主观能动性。他们认为，人人心中都存在一种足以拯救自己并拯救世界的潜在力量。通过培育、发掘，“自强其心”，就能使自己由弱变强，成为强者；充分发扬“心力”便能成就一切。于是，在 19 世纪末 20 世纪初的中国，精神意志力受到普遍推崇，弘扬“心力”成为思想领域引人注目的呼声。随之而来的则是沉寂多时的佛学与陆王心学的复兴，一时成为显学。宣扬“自心造世界”的主观唯心论成为那个时期哲学的主要潮流。

康有为、谭嗣同、梁启超等人的主观唯心论曾启发人们认识到精神意志力量、主观能动性的重要。它对激发人们救亡与变革的激情、热忱，培养人们刚健有为、勇猛坚毅、舍身救世的精神曾起了积极作用。但是，经过他们的片面夸大，所谓“心力”就成了脱离社会存在而又决定社会存在的神秘之物。他们对“心力”寄予不切实际的过高期望，以为它无所不能，指望它创造奇迹，这势必要落空。他们自以为找到了社会变革的动力，实则是指望以超现实的力量求得现实问题的解决，这只能是幻想。至于他们中有人指望靠仁爱之心消除劫难，推动社会进步，则表明了他们的幼稚与软弱。事实证明他们的主观唯心论最终并无助于推动中国变革事业的发展。

一、论“唯心派造人物”，提倡自强其心

中国近代是一个救亡与变革的时代，这就需要全民奋起，激发“热度的情感”（梁启超语），共赴国难、共图振兴。变革中的中国近代，自然又处于大转折的时代，这便是梁启超所说的“过渡时代”。正像梁启超所说，处于过渡时代的中国，面临“可生可死，可剥可复，可奴可主，可瘠可肥”这两种截然相反的命运前途（《过渡时代论》，《饮冰室合集·文集》之六）。中国要想“由死而生，由剥而复，由奴而主，由瘠而肥”（同上），成功地实现过渡，不仅需要选择正确的方向、目标与途径，而且又需要全民族的决心、信心、勇气与毅力。特别需要有一批勇于任事、肯于牺牲、坚毅顽强、百折不挠的骨干与领袖。许多维新派思想家认为，在当时的中国，如何磨砺、激发全民族的精神、意志力量，调动人人的主观能动性，比任何时代都更显重要、更为迫切。

可是，在他们看来，由于长期的奴隶地位以及由此而产生的奴隶性，多数中国民众对社会公众事务皆冷漠、麻木，他们无热血、无热忱、无献身精神，自居于旁观者的地位，对一切皆无动于衷。康有为感叹，当时的中国不仅“财弱”“兵弱”“艺弱”“民智弱”，而且“民心弱”（《上清帝第五书》），全民族的精神显得委弱不振。不仅一般民众如此，作为社会精英的士大夫阶层也多如此。龚自珍早就说，长期来，

统治者和社会的邪恶势力一直在摧残士大夫的健康思想，“戮其能忧心、能愤心、能思虑心、能作为心、能有廉耻心、能无渣滓心”（《乙丙之际箸议》第九）。经过长期的摧残、腐蚀，士林风气早已败坏不堪。梁启超感叹说，“吾中国之亡，不亡于贫，不亡于弱”，“而实亡于此辈士大夫之议论、之心力也”（《保国会演说词》，《饮冰室合集·文集》之三）。他们认为，国人精神意志的委弱不振是中国衰微的又一重要原因。

汪康年认为，一国民众“人心之所注”决定国家的面目。他说：“夫国家所至之境界，实全国人心所结撰也。心注于强则强，心注于巧则巧，心注于弱拙则弱拙，心注于衰乱则衰乱。”（《论宜令全国讲求武事》）显然，在他看来，当时中国“人心之所注”主要是在后者，这是很可悲的。正是基于上述认识和估计，他们对于如何“强心”给予了高度重视。

梁启超认为，中国的危亡能否得救、民族能否振兴，很大程度取决于国人是否对国家民族的振兴具有强烈的愿望和坚定的信心与决心，并以巨大的热忱投身于救亡振兴的事业。他说：“夫天下事可为不可为亦岂有定哉？人人知其不可而不为，斯真不可为矣；人人知其不可而为之，斯可为矣。”（《保国会演说词》）在此，强烈的意愿和主观能动性的充分发挥是至关重要的。他写道：

> 报大仇，雪大耻，革大难，定大计，任大事，智士所不能谋，鬼神所不能通者，莫不成于至人之心力。（《新民说·论尚武》，《饮冰室合集·专集》之四）①

① 在此之前龚自珍曾说：“无心力者谓之庸人。报大仇，医大病，解大难，谋大事，学大道，皆以心之力。”（《壬癸之际胎观》第四）梁的这段议论是对龚氏议论的引用和改写。

梁启超举例说："张子房以文弱书生而椎秦，申包胥以漂泊逋臣而存楚，心力之驱迫而成之也。越之沼吴，楚之亡秦，希腊破波斯王之大军，荷兰却西班牙之舰队，亦莫非心力之驱迫而成之也。"（《新民说·论尚武》，《饮冰室合集·专集》之四）对于心力的神奇与重要，梁多有论述。后来他又曾举例说，近代西方所以迅速发展、进步，"岂有他哉，不过最少数之仁人君子，以其心力与恶社会血战，而卒获最后之胜利云尔"（《中国前途之希望与国民责任》，《饮冰室合集·文集》二十六）。曾国藩所以获得成功，"惟恃一己之心力，不吐不茹，不靡不回，卒乃变举世之风气而挽一时之浩劫"（《曾文正公嘉言钞序》，《饮冰室合集·文集》三十四）。可见，心力的强弱至关重要。

值得我们注意的是，在20世纪初，梁启超又曾提出过"国民力"这一概念。他认为，"国民力者，诸力中最强大而坚忍者也"，欧美的强大实际上是它们国民力的强大，今日中国能否自存于世界，则取决于国民力能否增强。他又说，国民力乃"我自有之而自伸之，自求之而自得之者也"（《论近世国民竞争之大势及中国前途》，《饮冰室合集·文集》之四）。就是说，国民力乃是国民内在的伟大潜力，它的强弱全靠国民"自伸""自求"。显然，这里梁所说的国民力，实际上主要是指国人内在的主观能动性，即他们常讲的"心力"。他们呼吁国人增强心力，就是要充分释放、调动国人内在的潜能，以增强国民力。

维新派始终认为，中国的救亡振兴要靠自强，而自强首在国人自强其心。所以，他们一再呼吁国人"激厉其心力""增长其心力"，将"强心"看做是一项重要任务。

一些维新派思想家或将"民心弱"看做是国力弱的表现，或将"民心弱"看做是国家衰微的原因，这实际上是意识到人民的精神状态、精神力量乃是构成综合国力的重要因素之一。这是很有价值的思想。他们出于强国的动机而大力提倡强心，旨在激发、唤起国人救亡、变革的热情，以及为之奋斗的勇气、毅力，振奋民族精神，这在当时是具有积极意义的。

如何强心？他们中不少人将希望寄托于宗教和唯心论。他们对宗教作用的认识，前面已作专门介绍，这里再看一看他们是如何说明唯心论的作用的。梁启超写道：

> 哲学亦有两大派，曰唯物派，曰唯心派。唯物派只能造出学问，唯心派时亦能造出人物……考俄国虚无党历史，其人不信耶稣教者十而八九，而何以能甘鼎镬如饴，无罣碍、无恐怖若此，吾深求其故，而知彼有唯心派哲学以代之也。唯心哲学，亦宗教之类也。吾国之王学，唯心派也。苟学此而有得者，则其人必发强刚毅，而任事必加勇猛，观明末儒者之风节可见也。（《论宗教家与哲学家之长短得失》，《饮冰室合集·文集》之九）

他又说，人们一旦通过唯心论而“明三界唯心之真理”，便能清除“心中之奴隶”，不为外物所役，自主而无挂碍。他认为，一个“忧天下救众生，悍然独往，浩然独来”，能挑重担、百折不挠的人，必先“破苦乐”“破生死”“破毁誉”（《湖南时务学堂学约》，《饮冰室合集·文集》之二），而这种精神境界只有通过宗教和唯心论来培养。

二、对佛学与心学的极度推崇

梁启超等人认为，对于“造成人物”最有效的唯心论乃是佛学与陆王心学，于是，他们不约而同都崇尚佛学与心学。

后来梁启超曾说：“晚清所谓新学家者，殆无一不与佛学有关系。”（《清代学术概论》三十，《饮冰室合集·专集》三十四）这一现象在戊戌时期尤为明显，维新派的著名思想家如康有为、梁启超、谭嗣同、夏曾佑等无不崇佛。据梁启超说，康有为一生“最得力于禅宗，而以华严宗为归宿焉”（《南海康先生传》第六章，《饮冰室合集·文集》之六）。谭嗣同接受佛学虽较晚，但他一旦接受便深深沉湎其中。他的《仁学》多言佛理，佛学乃是《仁学》的主要基石。梁启超对佛学的狂热，更是有过之。他认为，佛学不仅是世间诸哲理中“最圆满”者，而且是“全世界文化的最高产品”。在他的论著中常引佛说，佛学对他的思想曾产生多方面的影响。

除佛学外，陆王心学也受到康梁等人的推崇、提倡。

广东是明代心学的发祥地，自“白沙之后，广东多言心学”（康有为：《万木草堂口说·明国朝学派》）。从明朝以来，心学在广东学界是很有影响的。据梁启超说，康有为老师朱次琦的学术“以程朱为主，而间采陆王”。而康则“独好陆王，以为直捷明诚，活泼有用”（《南海康先生传》第三章）。在康有为的早期论著中，多有赞美陆王、推崇心学的言论：

陆象山语录甚可观。(《万木草堂口说·学术源流四》)

言心学者，必能任事，阳明辈是也。大儒能用兵者，一人而已。(同上书，《主静出倪　养心不动》)

孔融守青海（按：当为北海），贼围城，而在楼上读书……宋明帝赐王昙首死，适与客棋，终局然后就死……椒山临刑尚能作千余字家书，详细曲折，此心学也。(同上)

明人讲心学，故多气节……本朝气节扫地，不讲心学也。(同上书，《明国朝学派》)

1890年梁启超初谒康有为，康即“教以陆王心学”（梁启超：《三十自述》，《饮冰室合集·文集》十一）。梁对心学的喜爱、崇信更超过康有为。他自称：“吾生平最好言王学”（《新英国巨人克林威尔传》，《饮冰室合集·专集》十三），并认为“王学为今日学界独一无二之良药。”（《德育鉴·知本》，《饮冰室合集·专集》二十六）后来，他在湖南时务学堂教学，也以“陆王派的修养论”作为两大重点之一（《蔡松坡遗事》，《梁启超年谱长编》第84页），又以心学去影响更年青一代的维新志士。

谭嗣同虽对“二千年来之学”作了否定，并公开痛斥程朱，但对陆王却有好感。他在《仁学界说》所列书目中就有“陆子静、王阳明之书”，这明显表示了他的学术思想倾向。

多数维新派是以日本为榜样的。他们认为，日本明治维新所以成功，在思想上曾得力于佛学和心学。谭与梁曾先后说：

日本变法之易，繄惟佛教隐为助力。(《仁学》三十九)

日本维新之治，是心学之为用也。（《论宗教家与哲学家之长短

得失》)

日本维新之役，其倡之、成之者，非有得于王学，即有得于禅宗。(《新民说·论自由》)

因为日本有成功的先例，就使他们越发倾心于佛学与心学，更加自觉地提倡、鼓吹。

对于佛学，他们主要是宣扬、提倡它“三界唯心”的唯心主义宇宙观。他们认为，人们一旦明“三界唯心之真理”，视物质世界和肉体之我为虚幻，便能不计利害，不顾生死，激发舍身救世的精神。对于心学，他们主要是宣扬、提倡它的“心外无事”“心外无物”说。他们认为，人们一旦树立世界为自心所造的主观唯心主义宇宙观，就能充分认识自心的伟大，自觉培养心力，激发潜在的主观能动性，就能“发强刚毅”，勇于任事。

梁启超等人夸大心力的主观唯心论，就其思想渊源、理论依据来说，除佛学与心学外，尚有刚从西方传入的唯意志论。此外，英国传教士傅兰雅翻译的美国人乌特亨立撰写的《治心免病法》一书，则对谭嗣同个人有很大影响。①

① 早在20世纪初，王国维便指出：“谭氏之说出于上海教会中所译之《治心免病法》。”(《静安文集·论近年学术界》) 前些年，北京大学的日本留学生坂元弘子写的《谭嗣同的〈仁学〉和乌特亨利的〈治心免病法〉》(载《中国哲学》第十三辑)，较为具体地说明了此书对谭嗣同的影响。

三、论自心造世界

依据佛学的“三界唯心”说，心学的“心外无事”“心外无物”说，以及西方的主观唯心论，康有为、谭嗣同、梁启超、唐才常等人极力论证并鼓吹自心造世界。他们这种主观唯心论的基本出发点是认为，事物的属性并非事物本身所固有，而是我的主观感受，是我赋予事物的，因此，宇宙万物皆以我心为转移，由我心所统摄。

康有为早在广州长兴里讲学时，即宣扬明代心学家陈献章的“天地我立，万化我出，宇宙在我”说（《长兴学记》）。不过，那时他只是提出这一命题而未作论证。后来，他作了这样的说明、论证：

> 吾廿七岁时①，曾观一佳显微镜，见巨蚁若象，菊花一瓣若蕉叶，一滴之水，生物无数，中有鳞角，蠕蠕若蛟龙然，于是悟小大之无定形……由是以推，吾身之血轮，安知其大不如一天日乎……夫血轮与微生物，吾所不能见者，其大已如是之不可测，然则小者之不可谓小也。然则吾所见为大者，其果可信为真大乎？若以缩大镜推之，亦可以显微镜作比例也，则今之以天为大者，安知不更有巨物以吾天为其血轮，为其微生物乎……故天地我立，万化我出，宇宙在我。（《戊戌轮舟中绝笔书及戊午跋后》）

① 康有为27岁为光绪十年，即1884年。此事在《康南海自编年谱》光绪十年也有记载。

通过西方近代自然科学和仪器的帮助，康有为突破肉体感官的局限，认识到事物的相对性，大与小的辩证关系，但是，由此他却得出了“无大无小，无寿无夭”（《戊戌轮舟中绝笔书及戊午跋后》）的相对主义结论。进而他认为，事物的属性是我的主观感受，是我赋予事物的，由此他引出了“天地我立”的主观唯心主义命题。

谭嗣同在哲学上是一位相对主义者。他认为，事物并没有固定的本质，其属性都是相对的。他说：

> 虚空有无量之星日，星日有无量之虚空，可谓大矣。非彼大也，以我小也。有人不能见之微生物，有微生物不能见之微生物，可谓小矣。非彼小也，以我大也。何以有大？比例于我小而得之；何以有小？比例于我大而得之。然则但有我见，世间果无大小矣。多寡、长短、久暂，亦复如是。（《仁学》十七）

看到大小、长短、多寡、久暂的相对性，这本是一种辩证的认识。但是谭嗣同是想证明事物的属性、差异乃是“我见”所赋予的，因此，世间“但有我见”而已。他进而认为，因为人们“各各之意识所造不同”，彼此“所见无一同者”，因此，“自有众生以来，即各各自有世界”。面对同一日月、山川、风雨、林谷，各人的映象感受是各不相同的。最终，他得出了“三界惟心”，“一切惟心所造”的结论（《仁学》十五）。

对此作了较详细论证的是梁启超。他说，面对同一外境，由于各人处境、心情的不同，各人心中的感触、映象是各不相同的。比如，“同一风雨也”，“三两知己，围炉茅屋，谈今道故，饮酒击剑，则有余兴”；反之，如果“独客远行，马头郎当，峭寒侵肌，流潦妨毂，则有余闷”。“同一黄昏也”，当“月上柳梢头”之时，情人依约相会，则感此黄昏无限美好；反之，闺中怨女，“雨打梨花深闭门”，则感此黄昏无限愁惨。“同一江也，同一舟也，同一酒也”，当曹操统率雄师百万南征之时，“舳舻千里，旌旗蔽空，酾酒临江，横槊赋诗”，则感此江景极为壮丽；反之，当白居易“浔阳江头夜送客”之时，则感此江景无比凄凉（《自由书·惟心》，《饮冰室合集·专集》之二）。由此他认为：

有百人于此，同受此山、此川、此春、此秋、此风、此月、此花、此鸟之感触，而其心境所现者百焉，千人同受此感触，而其心境所现者千焉，亿万人乃至无量数人，同受此感触，而其心境所现者亿万焉，乃至无量数焉。（同上）

在这里，梁启超揭示了人们对外境的感受具有差别性的现象。这种差别性在现实中是确实存在的。由于处境、地位、经验、文化素养等方面的差异，人们对同一客观对象的反映是有差别的，人的意识是具有主观性的。不过，人们反映的差别并不是主观自生的，它同样是对于客观的反映。人的意识虽是主观的映象，但却是对客观世界的主观映象，其内容是客观的。然而，梁启超抓住意识的主观性特征，却否认意识所反映内容的客观性，否认外境的客观性。他宣称，既然不同人对外境的感受、映象各不相同，因此，外境的真实面目是无法判断的。他说：“戴绿眼镜者所见物一切皆绿，戴黄眼镜者所见物一切皆黄。口含黄连者所食物一切皆苦，口含蜜饴者所食物一切皆甜。”那么，一切物到底是黄是绿、是苦是甜，“果为何状”？他的回答是：“一切物非绿非黄、非苦非甜；一切物亦绿亦黄、亦苦亦甜；一切物即绿即黄、即苦即甜。”

(《自由书·惟心》,《饮冰室合集·专集》之二）你说它是绿是黄、是苦是甜皆无不可。这是因为，所谓“绿也，黄也，苦也，甜也，其分别不在物而在我”（同上）。就是说，外物的属性并不是事物本身客观固有的，而只是我心的主观感受，是我心赋予事物的。所以，他的结论是：

境者，心造也。一切物境皆虚幻，惟心所造之境为真实。(同上)

人间世一切之境界，无非人心所自造。(《新民说·论尚武》)

康有为、谭嗣同、梁启超等人的共同结论是，外间世界乃我心所造，宇宙间一切皆虚幻，“惟一心是实”（谭嗣同：《书简·上欧阳中鹄》十），心是宇宙间最伟大的东西。谭嗣同说：

心之力量，虽天地不能比拟，虽天地之大，可以由心成之、毁之、改造之，无不如意。(同上)

他们之所以从哲理上论证心的伟大神奇，是为了呼吁、鼓励国人激励、增长自己的“心力”。在他们看来，这才是当时中国谋求救亡与振兴的根本途径。正像康有为所说：“欲救亡无他法，但激厉其心力，增长其心力。”（《京师保国会第一集演说》）可见，在戊戌时期，维新派的几位主要思想家所以不约而同地神化自心，夸大精神意志力量和人的主观能动性，提出自心造世界的命题，都是出于寻找社会变革动力的意图。他们的主观唯心论和他们试图建立的宗教一样，也是“应用”型的。

四、“心力”种种

值得我们注意的是，几位维新派思想家讲心多讲“心力”。虽然，在中国古籍中也有“心力”一词，但它是心思与能力的并称，而戊戌时维新派所说的“心力”，则是指“心之力量”（谭嗣同:《书简・上欧阳中鹄》十）。他们大讲“心力”是要说明，人的精神意志是一种力量、能量，这种内在的潜存的力量可以而且必须转化为外在的现实的物质力量。中国的社会变革最终得以成功，将有待于国人激励、增进，进而充分释放这一内在力量。谭嗣同强调，“心力”是可见、可状的。他说：

> 心力可见否？曰：人之所赖以办事者是也。吾无以状之，以力学家凹凸力之状状之。愈能办事者，其凹凸力愈大，无是力，即不能办事。凹凸力一奋动，有挽强持满，不得不发之势。（《仁学》四十五）

他又将这种凹凸力分为18种，即所谓“永力”“反力”“摄力”“拒力”“总力”“折力”“转力”“锐力”“速力”“韧力”“拧力”“超力”“钩力”“激力”“弹力”“决力”“偏力”“平力”（同上）。谭嗣同所以作这些描绘、分类，都是要说明：精神意志是一种力量、能量，它显现于外则直接表现为人的办事能力。他们又一再宣称，心的力量是无穷无尽的。谭嗣同说：“人所以灵者，以心也。人力或做不到，心当无有做不到者。”（《书简・上欧阳中鹄》十）“夫心力最大者，无不可为。”（《仁学》四十三）而梁启超则宣称：“心力是宇宙间最伟大的东西。”（《非唯》，《饮冰室合集·文集》四十一）他们之所以那么重视心力的培养，正是出于这些估计和认识。

那么，在他们心目中如此伟大神奇的心力，具体是指什么？

其一，为“热力”。所谓热力就是热情、热忱、激情，也就是梁启超所说的“热度的情感”。对于激发热力，他们是高度重视的。为此，他们首先从“自然之理”来说明热是宇宙的生命，是生命的源泉，热力就是生命力。康有为说：

盖万物之生，皆由热力，有热点故生诸人，有热点故生太阳，太阳热之至者也……故能生地，能生万物，被其光热者莫不发生。地有热力，满腹皆热汁、火汁，故能运转不息……故凡物，热则生，热则荣，热则涨，热则运动。故不热则冷，冷则缩、则枯、则干、则夭死，自然之理也。（《京师保国会第一集演说》）

唐才常也说：

向使日心不热，则地与各行星乌乎吸、乌乎离矣；地心不热，则人与草木与禽兽并时而灭矣；昴心不热，则吾八行星绕日之世界，不知隳坏几千万年矣。（《论热力上》）

他们之所以讲这些“自然之理”，是为了证明“天下万事皆生于热力”（康有为：《论语注》卷二）。康有为说：

凡能办大事、复大仇、成大业者，皆有热力为之，其心力弱者热力减故也……凡古称烈士、志士、义士、仁人，皆热血人也……果能四万万人人人热愤，则无不可为者，奚患于不能救。(《京师保国会第一集演说》)

他们认为，热力是人们一切行为的驱动力，它使人欲罢不能，充分发挥自己的主观能动性。因此，世间轰轰烈烈的事业都是在热力的推动下做出的。同时，由热力又带来“涨力”与“吸力”，“热力愈大，涨力愈大，吸力愈多，生物愈荣，长物愈大”（同上）。而且，由热又能生诚，因为高度投入，从而无不成功。唐才常说：“热之所到，诚即随之，而上九天，而下九渊，靡所沮矣。”（《论热力下》）无数实例证明，“视其热多少以为成就之大小”（《京师保国会第一集演说》），事业成就的大小是与热力的强弱成正比的。总之，只有激发心中的热力，才能激发个体的活力和积极性；如果人人皆自觉增强热力，就会给国家民族带来巨大的活力，收到“基于滥觞，流为江河”（同上）的效果。唐才常说：“热力速而涨者，其民必智，其国必新；热力大而神者，其民必仁，其国必群。”（《论热力下》）欧美所以强盛，是由于其民富于热力，中国的变法维新之所以能迅速高涨，也是由于国人的热力开始释放的结果。中国要想富强振兴，就必须消除普遍存在于国人之中的冷漠之心，改变那种心如死灰的状况，培养激励人人心中的热力。所以康有为说：中国“救亡之道，惟增心之热力而已。”（《京师保国会第一集演说》）

其二，为“爱力”。由热力又生出爱力。爱力就是“吸摄之力”；而人与人之间的爱则源于同类相爱之心。康有为说：“凡人之情，见有同貌、同形、同声者，必有相爱之心。”（《孟子微·总论》）发扬此心，便会爱他人，爱国家，爱群体，形成一种亲和、凝聚的力量，和对群体、对国事的关心，使群体得以强固。而且，由此爱心推而广之，则能遍爱万物，体悟到天地万物与我一体的哲理，并达到这一境界。在维新派思想家中，对爱力最为重视的是康有为与谭嗣同。康有为认为，人类之所以能合群、组成社会，社会之所以能不断发展进化，日趋文明，都渊源于爱力。“世界之所以立，众生之所以生，家国之所以存，礼义之所以起，无一不本于仁。苟无爱力，则乾坤应时而灭矣”（梁启超：《南海康先生传》第七章，《饮冰室合集·文集》之六）。谭嗣同认为，“慈悲为心力之实体”（《仁学》四十三），心力主要是指爱力。在维新派思想家中，严复较少讲心力，但他对发扬爱力同样表示了关注。他说：

> 格致家之言理也，以谓一物之完而不毁，坚而难破也，必其中质点爱力至多。如慈石吸铁然，互相牵吸维持，而后有以御外力而自存。及其腐败也，则质点之爱力全无，抵拒舛驰，而其物遂化。今中国之质点，亦可谓无爱力也矣，以此而当外洋，犹以腐肉齿利剑也。（《拟上皇帝书》）

他也认为，民心普遍缺乏爱力乃是中国衰微的根源。唐才常曾说：“爱力绵，斯国力固”（《拟自造各种机器遏洋货利权说》）要想强国当培养、激发国人的爱力。

其三，为“创造力”。谭嗣同指出，人能“冬起雷，夏造冰”，利用改造自然，创造种种神奇；“然不论神奇到何地步，总是心为之”（《书简·上欧阳中鹄》十）。唐才常也说，“人之心力，可析淡养轻炭（氮氧氢碳）”，可组合“六十四元质”为新物“以代天功”，可见，“人之心力”可以“天天”（《质点配成万物说》）。他们认为，从创造力更可证明心力的伟大神奇，是世界的主宰。

在一些场合，心力也指意志力、定力、持久力、毅力。

由上可见，他们所以大力弘扬心力，是为了激发国人的热力、爱力、意志力、创造力，希望国人充分释放自身的主观能动性和内在潜能。在中国的变革方向、目标确定之后，就需要通过全民的高度热忱和顽强的意志力去贯彻，充分调动全民的主观能动性。从这一点来看，他们弘扬心力，提倡自强其心，反映了时代的需要。通过他们的议论可以看出，他们对精神力量可以转化为外在的现实力量是有深刻认识的。他们所以提倡激励心力，正是要使之转化为外在的力量，推动维新事业的发展。他们反复论心与心力，也反映了他们对国人精神状态、精神建设的高度关注。他们大力呼唤心之热力、爱力，是要消除国人长期以来对国事的冷漠，激发国人爱国、爱群的热忱，改变中国“民心弱”的状况，振奋民族精神，激发民族活力。这些在当时都是具有积极意义的。而且，因为重视心，他们对民众的观念变革一直给予了高度关注。此外，他们教人自强其心，这对清除国人的奴隶性，树立主体意识，激发国人自尊、自信、自强的精神，也曾起了积极作用。

但问题在于，他们虽高度重视心与心力，但对心和心力却始终缺乏科学的认识和理解。所谓心力，无非是精神意识的能动作用。发现并充分重视精神意识的能动作用这是他们的理论贡献，但他们不懂得，被他们看中的心力有其深厚的物质基础，并非无源之水、无本之木。然而，他们却一直将心力看做是脱离社会存在而又决定社会存在的神秘之物，站在主观唯心论的立场，他们对心、心力作了无端神化。因急于激发精神动力，他们将希望皆寄托于心力，结果势必使复杂问题简单化，对复杂问题作简单解决，使他们的期望落空。

五、对“心力”的种种期望

基于自心造世界的主观唯心论、唯意志论，几位维新派思想家对心力所寄予的期望是极高的。以致他们认为，中国的问题最终都将通过激发、增长心力得以解决，以下是几种有影响的主张：

其一，他们共同主张的“心力救国”说。他们都认为，“转移”、改造天下全靠心力。这便是唐才常说的：“心力所结，未有不转移天下者也。”（《浏阳兴算记》）他举例说：“意大利、希腊、普鲁士之转亡而存者，无他奇术，而惟恃吾心之热电为之。”（《论热力下》）美国所以迅速富强，原因“无他，有爱力以绵之也。”（《论公私》）因此，他坚信：“人人出其爱力以保国权，而国不富强者，未之有也。”（同上）只要人人充分激发自心的热力、爱力，便能变冷（国人的冷漠与麻木）为热、变冷为爱，形成无比伟大的力量，中国危弱的局面就能得以“转移”。所以，他们无不把激励、增长心力看做是救国的不二法门。对此，上面多有论及，兹不重复。

其二，谭嗣同的“以心挽劫”说。甲午战前，谭嗣同“为学专主《船山遗书》”，在哲学上是倾向于唯物论的。1896年谭嗣同为寻找中国的前途出路，“北游访学”。通过接触一批基督教传教士和佛学家，他接受了宗教唯心论，相信心是宇宙间最伟大的东西。从此，他发愿“以心度一切苦恼众生”（《书简·上欧阳中鹄》十）。在这一动机驱使下，他撰写《仁学》，提出“以心挽劫”的主张（《仁学》四十四等）。“以心挽劫”是《仁学》一书的主题，也是谭拯救中国和人类劫难的基本对策。

依据“一切惟心所造”说，谭嗣同认为，心不仅造善也造恶。依据佛家的业报说，他认为中国的灾难不仅是“独夫民贼”所造，也是“由众生无量生中之业力所感召而纠结”（《仁学》四十二），是国人自己造因自己受果，自作自受。他的想法是，“劫运既由心造，自可以心解之”（同上），通过再造善因而获善果。这是谭嗣同的基本思路。

谭嗣同认为，“慈悲为心力之实体”（同上），是心力的主要成分。但人之一心除慈悲心外还有“机心”，它又在制造“劫运”。不过慈悲心又是化解机心的妙药，通过发扬、增进此心遂可化解机心。慈悲心所以能够化机心、挽劫运又是建立在“众心一源”，人人之心彼此相通的基础上的。他说：“天下人之脑气筋皆相连者也”（《书简·上欧阳中鹄》十），因此，“此发一善念彼必有应之者，如寄电信然，万里无阻也”（同上），“我之心力，能感人使与我同念”（《仁学》二）。对此，他曾举欧阳中鹄办赈的例子作了具体描述：

> 即如函丈（对欧阳的尊称）办赈之事，天时人事，一无可恃，性急之人，无有不焦思极虑，以为万无一成者。卒之竟平平澹澹，度此奇厄，虽天亦报之以丰熟之岁。岂有他哉，特函丈当初仁慈和平之一念为之也。当函丈焚香告天时，一心之力量，早已传于空气，使质点大震荡，而入乎众人之脑气筋；虽多端阻挠，而终不能不皈依于座下。（《书简·上欧阳中鹄》十）

他认为，这种感化力量是切实而伟大的，“感一二人而一二人化，则以感天下而劫运可挽也”（《仁学》·四十四）。因此，人人都应自觉去培育、增进这种心力。他曾设想，“使心力骤增万万倍，天下之机心不难泯也”（《仁学》四十三）。为使人人心力“骤增”，他还曾主张“开一讲求心之学派”（同上）作系统研究。他所以崇信佛学、盛赞《治心免病法》正是为此。谭嗣同自以为找到了普救众生、挽救世间劫难的药方，他的雄心是很大的。他说：“以心挽劫者，不惟发愿救本国，并彼极强盛之西国，与夫含生之类，一切皆度之。”（《仁学》四十四）

“以心挽劫”是谭嗣同《仁学》的最终结论，也是他为摆脱现实苦难所设计的基本途径。然而，这种善良的愿望只是弱者的梦呓，一相情愿的天真幻想。事实证明，他的仁慈之心是一丝一毫也感化不了顽固守旧势力的。“百日维新”的迅速失败和他的壮烈牺牲，无情地宣告了“以心挽劫”说的破产。“有心杀贼，无力回天”这是谭嗣同的临终语。在这里，心与力终于脱钩了。这也是他对心力万能说、“以心挽劫”说的自我否定。

其三，康有为的以“不忍人之心”成就一切说。对于心力，康有为不只呼吁人们增长热力，又教人充分扩充爱力。相比之下，他更强调扩充爱力。这爱力，康有为又称之为爱质、仁、不忍人之心。对它，康同样作了神化：

> 不忍人之心，仁也，电也，以太也，人人皆有之，故谓人性皆善。既有此不忍人之心，发之于外即为不忍人之政。若使人无此不忍人之心，圣人亦无此种，即无从生一切仁政。故知一切仁政皆从不忍人之心生，为万化之海，为一切根，为一切源，一核而成参天之树，一滴而成大海之水。人道之仁爱，人道之文明，人道之进化，皆从此出。（《孟子微》卷一）

康有为说，“不忍者，吸摄之力也”。这人人皆有的不忍人之心即是电、磁、以太，它具有相摄、相感、相通的功能属性，因此，人人之间是“魂知相通，爱磁相摄”的，“如电之无不相通矣，如气之无不相周矣”（《大同书》甲部绪言）。这不忍人之心只要充分扩充，便能成就一切。人类之所以合群，社会之所以发展，文明之所以进化，以致进入大同，都本于不忍人之心，它是派生一切的总根源。因此，启发人们自觉扩充爱质、发扬不忍人之心乃是推动社会发展进步的根本途径。

从谭嗣同的“以心挽劫”到康有为的以不忍人之心推动社会进步，都反映了一种试图以仁爱之心、阶级调和来实现社会变革、推动社会进步的意愿。而康有为更盼望最高统治者以不忍人之心行不忍人之政，以爱心发政施仁，在中国实现变革。显然，他们对那种抽象的“人类之爱”寄予了过高的期望，这注定是要落空的。这些不切实际的幻想再次反映了维新派在政治上的软弱。

其四，梁启超试图以思想造事实的主张。与其师康有为不同，梁启超后来在《新民说》中反对人民盼望君主行仁政。对于心力，他较少夸张“爱力”。在他那里，心力主要是指意志力、毅力、热力，是指意识的能动作用，他对意识的能动作用同样作了夸张说明。从自心造世界的主观唯心论出发，他说：“思想者事实之母也，欲建造何等之事实，必先养成何等之思想。”（《国家思想变迁异同论》，《饮冰室合集·文集》之六）他以为，要想在中国建立议会民主、君主立宪以及工业化等事实，必先使中国人养成上述思想，先有这样一些心。由此，他较他人更为关注、重视观念变革、思想启蒙、开发民智，并做了大量具体工作，产生了积极影响。这里，他强调实践意向对实践活动的重要意义，这无疑是有价值的。

但是，“思想为事实之母”的命题派生于他的“境者心造”说。人有什么样的思想愿望便能形成什么样的事实观念，乃是王守仁“心外无事”说的翻版。这一命题颠倒了意识与存在的关系，片面夸大了意识对存在的反作用，由此遂走向了唯心主义的意识决定论。这种以为只要思想观念（心）一变，其他一切自然与之俱变的意识决定论，势必要引导人们轻忽社会政治经济结构的变革。和康有为、谭嗣同、唐才常一样，他同样对心、心力寄予了过高的期望。

第十章

又一种忧患，大同思想

对中国人来说，19 世纪末 20 世纪初是一个充满忧患的年代。维新派思想家们首先对中国的命运前途忧患，接着又出现了对人类、对世界命运前途的忧患。这又一种忧患从某种意义上说乃是更深沉的忧患。

目睹西方的富强，维新派思想家似乎看到了中国的前景，找到了中国的前途出路。但是，他们随即又发现，西方资本主义社会同样存在种种矛盾、弊端。西方工人运动的蓬勃兴起（当时维新派思想家称之为“均贫富党”），更使他们感到震惊，使他们觉得西方资本主义的前景也不那么美妙①。于是，他们在学习西方，提出在中国实现资本主义变革纲领的同时，又不得不考虑改良资本主义，并进而对中国和人类的未来前景作出设计、规划。作为救世主义者，他们不仅要拯救中国的苦难，同时又发愿要拯救全人类的苦难。于是，康有为等人又提出了大同思想。

从理论来源、思想资料来说，大同思想渊源于儒家经典《礼记·礼运》的大同说，今文经学的“公羊三世”说，佛家的普度众生说，同时也受到西方空想社会主义、基督教社会主义的影响②。维新派大同思想的代表作是康有为的《大同书》。《大同书》的写作经历了较长时间，它定稿虽在 1901—1902 年③，但酝酿则始于 19 世纪 80 年代，其基本构想和初稿形成于“百日维新”之前。在康有为讲学于广州万木草堂时，梁启超、陈千秋即“最初得读此书”，经他们宣传介绍，“万木草堂学

① 关于这方面的情况，他们除耳闻外，还从外人在华的报刊获得一些消息。西方基督教会在上海办的《万国公报》的“各国近事”栏便经常刊登欧美各国工潮的消息。

② 梁启超曾提到圣西门（他译为桑士蒙），见《南海康先生传》第七章。在此之前，康有为与谭嗣同都提到《百年一觉》一书。康有为说：“美国人所著《百年一觉》书是大同影子。”（《万木草堂口说·礼运》）谭嗣同说：“若西书中《百年一觉》者，殆仿佛《礼运》大同之象焉。”（《仁学》四十七）此外，上海的《万国公报》曾刊载过一些介绍基督教社会主义的文章，这也可能对维新派产生过一些影响。

③ 在此之后，康有为还曾对《大同书》作了一些增删、调整。

徒多言大同”（梁启超：《清代学术概论》二十四，《饮冰室合集·专集》三十四）。所以，大同思想也是戊戌思潮的重要内容。

对于大同思想与《大同书》，学术界数十年来研究成果甚多，故本章不作详细论述，仅就几个有关问题谈一些个人浅见。

一、对西方资本主义的矛盾态度

康有为之所以提出大同思想，首先是因为他对西方的资本主义制度不尽满意。如果没有这种情绪，他也就不会撰写《大同书》，以此来规划人类的未来。

自从鸦片战争后，几代先进的中国人都是向西方寻找救国真理的，都试图以西方为榜样来改造中国。在他们心目中，西方资本主义制度较之中国的封建制度明显优越，西方的资本主义文明远胜于中国和东方的封建主义文明。在戊戌时期，维新派要求兴民权，在中国逐步建立议会民主制，要求自由兴办企业，实现工业化等都是模仿西方。他们所发动的变法维新，显然是一场资本主义性质的社会变革。

但是，19 世纪末的西方资本主义世界又正处于矛盾重重、危机四伏的年代，社会主义正在西方崛起。经过一两个世纪的发展，资本主义制度固有的矛盾已明显暴露，周期性的经济危机使西方世界深受困扰。因垄断的出现，贫富两极分化日益加剧。随着无产阶级的成长壮大，马克思主义已在西方诞生，工人运动正在西方蓬勃兴起，势力影响日益壮大，越来越引起全世界的普遍关注，连遥远闭塞的中国也已感觉到它的威力。到 20 世纪初，社会主义在中国已不是什么陌生名词。1903 年，梁启超在游历北美时认为："社会主义为今日全世界一最大问题"，其势力已"蔓延于全世界"（《新大陆游记》十五，《饮冰室合集·专集》二十二）。同年，《大同日报》的一篇文章也认为，当时世界潮流已"渐由民族主义而变为社会主义"（《大同日报缘起》，《辛亥革命前十年间时论选集》第一卷，第367页）。也是在这一年，宋恕在致日本友人的信函中也盛赞社会主义，并认为中国的孔孟主义"近于彼土所谓社会主义"（《致南条文雄书》）。

因此，在戊戌时期，维新派思想家既看到了西方资本主义比之中国封建主义的优越性，同时又看到了它内在的矛盾和危机。他们既看到了封建主义将被资本主义取代的历史趋势，又对资本主义的前途命运表示担心。总之，他们对西方资本主义既向往又不尽满意，既有讴歌赞美，又有揭露批评。这一现象似乎矛盾，但却又是合乎情理，可以理解的。

早在1891年康有为就曾说：

> 然泰西之政，比于三代犹不及也。三代有授田之制以养民，天下无贫民，泰西无之。三代有礼乐之教，其士日在揖让中，以养生送死，泰西则日思机智，惟强己而轧人，故其教养皆远逊于我先王也。（《与洪右臣给谏论中西异学书》）

这说明，从一开始倡导变法维新，康有为便认为"泰西之政"并非尽善尽美。值得我们重视的是，这不仅是康有为的个人看法，而是多数维新派思想家的共同认识。严复在登上政治舞台后，一方面大讲西方资本主义的优越，对此作了比较全面的说明，但同时他又揭示了它所存在的问题、潜伏的危机。他说：

夫自今日中国而视西洋，则西洋诚为强且富，顾谓其至治极盛，则又大谬不然之说也。夫古之所谓至治极盛者，曰家给人足，曰比户可封，曰刑措不用，之数者皆西洋各国之所不能也。且岂仅不能而已，自彼群学之家言之，且恐相背而驰，去之滋远焉……二百年来，西洋自测算格物之学大行，制作之精，实为亘古所未有。民生日用之际，殆无往而不用其机。加以邮电、汽舟、铁路三者，其能事足以收六合之大，归之一二人掌握而有余。此虽有益于民生之交通，而亦大利于奸雄之垄断。垄断既兴，则民贫富贵贱之相悬滋益远矣……其贫者之不厌糟糠，无立锥之地，与中国差相若……夫贫富不均如是，是以国财虽雄而民风不竞，作奸犯科、流离颠沛之民，乃与贫国相若，而于是均贫富之党兴，毁君臣之议起矣。且也奢侈过深，人心有发狂之患；孳乳甚速，户口有过庶之忧。故深识之士，谓西洋教化不异唐花[①]，语虽微偏，不为无见。（《原强修订稿》）

与此同时，谭嗣同也指出：

（西洋）其弊也，惟富有财者始能创事，富者日盈，往往埒于其国，甚乃过之；贫者惟倚富室聊为生活，终无自致于大富之一术。其富而奸者又复居积以待奇赢，相率把持行市，百货能令顿空，无可购买；金镑则能令陡涨至倍，其力量能令地球所有之国普受其损；而小民之隐受其害自不待言，于事理最为失平。于是，工与商积为深仇，而均贫富之党起矣。（《秋雨年华之馆丛脞书》卷一，《报唐才常书》）

---

① 即温室之花。

对于西方资本主义所存在的问题，稍后康有为作了更为全面的揭露与批评。他一方面称赞西方的议会民主制，但同时又揭露了西方议会选举中的腐败。他写道：“大昏博夜，喧走道途，号召徒党，密谋相攻，或至劝兵行刺，若议举之先，兆人万众旁皇奔走，大罗酒食以媚庶人。”（《大同书》辛部第四章）他又批评西方：“以尚富为俗，故耻贫而好利，有可得金者无不为也”“若以道德风俗言之，则忠信已浇，德性已漓，何文明之云”（《物质救国论·论欧洲中国之强弱不在道德哲学》）。而对于西方经济领域的问题、危机，他作了更多的揭露：

机器既创，尽夺小工……小工无所谋食矣。而能作大厂之机器者，必具大资本家而后能为之。故今者一大制造厂、一大铁道轮船厂、一大商厂乃至一大农家，皆大资本家主之。一厂一场，小工千万仰之而食，而资本家复得操纵轻重小工之口食而控制之或抑勒之，于是富者愈富，贫者愈贫矣。（《大同书》庚部第二章）

欧美号称富盛……而以工厂商本皆归大富，小本者不足营业，故贫者愈贫。试观东伦敦之贫里，如游地狱，巴黎、纽约、芝加哥贫里亦然。菜色褴褛，处于地窖，只为丐盗。小儿养赡不足，多夭者。（《大同书》甲部第三章）

康有为说：“夫人事之争，不平则鸣，乃势之自然也。”因此，他预言，西方无产阶级与资产阶级的斗争，“后此必愈甚，恐或酿成铁血之祸”，此后，“其争不在强弱之国而在贫富之群矣，从此百年，全地注目者必在于此”（《大同书》庚部第二章）。西方资本主义的前景是不美妙的。对此，其他维新派人士也有类似的揭露和分析。1903 年《大同日报》的一篇文章说：

（西方）贫富远绝，资本家与劳工之冲突，时见于报端，一国之权，几操于数大公司，生计尽为所揽，贫人无以立足，而社会主义起于其间，其影响达于全球。（《大同日报缘起》，《辛亥革命前十年间时论选集》第一卷，第367～368页）

总之，以康有为为代表的维新派思想家并没有把西方资本主义看得尽善尽美，一切皆好，而是以清醒、理智的态度来观察、认识西方，对于资本主义的内在矛盾和危机，他们是有相当认识的。因此，他们不仅规划中国眼前所要进行的变革，又不得不进一步考虑下一步的对策和未来前途。正是在这种特殊的历史背景下，康有为提出了大同思想。

二、现阶段纲领与未来蓝图

康有为等人的大同思想与西方圣西门、傅利叶、欧文的空想社会主义，在理论上颇有相似之处，但由于所处历史环境的差异，两者又存在明显的区别。圣西门等人生活在资本主义制度已在西方建立的时代，他们的目标是要改造、推翻资本主义，建立社会主义，因此，他们的空想社会主义是作为现实纲领提出来的；而康有为等人则生活在半封建半殖民地的中国，他们所面临的历史任务是反帝反封建。在当时的中国，实现资本主义变革的任务才刚刚提出，因此，他们的大同理想是作为未来社会的远景蓝图提出的。他们的目标是分作两步的：第一步是在中国实现资本主义变革，第二步才是实现大同。

康有为等人虽向往大同，但他们又一再强调那是遥远将来的事。康有为一再声称，据乱、升平、太平（大同）三世当“盈科乃进，循序而行”，“未至其时，不可强为”，断不可“乱次”“躐等”。大同太平世固是人类历史的必然归宿，但属升平世的资本主义又是人类的必经阶段，是不可超越的。所以，他虽早就萌发大同思想，但却“从不以此义教学者”，他的《大同书》是“秘不示人”的（梁启超《清代学术概论》二十四）。他认为，中国“今方为据乱之世，只能言小康，不能言大同，言则陷天下于洪水猛兽”，所以，他“始终谓当以小康义救今世”（同上）。这说明，他对中国现阶段所面临的历史任务是有清醒认识的。

不仅如此，谭嗣同又进而认为，西方资本主义的某些弊端又具有历史必然性，在现阶段是无法避免的。他相信，“百年千年，地球教化极盛之时，终须到均贫富地步”。但是，他又清醒地认为，“以目前而论，贫富万无可均之理。不惟做不到，兼恐贫富均，无复大有力者出与外国争商务，亦无复贫者肯效死力，国势顿弱矣。”（《秋雨年华之馆丛脞书》卷一，《报唐才常书》）他又指出，就发展资本主义经济而言，中国尚处于“创始”阶段，“创始当节目疏阔，重予人以利，而不多为启闭之法，但期风气速开，而事速以举，不问流弊如何，一于勇往直前，虽利归一二人，致召不平之怨怒，有所不恤。”（同上）在这一过程中，“即有小乱，当统千万年之全局观之”，才是正确态度（《仁学》四十三）。当时中国一些人“动援西方民党之不靖，而谓不当学西法”，乃是一种“防害而不敢兴利”的错误态度（同上），是不可取的。可见，作为中国新兴资产阶级政治代表的维新派，对于在中国建立发展资本主义是坚定不移的。

对此，谭嗣同等人又站在哲学的高度作了理论说明。谭嗣同写道：

格致盛而愈多难穷之理，化电盛而愈多难分之质，医学盛而愈多难治之症，算学盛而愈多难取之题，治理盛而愈多难防之弊。道高一尺，魔高一丈，愈进愈阻，永无止息。然反而观之，向使不进，乃并此阻而不可得。是阻者进之验，弊者治之效也。同消同长，道通为一，惟在不以此自阻焉耳。(《仁学》四十三)

他指出，历史的进化并不是直线的、纯粹的，发展进化并不能保证不带来新问题。相反，在发展进化的道路上，旧的问题克服解决了，又会出现新的问题，新问题总是层出不穷的。但是，新问题乃是发展过程、前进道路上的问题，它的出现是自然的、不可怕的，可怕的是人们因害怕新问题的出现而“自阻”不前。他是要告诉人们，资本主义制度的弊端乃是更高一级社会发展阶段所出现的问题，是人类发展进化过程中不可避免的现象，不能因为见到这些弊端而动摇实现资本主义变革、向更高一级社会发展阶段迈进的决心。稍后，严复也曾揭示了人类历史进化过程中善恶苦乐双方交错“并居”的现象。他说：

夫背苦而向乐者，人情之大常也；好善而恶恶者，人性所同具也。顾境之至也，苦乐未尝不并居；功之呈也，善恶未尝不同域。方其言乐，而苦已随之，方其为善，而恶已形焉。(《政治讲义·自叙》)①

---

① 严复的这段议论与章太炎的“俱分进化论”有相似之处，但两者的最终结论是不同的。章太炎因看到善恶苦乐并进的现象遂得出了“进化之用无所取”的消极结论（《俱分进化论》），而严复则认为，人们如果选择、处置得宜，完全可以做到“恶苦则取其至少，善乐则收其至多”（《政治讲义·自叙》），态度显然是积极的。

严复的认识与谭嗣同大致相同，他们都想要说明，发展进化并不是纯而又纯的直线前进，并不能保证不带来新的问题，人们不应因害怕出现新问题而裹足不前。这种“统千万年之全局观之”的态度和方法，也就是从全局、总体来把握、判断、评价人类文明进步的态度和方法显然是正确的。它对指导人们正确认识历史进化，正确对待变革所出现的新问题，坚定变革和进步的信心，都具有重要意义。

正是基于上述认识，康有为等人虽向往大同但又始终将资本主义变革作为中国近期的现实纲领。1903 年，梁启超游历北美时，一方面“观于纽约之贫民窟，而深叹社会主义之万不可以已也”，但当美国的社会主义者“相劝以中国若行改革，必须从社会主义著手”时，他却回答：“进步有等级，不能一蹴而几。”当时的中国谈社会主义尚“非其时”（《新大陆游记节录》十四、十五），可见，在变革步骤这一基本点上，他们并未陷入空想。诚然，他们所描绘的未来蓝图是乌托邦的，但他们在规划中国现实的变革道路时，则是清醒的。

三、救世主义与人道主义

康有为等人的大同思想乃是他们旨在拯救人类苦难的救世主义的产物。

自工业革命以来，西方的生产力有突飞猛进的发展。“资产阶级在它的不到一百年的阶级统治中所创造的生产力，比过去一切世代创造的全部生产力还要多，还要大”（马克思、恩格斯：《共产党宣言》，《马克思恩格斯选集》第一卷，第 256 页）。可是，享受这些成果的却是西方资产阶级。在19世纪末20世纪初，整个人类依然充满苦难，祸象、乱象布满全球。中国与东方不仅饱受封建专制之苦，又惨遭帝国主义的侵略蹂躏，处于双重压迫之下。而在贫富悬殊的西方，劳苦民众同样过着牛马生活，人成为“机器之奴隶”，其劳动强度更甚于古代。在西方的许多地区，同样存在严重的民族压迫。在全球，各种性质的大小战争几乎连年不断。生活在这个时代的康有为等人，不仅身受苦难，而且耳闻目睹的也无不是苦难。康有为认为，当时的地球“不过一大杀场、大牢狱而已”（《大同书》甲部绪言）。所以，他的《大同书》第一部分便为《入世界观众苦》。他说，“人道之苦无量数不可思议”，归纳起来有38种之多。其中，“人生之苦凡七”（投胎、夭折、废疾、蛮野、边地、奴婢、妇女），“天灾之苦凡八”（水旱饥荒、蝗虫、火焚、水灾、火山、屋坏、船沉、疫疠），“人治之苦凡五”（刑狱、苛税、兵役、有国、有家），“人情之苦凡八”（愚蠢、仇怨、爱恋、牵累、劳苦、愿欲、压制、阶级），“人所尊尚之苦凡五”（富人、贵者、老寿、帝王、神圣仙佛）（同上）。总之，生活在这个世界，无处不苦，无人不苦，这个世界本身就是一个大苦海。

因此，康有为等人不仅为中国的命运前途忧患，而且为全人类的命运前途忧患。他们不仅要使中国人摆脱苦难，而且要让全人类摆脱苦难。既要为中国寻找出路，也要为全人类寻找出路，设计未来。试看他们的豪言壮语、崇高愿望：

其来现也，专为救众生而已。（《康南海自编年谱》光绪十年）

我辈宗旨……乃救地球及无量世界众生也，非救一国也。（梁启超：《与康有为书》，《戊戌变法》第二册，第544～545页）

《仁学》何为而作也……以救全世界之众生也。（梁启超：《仁学

序》,《饮冰室合集·文集》之三)

以心挽劫者,不惟发愿救本国,并彼极强盛之西国,与夫含生之类,一切皆度之。(《仁学》四十四)

恩格斯曾说,18世纪欧洲的资产阶级启蒙思想家们都“标榜自己不是某一特殊的阶级的代表,而是整个受苦人类的代表”,他们“不是想解放某一个阶级,而是想解放全人类”(《反杜林论》,《马克思恩格斯选集》第三卷,第57、58页)。当年,以康有为为代表的维新派思想家也正是如此。西方和中国启蒙思想家的论著所以具有永恒的魅力,原因也正在于此。

康有为等人的救世主义,来源于他们的人道主义。有人将人道主义看做是大同思想的灵魂,这是正确的。

和西方资产阶级启蒙思想家一样,康有为等人也是真诚的人道主义者。他们一再强调人的地位、价值,呼吁人的解放,要求获得人应获得的快乐。康有为认为,人为“天地之精英”,宇宙间最尊贵的乃是人。因此,“圣人不以天为主[①],而以人为主”(《万木草堂口说·荀子》)。对于“以人为主”的人道,他作了这样的说明:

夫人道者,依人以为道。依人之道,苦乐而已。为人谋者,去苦以求乐而已,无他道矣。(《大同书》甲部绪言)

他认为,满足人们求乐免苦的欲求便合于人道,妨碍、限制人们求乐免苦则违反人道。因此,他将是否满足人们求乐免苦的欲求看做是判

---

① 联系上下文,此处的“天”是指宋明理学家所尊崇的“天理”。

断是非善恶、治乱文野、进化与退化的唯一标准。他认为，中国和印度等东方国家的封建制度之所以必须否定、推翻，是因为它“与求乐免苦之本意相反”；西方的资本主义制度之所以必须改良，则是因为它“于求乐之道亦未至焉”（《大同书》甲部绪言）。它们或是不合人道或是不尽合于人道，都存在弊端，只有实现大同，才能“救生人之苦，求其大乐”（同上），实现人道。康有为的大同理想正是按他的人道主义原则建立起来的。

但是，康有为等人的救世主义和人道主义是建立在抽象人性论的基础上的。他们所讲的人，人的苦乐，人类的苦难，以及人人皆具的“不忍人之心”、人类之爱都是抽象的。对这一切均缺乏具体的、历史的、阶级的分析。唯其抽象，所以原本极为复杂的问题在他们那里也就简单化了。他们的宏愿是要消除世间所有人的一切苦难，使人类达到“惟乐无苦”“愿求皆获”的境地，而其做法则是期望对人类的一切苦难作总体的、一揽子的彻底解决。这就决定了他们的救世宏愿、大同理想势必要陷入空想。

四、大同社会的性质

既然康有为所讲的人类之苦是抽象的，因此，他对人类之苦的根源也作了一番貌似全面其实空泛的说明。他写道：

总诸苦之根源，皆因九界而已。九界者何？一曰国界，分疆土、部落也；二曰级界，分贵贱清浊也；三曰种界，分黄白棕黑也；四曰形界，分男女也；五曰家界，私父子、夫妇、兄弟之亲也；六曰业界，私农工商之产也；七曰乱界，有不平、不通、不同、不公之法也；八曰类界，有人与鸟兽虫鱼之别也；九曰苦界，以苦生苦，传种无穷无尽，不可思议。（《大同书》甲部第六章）

因此，“救苦之道，即在破除九界而已”。（同上）一旦破除九界，便可消除一切苦难，进入大同。对于如何破除九界，对于未来大同世界的情景，在《大同书》中康有为作了十分具体、详尽的描绘。对此，各种有关论著多有评介，本章不拟详加论述，只对康有为所描绘的大同社会的性质，作一些简括说明。

概言之，康有为所向往、所描绘的大同社会，既是对西方资本主义的模仿，是对它的理想化，同时也是对它的改良。他所以提出大同理想，显然是希望建立一个比西方资本主义更完善、美满的社会。

康有为提出大同理想，首先是要消除封建专制制度所造成的苦难，在这方面他是学习西方资本主义的。因此，康有为笔下的大同社会，一些基本方面是以西方资本主义为蓝本的。这主要表现在以下两点：

第一，在康有为的笔下，大同社会最重要的特征是实现了高度的自由、平等、独立、自主，人们享有充分的民主权利。他一再说：“太平之世，人人平等”（《大同书》辛部第十五章），“无爵位之殊，无舆服之异，无仪从之别”（《大同书》辛部第四章），它是一个“至平”的社会。在这个社会中，“万几、百政、法律、章程，皆由大地大众公议。”（同上）实行“举世界之人公营全世界之事”（同上）的原则，实现了彻底的民主。他认为，在造成人间苦难的九界中，“级界”危害尤大。“人道所以极苦，人治所以难成，皆阶级之为之也”，“阶级之制不尽涤荡而汛除之”，“人道终无由至极乐也”（《大同书》甲部第五章）。只有实现彻底的平等，人类才算真正解放。他又说：“近者自由主义，实为太平之基。”（《大同书》戊部第七章）这些都是说，自由、平等是实现大同的基点，也是大同社会的本质特征。显然，这些都是承袭、参照了西方的自由、平等、民权、民主思想。这种承袭、参照更明显表现在，他曾多次认为，美、法、瑞士的民主共和制已接近大同标准，“今法、美、瑞士”已“近于大同之世”（《孟子微》卷一）。

第二，在康有为的笔下，大同社会的另一重要特征则是在生产上实现了高度的工业化、机械化、电气化、自动化，生产力达到了极高水平，能生产极为丰富的产品，充分满足人们的各种物质需要。大同社会的种种新器、新机、新术的“精奇而不可思议”，显然都是从西方的工业化、机械化和科学技术的发展中所受到的启示。在这方面，两者的承袭、模仿关系就更明显。

但是，我们不能由此断定，大同社会只是被理想化了的资本主义社会。我们一定要注意这个基本事实：康有为始终不曾认为西方资本主义尽善尽美，他一再指出，西方资本主义依然存在种种矛盾、弊端，并未能消除人间苦难。人类的种种苦难以及造成这些苦难的“九界”，在西方依然存在。因此，他所设计的未来大同社会，在一些方面与资本主义社会又有明显的区别。就上述两个方面（民主化与工业化）来说，他虽是对西方资本主义的承袭、参照，但又作了明显的发展完善。康一方面充分肯定西方自由、平等、民主的原则，但又认为君主、统领、国家的存在妨碍其实现。他又揭露了西方女子“不得为议员”“不许为官”，男女依然不平等的现实，以及人们的社会地位实际不平等的现实。因此，在自由、平等、民主的总原则下，大同社会又具有“无君主统领，无教主教皇”、无国家、男女全面平等、人人绝对独立自主等内容。至于工业化、自动化、电气化方面，他更是从“求乐免苦”的需要出发，作了种种主观的、随意的想象、规划。而这些，并不是为了获取高额利润，而是为了实现人类的幸福与解放。除此之外，大同社会与资本主义社会的明显区别更表现在以下几方面：

其一，基于“私有财产为争乱之源”的认识（梁启超：《清代学术概论》二十四），以及资本家操纵产业造成贫富悬殊的认识，康有为所设计的大同社会是一个“无私产”“天下为公”的社会。在《大同书》中，这方面的论述和规定是很多的：

太平世人无私家，无私室，无私产，无私店。（《大同书》庚部第十章）

今欲致大同，必去人之私产而后可。凡农工商之业，必归之公。举天下之田地皆为公有，人无得私有而私买卖之。（《大同书》庚部第七章）

大同世之工业，使天下之工必尽归于公。凡百工大小之制造厂、铁道、轮船皆归焉，不许有独人之私业矣。（《大同书》庚部第八章）

这些便是“去九界”之一的“去产界，公生业”（《大同书》甲部第六章》）。康有为认为，这乃是使人类最终摆脱苦难的必不可少的措施，属于原则性问题。对此，他是看得很重的。

其二，康有为认为，在西方资本主义私有制下，生产是“各自为谋”“不相统算”的。因为“各自制物”，势必要造成“甲物多而有余，乙物少而不足”的状况（《大同书》庚部第六章），这也是西方资本主义经济的一大问题。因此，他所设计的大同社会是实行严格的计划经济。对此，他作了颇为具体的规划。就工业而言，系由“商部核定全地人民所需之什器若干”，并“察各物多寡之差，以累年之报告比较而定其额”，“移之工部”，再经工部核定，下达生产任务，“各工厂场如额而制之”（《大同书》庚部第八章）。在农业生产上，也是先由商部调查了解“人民所需之食品、用品统计若干，与其意外水旱天灾弥补若干”，“以累年之比较而定其农额”，“移之农部”，经由农部核定，下达指标，由各地“如额种植”（《大同书》庚部第七章）。总之，在大同社会，生产是依据消费量“如额为之”，“分配于天下”，力图做到生产与消费“相等”（《大同书》庚部第九章）。

其三，康有为等人都认为，贫富悬殊，“富者愈富，贫者愈贫”是西方资本主义的明显矛盾，并潜藏着严重的危机，将“酿铁血之祸”，因此，他们所设计的大同社会是力图要解决这一问题的。康有为设想，在大同社会，“人皆工作，只有工钱，无甚贫富”（《大同书》辛部第九章）。虽然，因工作的成效有大小高下，工资也存在差别，但“相去不能极远”，只是“少有差”而已（《大同书》辛部第十一章），“其至下之工，必足给其衣食之需”（《大同书》庚部第八章）。总之，在大同社会，人人的“衣食之需”是有充分保障的，那时，人人“无仰事俯畜之累，无病苦身后之忧”（《大同书》辛部第十四章），是“普天同乐，众生同安”的（《孟子微》卷一）。他还说：“近美国大倡均贫富产业之说，百年后必行孔子均义，此为太平之基哉！”（同上）在《仁学》中，谭嗣同也曾对未来的大同世界作过简要勾画。谭所向往的大同，除了自由、平等、无国家、无战争、废君主、平贵贱外，另一重要内容便是“贫富均”（《仁学》四十七）。可见，在他们心目中均贫富也是大同社会的重要特征。这正是他们救世主义、人道主义所要解决的一大问题。

由上可见，出于改良资本主义的动机，康有为等人所设计的大同社会在一些方面又同资本主义存在明显的差异。他们始终认为，大同社会属太平世，是比属于升平世的资本主义社会更高一级的社会发展阶段。

在他们心目中，这两者的差别、高下至为分明，始终不曾混淆。所以，梁启超将康有为的政治理想归之于“社会主义”。

诚然，在洋洋20余万言的《大同书》中，具体设计与论述确有不少矛盾之处。在一些地方，他又说大同世仍有“私产”，仍有“富逾巨万”的“各业大富人”，依然存在“贫富之差”等。所以如此，也是可以理解的。《大同书》是在康有为去世8年后，由他的弟子交付出版的。既然是一稿本，就难免有前后不尽统一之处。更重要的是，康有为是站在资产阶级立场，以资产阶级思想家的思维和眼光去批判资本主义、理解大同的，因此，在他所设计的大同世界的蓝图中，存在这样那样资本主义的痕迹是不足为怪的。我们不能凭这些断言康有为等人所向往的大同社会“基本上还是资本主义制度”，并“没有能够越出资本主义的范畴”。

五、大同思想的积极影响及其空想性

康有为等人在学习西方的过程中并未将西方资本主义看得尽善尽美，没有把中国和人类的前途简单地寄托于、归于西化。他们又看到西方资本主义制度的矛盾、弊端和危机，进而试图建立一种比它更为完美的社会制度，这是一种清醒深刻的认识。这对进一步规划中国正在进行的社会变革无疑是有益的。

出于深沉的忧患意识和对人类前途的关心，他们的大同思想充满了强烈的批判精神，和不断追求完善的超越意识。从进化论出发，他们又对人类的未来前景充满了乐观。这些对处于社会变革和历史转折时代的中国，都曾产生积极影响。《大同书》虽然旨在拯救全人类，但同时又立足于中国现实，更加关注中国问题，因而它对封建专制制度和维护它的封建纲常作了颇为深刻的揭露批判。它以大量篇幅论述男女平等，呼吁妇女解放，对这一问题的关注大大超过同时期的其他论著。对当时的中国人来说，它又是一部启蒙著作。

但是，他们的大同思想又具有明显的空想性。

从救世主义出发，康有为始终期望对人类的一切苦难作总体性的、一揽子的解决，试图全面、彻底地消除东西方社会的一切弊端，使人类摆脱一切苦难，一劳永逸地进入至善尽美的理想境地，达到绝对的圆满和合理，以至"惟乐无苦，愿求皆获"。他们的向往追求、所规划设计的目标本身便是空想的。

在《大同书》中，康有为对大同社会的方方面面，从总体特征、基本原则直到那时人们的一日生活、衣食住行的各种细节都作了详尽描绘、具体设计。正像恩格斯批评西方空想社会主义时所说的那样，这种设计"愈是制定得详尽周密，就愈是要陷入纯粹的幻想"（《反杜林论》,《马克思恩格斯选集》第三卷，第299页）。

当康有为等人要求摆脱封建制度所造成的苦难时，他们是以西方资本主义为目标和样式的；而当他们试图克服、消除资本主义的弊端并对它作改良时，则主要是出于他们的推测、想象。他们虽看出了资本主义制度的某些病症，但并未能从理论上深刻揭示资本主义制度的内在矛盾，更没有找到建立新的社会制度的现实社会力量。因此，对于如何实现大同的途径，更是陷入空想。

就《大同书》而言，它更多是揭示东西方社会的种种苦难，特别是描绘、规划未来大同社会的图景，而对途径问题，康有为并未作认真、深入的思考。对此他所作的回答，往往是轻率、随意的。比如，据梁启超说，“先生以为维新十年或二十年后，民强国富，则可从事于兵。兵既成，号召英国、美、日以摈强俄，一战而霸，地球大同之幕开矣。”（《南海康先生传》第八章）这简直是儿戏之言。而在另一处，他又认为“方今列国并争，必千数百年后乃渐入大同之域。(《大同书》丁部）这两种截然相反的说法说明，对此他是欠认真思考的。

相比之下，康有为比较一贯的认识、主张是将消灭家庭作为实现大同的途径。他的基本思路是这样的，他始终认为，“私有财产为争乱之源”（梁启超：《清代学术概论》二十四)，因此，要消除争乱、实现大同，首当废除财产私有。如何废除财产私有呢？他的回答是：“若去民私业，此事甚易，即自去人之家始也。即欲急去国界者，亦自去家始。”（《大同书》庚部第十章）废家乃是实现大同的根本途径。正如梁启超后来所说，康的大同说，“其立法之理由，其最要关键，在毁灭家族。”（《清代学术概论》二十四）那么，又如何“去人之家”呢？他认为，取消家庭的前提和关键在于实现彻底的男女平等，男女各自完全独立，得以自由结合。他说：“全世界人欲致大同之世、太平之境乎？在明男女平等各自独立始矣。”（《大同书》庚部第十章）他设想，在男女绝对独立平等、自由结合之后，“婚姻之事，不复名为夫妇，只许订岁月交好之和约而已。行之六十年，则全世界之人类皆无家矣，无有夫妇父子之私矣。其有遗产无人可传，其金银什器皆听赠人，若其农田、工厂、商货皆归之公，即可至大同之世矣”（同上)。在康有为的笔下，事情竟是这样的简单易行，显然这纯属空想。连梁启超也指出，这种男女同居不过一年的设想，“是否适于人性，则亦未甚能自完其说”（《清代学术概论》二十四)。

此外，康有为又一直把“求乐免苦”的欲求，以及人人皆有的“不忍人之心”看做是最终实现大同的最根本的动力。他一直认为，人人都有一个共同的追求，即同思求乐免苦；人人又都有共同的愿望："同好仁而恶暴，同好文明而恶野蛮，同好进化而恶退化。"（《孟子微》卷二）于是，唯乐无苦、唯仁无暴、唯文明无野蛮的大同社会就成了全人类共同追求的目标。这两者便形成了一股巨大的动力，推动人类历史的发展，"积之久故可至太平之世"（同上）。这种历史进化观显然具有唯心论的色彩。

对于《大同书》，梁启超一方面称赞它陈义甚高，但同时又指出："有为悬此鹄为人类造化之极轨，至其当由何道乃能致此，则未尝言。"（《清代学术概论》二十四）其实，康有为对此并不完全是"未尝言"，而是所言更陷入空想。

康有为等人大同思想的空想性，再一次表现了中国近代资产阶级在理论上的幼稚。中国资产阶级是一个幼稚、不成熟的阶级，他们的理论势必是一种幼稚的、不成熟的理论。

结语

戊戌思潮的积极影响与不足

救亡、变革、启蒙是戊戌思潮的主题，而如何使中国实现近代化则是它的主线和核心内容。由此决定，戊戌思潮在中国近现代史上所产生的积极影响是多方面的。

其一，戊戌思潮首先是强烈的爱国主义思潮，它使越来越多的中国人对空前严重的民族危机有了越来越清醒的认识，越来越自觉地将救亡图存、振兴中华看做是最紧迫的历史任务。于是，人们“以爱国相砥砺，以救亡为己任”（《梁启超：《戊戌政变记》附录二《湖南广东情形》，《饮冰室合集·专集》之一），爱国主义和民族主义激情空前高涨起来。由于维新派初步划清了朝廷与国家的界限，于是，从这时起，人们讲爱国所谋求的已不再是（或不主要是）“我大清”的中兴，而是中国、中华的振兴，从此爱国主义有了近代的新质。谋求国家、民族的振兴成为中国近代化的重要驱动力。

其二，戊戌思潮旨在变革，它使越来越多的中国人（特别是知识分子）认识到，要救亡振兴，赶上世界历史潮流，就必须学习西方，进行资本主义变革。变革才是中国的唯一出路。通过维新派的反复宣传，国人越来越认识到变革的必要性、合理性和紧迫性。“不由此道而欲以图存，欲以图强，是磨砖作镜、炊沙为饭之类也”（梁启超：《释革》，《饮冰室合集·文集》之九）是注定行不通的。从此，变易、变革的观念在中国深入人心，要求变革遂成为近现代中国不可抗拒的历史潮流。而且，它又使人们认识到，当时中国所要进行的变革不应是枝枝节节的“小变”，而应是全盘的“大变”，对旧制度必须“从根柢处推翻之，而别造一新世界”（同上）。尽管维新派所领导的变法维新并未达到这一程度，但是，由于他们的提倡、推动，从此中国遂“由静而之动”，社会变革遂一发而不可收，如巨石坠危崖，不达目的不会终止。

其三，在戊戌时期，维新派思想家们对中国的近代化作了总体设计、全面规划。通过变法维新的实践，他们逐步认识到社会变革、近代化乃是一项庞大复杂的系统工程，需要经济、政治、文化思想诸方面的变革相互配合，交叉影响。它并非是某一方面的，而是社会结构的总体变革。从此，在先进分子的心目中，变法、变革已不再像历史上王安石变法那样，只是某些政策的损益调整，而是社会的转型，是农业文明向工业文明、专制政治制度向民主政治制度的转型。而且，在此社会转型也就是近代化的过程中，人的近代化至关重要。从根本上说，没有一代"新民"便不可能真正实现近代化。从此，国民性改造、国民素质的提高等问题越来越引起人们的关注。

其四，戊戌维新既是一场政治运动，又是一场思想文化运动，伟大的启蒙运动，因此，戊戌思潮在思想文化上的影响更为重要，更值得重视。通过严复等人的介绍，西方的哲学、伦理学、逻辑学、政治学、经济学、社会学、法学等开始为较多的中国知识分子所了解。西方的天赋人权论、社会契约论、主权在民说、三权分立说等开始在中国流行。自由、平等、博爱的旗帜从此飘扬于古老的中华大地。在传播西学的同时，维新派思想家又对中国的传统文化作了有史以来第一次大清理和反省。由此而引发的"道德革命""诗界革命""小说界革命""史界革命"以及教育改革、哲学变革使中国旧文化遭到有史以来最大的冲击。在此过程中，一系列在旧时代被视为神圣的传统观念，诸如敬天法祖、纲常永恒、君权神圣、君权神授、男尊女卑、三从四德、重农抑商、尊经崇圣、君子不言利、重道轻艺、用夏变夷等，均黯然失色，被许多人抛弃、否定。观念的变革引发了国人的思想解放，而且中国的思想文化结构也开始发生新变化，具有近代意识的文化思想体系由此而逐步形成。

在戊戌之前，新思想、新文化的传播主要在沿海口岸。从戊戌开始，新思想、新文化逐渐向内地渗透、扩散，影响面明显扩大。这从维新派所办刊物的发行销售和影响可见一斑。《时务报》自出刊后，“江淮河汉之间……争传诵之，行销至万七千余册”（胡思敬：《戊戌履霜录》）。《新民丛报》创刊后，“国人竞喜读之，清廷虽严禁，不能遏。每一册出，内地翻刻辄十数”（梁启超：《清代学术概论》二十五）。另外，在戊戌时期，连比较闭塞的陕西、贵州、四川等地也成立了学会，这一现象也是值得注意的。

戊戌时期的思想启蒙在中国近现代史上所产生的影响是深远的。后来，“五四”运动的一些主要领导人也都曾受了戊戌思潮的影响。陈独秀曾说：

> 吾辈少时，读八股、讲旧学，每疾视士大夫习欧文、谈新学者……前读康先生及其徒梁任公之文章，始恍然于域外之政教学术，粲然可观，茅塞顿开，觉昨非而今是。吾辈今日得稍有世界知识，其源泉乃康梁二先生之赐。是二先生维新觉世之功，吾国近世文明史所应大书特书矣。（《驳康有为致总统总理书》）

此外，还有一些人谈过戊戌思潮对自己思想的影响。“五四”高举民主与科学的旗帜，提倡道德革命与文学革命，都是直接继承了戊戌。“五四”时期的许多思想主张实际上发端于戊戌。戊戌思潮乃是“五四”思潮的先驱，没有前者便不会有后者。

其五，戊戌思潮促成了中国近代新型知识分子的集结，激发了中国新兴资产阶级的阶级自觉，为中国的近代化事业培育了一支骨干队伍。近代中国社会新陈代谢的过程即是中国社会重新组合的过程。在此过程中，知识分子阶层的分化组合尤为明显。戊戌时期，西学与中学、新学与旧学的冲突斗争大大加速了这一过程，从中分离出一个新的知识分子群体。维新派所大力倡导的“合群”观念则导致了新的知识分子群体和新的社会力量的集结。从维新运动一开始，康有为便认识到，欲“开风气”，“非合大群不可，且必合大群而后力厚也”（《康南海自编年谱》光绪二十一年）。在“合群”说的影响下，一批维新志士、新型知识分子纷纷组织起来，“自是学会之风遍天下，一年之间，设会百数，学者不复以此为大戒矣”（梁启超：《南海康先生传》第三章）。与此同时，一些工商业者也纷纷提倡成立各级商会，组织公司。这些都鲜明地显示了刚诞生的中国资产阶级的阶级自觉性。值得重视的是，在这一集结过程中，一些人又进而提出“结党”的要求。一篇文章认为：

> 凡欲兴国强国者，必有会党，必赖会党①。无会则无团体，无党则无主义……故其国之无会党者，其民必散漫，必懦弱，国虽大必蹶，一蹶则不可以复振。是故爱国之士莫不以创会立党为亟亟焉。（《大同日报缘起》，《辛亥革命前十年间时论选集》第一卷第361页）

政党意识显然是典型的近代政治意识，它的萌生标志着中国近代化的主体资产阶级的逐渐觉醒，并开始了创建近代政治新格局的努力。

更重要的是，戊戌思潮哺育了一代新人，培养了一批具有新知识、新思想、新风貌、新才能，具有自觉的社会责任感，志在变革的新型知识分子队伍。这一自觉承担时代使命的社会力量乃是中国近代化事业的领导和骨干力量。后来，辛亥革命和“五四”运动的领袖和骨干分子，大都曾受到戊戌思潮的熏染、激励、影响，从它那里得到最初的启蒙教

① 从下文可见，此处“会党”是会与党的合称，并非是“天地会”“三合会”“哥老会”一类的江湖会党。他们的目的是要在中国“创会立党”。

育，接受了变革和近代化的洗礼。

其六，戊戌思潮对革命思潮和革命风潮的发展壮大，客观上也曾起了促进、推动作用。诚然，在变法维新之前，孙中山就成立了兴中会，并开始了革命活动，但势力影响毕竟微弱，革命思潮与革命风潮的发展，与戊戌思潮是不无关系的。虽然，在如何改造中国的具体途径上，维新派与革命派存在严重分歧，但是，要求实现中国的近代化，即民主化与工业化，却又是这两个政治派别和思潮的共同追求目标。这是戊戌思潮所以能对革命思潮起到推动作用的基本前提。

维新派提倡兴民权，要求逐步实现议会民主制，就势必要批判封建君主专制，这乃是戊戌思潮的重要内容。随着这一批判的展开与深入，则势必要触及清朝的封建统治，这是自然的。早在“百日维新”前，谭嗣同在《仁学》中即曾以大量篇幅抨击清朝封建统治，揭露其反动与顽固，而对它所奉行的民族压迫政策抨击尤为尖锐激烈，绝不亚于后来的革命派。他甚至直呼“爱新觉罗”为“贱类异种”，称雍正、乾隆诸帝之所为为“鸟兽行”，并发出了“求为陈涉、杨玄感”的呼吁（见《仁学》三十、三十二、三十四等）。他对“叛逆”的肯定实际上是对造反、革命的肯定。后来，梁启超在《中国积弱溯源论》和《新民说》中，虽强调“人民造政府”，但同时也讲“政府造人民”，认为中国民众道德低下，存在种种劣点，乃是由包括清朝统治在内的长期封建统治造成的。在一些地方，他对清朝种种统治政策的揭露、抨击，同样也是很尖锐激烈的。这些无疑都有利于革命思潮的发展。在逃亡日本后，康梁的基本方针是“斥后尊皇”。“尊皇”固然不利于革命，但对以西太后为首的清朝最高统治集团的揭露、抨击却又有利于革命。为提倡“新民”，梁启超否定仁政，强调权利不可能出于恩赐，而因由斗争所得，这一思想也有利于革命。

后来，革命派诗人柳亚子曾说，梁启超“虽然没有敢昌言种族革命，不过字里行间，引起青年们对于满清的反感，实在十二分激烈”。他的“《意大利三杰传》和《新罗马传奇》，中间描写玛志尼和加里波的两人的姿态，非常的能够感动人，读了这些，排满革命的感情，是不期然会油然而生的”。① 对于梁启超等人宣传自由、平等、“破坏主义”所产生的积极影响，革命派则有更多的肯定。1904 年，革命派主办的《江苏》杂志的一篇文章说：“梁氏卓如自戊戌以来提倡清议，作《清议报》《新民丛报》以为《时务报》与《湘报》之续，送自由之苗，播平等之种，散之大陆各处，所在阅其文字，受其影响。”（《江苏人之道德问题》）当时属于革命派的冯自由后来也曾说：“梁启超于初期《新民丛报》及《新小说月报》，鼓吹破坏论及民族主义，异常激烈……该报初年之努力鼓吹，影响青年思想至巨，功不可没也。”（《革命逸史》三集，《开国前海内外革命书报一览》）而邹容在其《革命军》中多处摘引谭嗣同、梁启超论著的文字，更有力地证明了戊戌思潮对革命思潮的影响。

此外，多数维新派反对种族复仇，强调开民智、新民的重要，这对革命派纠正他们在民族问题上的理论偏差，重视“革命教育”和启蒙宣传，也曾产生了积极影响。

不过，戊戌思潮自身的不足、缺陷也是明显的，这不能不对中国的近代化进程带来一些不利的影响。

其一，由中国近代特殊的国情所决定，戊戌思潮在理论上带有明显的不成熟性。

中国的资本主义是在中国日益半殖民地化的历史条件下产生的。中

① 柳亚子：《五十七年》，载《文学创作》第三卷第一期。转见俞旦初：《二十世纪初年中国的爱国主义史学思潮初考》，载《中国近代文化问题》（中华书局 1989 年版）第 199 页。

国民族资产阶级呱呱坠地之日，正是中国民族危机、社会危机日益深重之时。严峻的客观形势迫使中国的资产阶级刚刚诞生就不得不立即投入紧迫的斗争，投身于迫在眉睫、刻不容缓的救亡图存运动中。维新派正式登上政治舞台距离中国资本主义产生只有20年左右的时间。为了紧迫斗争的需要，他们不得不紧张、仓促地从古今中外的学说、思想资料中寻找理论武器，汲取养料，来不及细致地咀嚼、消化、整理、提炼、创造，就匆促地建构自己的理论体系，提出救亡和变革的方案。这种特殊的国情不允许他们有一个较为充裕的理论准备阶段，这同当年西方资产阶级思想家所处的历史环境是大不一样的。梁启超曾对当年他所作的启蒙宣传工作作了如下生动、形象的描绘：

我读到“性本善”则教人以“人之初”而已，殊不思“性相近”以下尚未读通，恐并“人之初”一字亦不能解。（《清代学术概论》二十六）

对此，他引佛经作了这样的自我解嘲：“未能自度，而先度人，是为菩萨发心。”（同上）这虽是梁氏谈他的个人经历，其实这可以看做是对整整一代维新派思想家（严复除外）的生动写照。事实上戊戌时的维新派思想家（以至后来的诸多新学家）大都是“未能自度，而先度人”的，这就决定了他们的学说、理论势必粗浅。

概言之，在戊戌时期多数维新派思想家对西学的了解尚处于初级阶段，总的说来是皮毛、肤浅的。不少人往往是以中国的传统观念、思维方式去理解、接受西学，以中学附会西学，往往未得其真义、精义。而对中学，他们虽然熟悉，但用新的立场、观点、方法进行清理和再认识也刚刚开始，尚未深入。总之，他们不论是对西学还是对中学，基本上尚处于一种若明若暗的状况。对于中国的国情，他们只有一些直观的感受，同样缺乏深入的调查研究。这些都决定了他们所建立的理论体系是粗糙的、不成熟的。20 世纪 20 年代，梁启超在悼念好友夏曾佑的一篇纪念文中，曾回忆甲午前后他与夏曾佑、谭嗣同在北京的交往、争论。他写道：

那时候我们的思想浪漫得可惊，不知从那里会有恁么多问题，一会发生一个，一会又发生一个。我们要把宇宙间所有的问题都解决，但帮助我们解决的资料却没有。我们便靠主观的冥想，想得的便拿来对吵，吵到意见一致的时候，便自以为已经解决了。（《亡友夏穗卿先生》，《饮冰室合集·文集》四十四上）

这里回忆的虽是早年情景，但它颇能反映那个时代许多维新派思想家在思想上所面临的窘境。一方面，历史大转折的时代向他们不断提出无数亟待解决的问题；另一方面，对于不得不仓促上阵的他们来说，要解决这些问题却又缺乏必要的理论准备、积累。浓烈的忧患意识和历史使命感促使他们想把一切问题都给予解决，但实际上他们那时只能作自以为解决的解决（前期尤甚）。对于刚刚诞生的中国资产阶级来说，他们那时所能提供的就只能是那种不成熟的理论。

这种不成熟性还表现为他们主张的矛盾与多变。对此，梁启超曾作了这样的自我反省：

当其论此事也，每云必此事先办，然后他事可办。及其论彼事也，又云必彼事先办，然后余事可办。比而观之，固已矛盾。（《与严幼陵先生书》，《饮冰室合集·文集》之一）

吾数年来之思想，已不知变化流转几许次。每每数月前之文，阅数月后读之，已自觉期期以为不可。（乙巳本《饮冰室文集》自序，《梁启超年谱长编》第294页）

梁氏的这番自我反省，更形象地证明了戊戌思潮的不成熟性。

戊戌思潮的不成熟性又表现在它的不彻底性上。由于中国民族资产阶级才刚刚诞生，因此，作为这个阶级政治代表的维新派的思想，尚处于从旧阶级向新阶级的转化、蜕变过程之中。他们尚未完全摆脱旧时代、旧阶级的束缚影响，这也使他们的新思想、新理论难以旗帜鲜明。显然，这种不成熟的理论不能圆满解决复杂尖锐的中国现实问题，难以对艰难的中国近代化进程作出完全合乎科学的正确指导。

其二，同样由中国近代特殊的国情所决定，在戊戌时期，启蒙是与救亡、变革同时进行的，彼此间不可避免的矛盾冲突，也使戊戌启蒙思潮的深度、广度明显受到影响。

中国是在外力的压迫下，在空前严重的民族危机刺激下被动地走向近代化道路，开始资本主义变革的。因此。在中国近代，救亡、变革、启蒙是大体同步进行的，这同西方思想启蒙先于政治变革、先行一步的正常道路大不相同。面对列强日甚一日的疯狂侵略，维新派思想家的基本对策、基本思路是：要救亡就必须变革，要变革就必须进行思想启蒙。他们是将救亡、变革、启蒙同时提出、同时进行的。由中国近代特殊的历史环境所决定，这三者的同步虽是势所必然、不得不尔，但这又势必要给维新派思想家带来大难题。这是因为，这三者的基本目标虽然一致，但在具体要求上又是很不一样的。正如一些学者业已指出的那样，思想启蒙是要说明、论证社会变革的必要性、合理性、正义性。为此，它需要对旧社会、旧制度作全面、无情的揭露，对新社会、新制度作热情的讴歌赞美；需要激烈、彻底、痛快淋漓，不怕惊世骇俗。而现实的变革则不能不考虑现实的可能性、可行性，它要求人们从主客观条件出发，讲求策略性，考虑目标实现的阶段性，为尽量减少阻力，又不能不作必要的妥协，不可过于激烈。概言之，前者重真理，后者重策略；前者贵彻底，后者重实效。

由于客观环境的逼迫，在戊戌时期，这两者是同时进行的。虽然，在实际进行的过程中，维新派是力图兼顾的，但是，这两者却又是难以兼顾的。结果是，在现实的政治变革上，因为未能充分考虑可行性、策略性而导致失败①，而在思想启蒙上又因考虑服从政治变革的现实斗争而未能充分展开，以致出现退缩。因考虑服从现实斗争，维新派在思想启蒙上常常表现出一种首鼠两端、瞻前顾后、欲前又却的态度，这势必要影响思想启蒙的深入。

其三，依然是由中国近代特殊的国情所决定，戊戌思潮是由空前严重的民族危机所催生的早产儿，它不仅先天不足，而且又先天地带有急躁情绪，显得相当浮躁。

作为资产阶级的启蒙思潮，戊戌思潮并不是在中国旧的社会充分解体、新的经济政治因素有一定发展的基础上产生的，而是由严重的民族危机催生、引发的。在民族危机的强烈刺激下，许多维新派思想家始终急于求成，试图对尖锐复杂的中国问题尽快作通盘解决。

维新派这种强烈的忧患意识和爱国热忱是可敬可佩的，其心情也是可以理解的。但急于求成显然又是非理智的，它使许多人对中国近代化事业的长期性、复杂性、艰巨性、斗争的严重性缺乏足够的认识。同时，也使他们往往把复杂问题简单化、作简单处理。比如，谭嗣同的

① 对此，萧功秦的《戊戌变法的再反省》（《战略与管理》1995 年第 4 期）一文曾作了分析说明，可参考。当然，这不是戊戌变法失败的主要原因。

“以心挽劫”说即是一例。此外尚有20世纪初梁启超等所鼓吹的意识决定论。他们以为，只要使民众养成某种思想，即可造成某种事实，这就把复杂的中国问题简单归之为思想问题。这种意识决定论又引出文化决定论，以为从某一文化部门、领域入手进行“革命”，复杂的中国问题即可由此迎刃而解。于是，他们曾先后将小说、史学……作为解决中国问题的突破口，以为牵此一发即可拽动全身。这无疑是将复杂问题简单化。

急于求成的心态又使他们自觉不自觉地避难求易，这主要表现在他们显然轻忽了中国社会经济结构的变革。虽然，他们早就提出了实现工业化、迈向工业文明的理想，但是，在他们的经济纲领中却没有触动封建土地所有制，没有提出改变农村封建生产关系的任务。这样，他们关于经济近代化的纲领就显得空泛而缺乏根基。然而，在旧的社会经济结构之上，试图实现中国的近代化是注定不可能的。离开社会经济结构的变革，思想启蒙就只能是表层的，这就决定了他们对中国近代化事业的推动又是有限度的。

急躁情绪又造成了多数维新派思想家情绪化的、急功近利的、浮躁的学风，这也妨碍了戊戌思潮在理论上的深化。

再版后记

这是一部旧作，初版于 1998 年，即戊戌维新一百周年之际，到今天已经有十四年了。近日，中国财富出版社社科编辑室策划编辑初景波博士觉得此书尚有再版价值，建议再版。对他的雅意，我既感谢、高兴又颇觉不安。旧作能够再版，自然是值得高兴的；但既是旧作就难免存在一些不尽如人意的地方，对此自然又会感到不安。因某种原因目前尚无力作较大的修订，这次只是改正了几处错误，基本原样付梓了。

戊戌思潮涉及面甚广，本书只是对它作了一番简括的梳理、评析，不当之处敬请学界同人和读者批评指教。

最后，对初景波博士和中国财富出版社参与编辑出版的各位先生的辛劳表示衷心的谢意。

张锡勤

2012 年 7 月 30 日于双知双淑斋